U0555325

江西理工大学教材建设项目（XZG-15-04-45）
江西理工大学法学国家一流专业建设点、教育部新文科建设项目资助出版
赣南疑难案例协同研究中心研究丛书

刑法分论案例研究

XINGFA FENLUN ANLI YANJIU

主　　编◎苏雄华
副 主 编◎赖玉中　孙绍伟　邱凤莲
参编人员◎罗　意　石婷婷　高莹莹　武文迪
　　　　　刘　芳　古丽阿依木汗·艾沙

中国政法大学出版社
2022·北京

声　　明　　1. 版权所有，侵权必究。

　　　　　　2. 如有缺页、倒装问题，由出版社负责退换。

图书在版编目（CIP）数据

刑法分论案例研究/苏雄华主编.—北京：中国政法大学出版社，2022.5
ISBN 978-7-5764-0581-1

Ⅰ.①刑… Ⅱ.①苏… Ⅲ.①刑法－分则－案例－中国Ⅳ.①D924.305

中国版本图书馆 CIP 数据核字(2022)第 121663 号

出 版 者	中国政法大学出版社
地　　址	北京市海淀区西土城路 25 号
邮寄地址	北京 100088 信箱 8034 分箱　邮编 100088
网　　址	http://www.cuplpress.com（网络实名：中国政法大学出版社）
电　　话	010-58908586(编辑部) 58908334(邮购部)
编辑邮箱	zhengfadch@126.com
承　　印	固安华明印业有限公司
开　　本	720mm×960mm　　1/16
印　　张	18.25
字　　数	300 千字
版　　次	2022 年 5 月第 1 版
印　　次	2022 年 5 月第 1 次印刷
定　　价	79.00 元

目　录

第一章　危害国家安全罪 ... 001

第一节　背叛国家罪 ... 001

第二节　分裂国家罪 ... 003

第三节　武装叛乱、暴乱罪 ... 005

第四节　叛逃罪 ... 008

第五节　间谍罪 ... 012

第六节　为境外窃取、刺探、收买、非法提供国家秘密、情报罪 ... 017

第二章　危害公共安全罪 ... 021

第一节　爆炸罪 ... 021

第二节　以危险方法危害公共安全罪 ... 024

第三节　破坏交通工具罪 ... 028

第四节　组织、领导、参加恐怖组织罪 ... 031

第五节　劫持航空器罪 ... 033

第六节　非法制造、买卖、运输、邮寄、储存枪支、弹药、爆炸物罪 ... 035

第七节　交通肇事罪 ... 039

第八节　危险驾驶罪 ... 042

第九节　重大责任事故罪 ... 046

第三章 破坏社会主义市场经济秩序罪 … 050

第一节 生产、销售伪劣产品罪 … 050

第二节 生产、销售有毒、有害食品罪 … 054

第三节 走私普通货物、物品罪 … 057

第四节 非国家工作人员受贿罪 … 060

第五节 背信损害上市公司利益罪 … 064

第六节 内幕交易、泄露内幕信息罪 … 068

第七节 洗钱罪 … 071

第八节 集资诈骗罪 … 074

第九节 贷款诈骗罪 … 078

第十节 信用卡诈骗罪 … 082

第十一节 保险诈骗罪 … 085

第十二节 逃税罪 … 088

第十三节 假冒注册商标罪 … 092

第十四节 侵犯著作权罪 … 095

第十五节 侵犯商业秘密罪 … 099

第十六节 合同诈骗罪 … 103

第十七节 组织、领导传销活动罪 … 108

第十八节 非法经营罪 … 112

第四章 侵犯公民人身权利、民主权利罪 … 118

第一节 故意杀人罪 … 118

第二节 过失致人死亡罪 … 121

第三节 故意伤害罪 … 124

第四节 强奸罪 … 127

第五节 非法拘禁罪 … 130

第六节 绑架罪 … 133

第七节　拐卖妇女、儿童罪 … 136

第八节　诬告陷害罪 … 139

第九节　诽谤罪 … 142

第十节　刑讯逼供罪 … 145

第十一节　破坏选举罪 … 148

第十二节　虐待罪 … 151

第五章　侵犯财产罪 … 154

第一节　抢劫罪 … 154

第二节　盗窃罪 … 157

第三节　诈骗罪 … 160

第四节　抢夺罪 … 163

第五节　侵占罪 … 166

第六节　职务侵占罪 … 171

第七节　挪用资金罪 … 175

第八节　敲诈勒索罪 … 178

第六章　妨害社会管理秩序罪 … 182

第一节　妨害公务罪 … 182

第二节　非法侵入计算机信息系统罪 … 185

第三节　聚众扰乱社会秩序罪 … 187

第四节　聚众斗殴罪 … 192

第五节　寻衅滋事罪 … 196

第六节　组织、领导、参加黑社会性质组织罪 … 198

第七节　赌博罪 … 201

第八节　伪证罪 … 205

第九节　窝藏、包庇罪 … 208

第十节 掩饰、隐瞒犯罪所得、犯罪所得收益罪 ... 211

第十一节 脱逃罪 ... 214

第十二节 妨害传染病防治罪 ... 217

第十三节 医疗事故罪 ... 220

第十四节 污染环境罪 ... 222

第十五节 走私、贩卖、运输、制造毒品罪 ... 225

第十六节 传播淫秽物品罪 ... 228

第七章 危害国防利益罪 ... 231

第一节 阻碍军人执行职务罪 ... 231

第二节 破坏武器装备、军事设施、军事通信罪 ... 233

第三节 接送不合格兵员罪 ... 235

第八章 贪污贿赂罪 ... 239

第一节 贪污罪 ... 239

第二节 挪用公款罪 ... 241

第三节 受贿罪 ... 244

第四节 利用影响力受贿罪 ... 247

第五节 行贿罪 ... 250

第六节 巨额财产来源不明罪 ... 252

第七节 私分国有资产罪 ... 255

第九章 渎职罪 ... 257

第一节 滥用职权罪 ... 257

第二节 玩忽职守罪 ... 260

第三节 故意泄露国家秘密罪 ... 262

第四节 徇私枉法罪 ... 265

第五节 食品、药品监管渎职罪 ... 267

第十章 军人违反职责罪 ... 270

第一节 战时违抗命令罪 ... 270
第二节 战时临阵脱逃罪 ... 272
第三节 军人叛逃罪 ... 276
第四节 武器装备肇事罪 ... 278
第五节 虐待俘虏罪 ... 280

后　记 ... 283

第一章
危害国家安全罪

第一节 背叛国家罪

一、案例基本情况

江某之父与曾来本地进行走私活动的朋友黎某（系受外国间谍机关派遣而潜入我国的外国人）接触，江父邀请黎某到家中做客，黎某得知江某系当地民兵组织的成员，并了解到江某对组织有不满情绪，便投其所好，经常请他吸烟酗酒，赠送手表、衣料等物品，继而与之密谋：由江某出面纠集一部分民兵，在我国边境地区抢劫财物，烧毁粮仓，杀害干部，以制造混乱。黎某还答应事后带江某投奔国外。在黎某的唆使策动下，江某先后与三四个民兵密谋，妄图进行叛乱活动。公安机关及时侦破案件，将黎、江二人逮捕归案。[1]

二、争议焦点

1. 江某与黎某交往和密谋的行为是否构成背叛国家罪中的"勾结"？
2. 黎某是否属于背叛国家罪中的犯罪对象？
3. 本案二人并未造成实际危害，其犯罪形态应当如何认定？

三、法理分析

背叛国家罪，是指勾结外国或者与境外机构、组织、个人相勾结，危害

---

[1] 具体案情参见法信网：http://www.faxin.cn/lib/cpal/AlyzContent.aspx？isAlyz=1&gid=C1358263&userinput=%E8%83%8C%E5%8F%9B%E5%9B%BD%E5%AE%B6，最后访问日期：2020年12月20日。

中华人民共和国的国家主权、领土完整和安全的行为。[1]

1. "勾结"行为的本质

有人认为,"勾结"包括共同策划、共同实施、接受资助或指使、建立联系等活动。[2]勾结的方式多种多样,旨在危害我国的国家主权、领土完整和安全,故勾结是指行为人通过各种方式与外国或者境外的机构、组织或者个人建立联系,密谋、组织、策划、实施危害我国的国家主权、领土完整和安全的行为。

2. 犯罪对象的特征

本罪中的"外国"不仅包括外国的政府机构,也包括外国的政党组织、社会团体及其他组织。本罪的法益是国家安全、领土完整和安全,只要行为人与勾结的对象一起实施的行为足以危害我国国家安全、领土完整和安全,就可以成为本罪的犯罪对象。但这里的境外个人,并非境外地域的个人,而是不具有我国国籍的人,因为本罪的单独实行犯必须具有我国国籍,故其勾结的境外个人只能是不具有我国国籍的人。

3. 犯罪既遂的标志

背叛国家罪的法益是"中华人民共和国的国家主权、领土完整和安全",只要行为人实施了勾结外国或者与境外机构、组织、个人相勾结的行为,就构成本罪的既遂,即本罪是行为犯,而非结果犯。[3]只要以危害我国的国家主权、领土完整和安全为目的,实施前述勾结行为,即具备了背叛国家罪的客观要件。因此,这里的"危害"并不要求行为人已经着手各种具体的危害国家安全的行为,更不要求实际上发生了国家主权、领土完整和安全受到损害的结果。

有人认为,行为人实施勾结行为后,自动采取有效措施阻止其勾结行为危害国家主权、领土完整和安全的,并不是行为人的犯罪中止问题,而只能视为行为人的事后态度问题,因为既遂之后就不存在犯罪中止了。行为犯一经着手实施,的确没有犯罪未遂和犯罪中止存在的余地,但并不能否定其在犯罪预备阶段可能存在犯罪中止。

---

[1] 《刑法学》编写组编:《刑法学》(下册·各论),高等教育出版社2019年版,第16页。

[2] 张明楷:《刑法学》(下)(第6版),法律出版社2021年版,第870页。

[3] 钊作俊:"论背叛国家罪及其认定",载《广西政法管理干部学院学报》2002年第4期,第12页。

四、案件分析结论

在本案中，江某与外国间谍机关派入我国边境地区活动的间谍分子勾结，由其出面纠集一部分民兵，拟在我国边境地区抢劫财物，烧毁粮仓，杀害干部，以制造混乱。从客观方面来看，江某与黎某勾结，符合勾结外国这一行为类型，江某勾结外国间谍组织代表人物黎某，足以危害我国国家主权、领土完整和安全，所以黎某是本罪的犯罪对象。就"勾结"而言，虽然江某是在黎某的投其所好并赠与其财物的情况下与黎某密谋，但这并不影响其实施勾结行为时的意志态度，江某的行为仍然属于勾结外国的行为，符合背叛国家罪客观方面的构成要件。

本罪的客体是国家主权、领土完整和安全。本案中，江某与外国间谍机关派入我国边境地区活动的间谍分子勾结，江某先后与三四个民兵密谋，妄图抢劫财物，烧毁粮仓，杀害干部，制造混乱，进行叛乱活动，这明显侵犯了我国边境安全，也直接侵犯了国家安全，其行为已突破预备阶段进入实行阶段。如前所述，本罪是行为犯，不需要达到危害国家安全的严重后果，故其行为已构成既遂。

综上所述，江某的行为符合背叛国家罪的犯罪构成要件，构成了背叛国家罪，且系既遂。

（查焰玲供稿）

第二节 分裂国家罪

一、案例基本情况

2014年9月17日至18日，乌鲁木齐市中级人民法院依法公开开庭审理了中央民族大学经济学院原讲师伊某某涉嫌犯分裂国家罪一案。经审理查明，被告人伊某某利用其中央民族大学老师的身份，以某网站为平台，蛊惑、拉拢、胁迫部分少数民族学生加入该网站，形成了以伊某某为首要分子的分裂国家犯罪集团。该犯罪集团在伊某某的领导下，以分裂国家为目的，组织、策划、实施了一系列分裂国家的犯罪活动。且与境外有关机构和个人相勾连，恶意杜撰、歪曲事实真相，炒作涉疆问题，攻击国家和政府，煽动民族仇恨，鼓动维吾尔族群众对抗政府，为暴力恐怖活动制造借口，妄使新疆问题国际化，以实现分裂国家的目的。

新疆维吾尔自治区乌鲁木齐市中级人民法院于2014年9月23日对伊某某分裂国家案作出一审判决，以分裂国家罪判处被告人伊某某无期徒刑，剥夺政治权利终身，并处没收个人全部财产。〔1〕

二、争议焦点

伊某某的行为构成分裂国家罪还是煽动分裂国家罪？

三、法理分析

（一）分裂国家罪的概念和构成特征

分裂国家罪，是指组织、策划、实施分裂国家、破坏国家统一的行为。〔2〕本罪在客观方面表现为组织、策划、实施分裂国家、破坏国家统一的行为。"分裂国家、破坏国家统一",〔3〕是指将国家分裂成几个部分，或者人为地将不可分割的一部分分离出去，或者破坏民族团结，制造民族分裂。例如，行为人意图将我国领土的一部分分离出去，割据一方，另立政府，对抗中央人民政府的领导；组织、指挥、实施所谓的"民族大迁徙"，企图投奔境外或者国外，利用民族问题制造、激化民族矛盾。

（二）煽动分裂国家罪的概念和构成特征

煽动分裂国家罪是指煽动分裂国家、破坏国家统一的行为。煽动，是指以鼓动性、刺激性言词或文字，蛊惑人心，怂恿、引诱、激励他人实施分裂国家、破坏国家统一的行为。只要行为人实施了煽动行为，即使被煽动对象没有接受煽动内容，并未着手从事分裂国家、破坏国家统一的活动，也成立本罪的犯罪既遂。〔4〕

---

〔1〕 具体案情参见法信网：http://www.faxin.cn/lib/cpal/AlyzContent.aspx?gid=C1312634&libid=0202，最后访问日期：2020年12月20日。

〔2〕《刑法学》编写组编：《刑法学》（下册·各论），高等教育出版社2019年版，第18~19页。

〔3〕 "分裂国家，破坏国家统一"在学界解释不一，其中有观点认为，"分裂国家、破坏国家统一"应解释为将国家分裂为几个部分或者重新建立新的政府以对抗中央人民政府，各自为国。如果援引此种解释，无疑要求本罪有实害结果且这种实害结果要求很高，这就有违本罪的立法目的，也与本罪行为犯的性质背道而驰。

〔4〕 周光权：《刑法各论》（第4版），中国人民大学出版社2021年版，第608页。

四、案件分析结论

本案中，被告人伊某某及其犯罪集团成员与境外有关机构和个人相勾连，大肆攻击我党和政府，图谋使新疆问题国际化，以实现分裂国家的目的，利用网站组织、策划分裂国家的行为，犯罪组织成员固定、目的明确、行为统一。其行为不仅是煽动行为，更是一种分裂国家罪的实施行为。伊某某的一系列言论、文章、行为都显示出他破坏国家统一、分裂新疆的目的，具有分裂国家罪的主观故意。因此，被告人伊某某构成分裂国家罪。

（栾伟超供稿）

第三节　武装叛乱、暴乱罪

一、案例基本情况

某日上午，西藏某市罗某带领一批武装人员荷枪实弹袭击了爱国人士索某，并将其遗体系于马尾，鞭马拖尸，"示众"达两公里，惨不忍睹。同时，罗某还命人去当地金库强抢各类金器等供叛乱之用。而后叛乱分子在市区游行，叫嚣独立，呼喊"从今天起，我们怎样独立自主，完全由我们自己决定"等标语，并在当地召开"人民会议"，共一百多个"代表"参加，会上公开提出独立问题，由罗某等人领导独立运动，抽调武装人员担任当地警卫。随后罗某带领部分武装人员前往市政府，与驻守在当地的军队对抗，并命令武装人员向当地运输站连续射击，对着油库和碉堡发射30余枚炮弹。

同日夜间，罗某率领全部叛乱武装向政府发起全面进攻，政府军对其进行反击。次日凌晨，在当地西南一个渡口附近，叛乱武装首先向我政府军队控制该渡口的一个连开枪射击，随即向驻该市的党、政、军机关和企事业单位发起全面攻击。数百人在猛烈炮火的掩护下，向当地公路运输站接连发起三次冲锋，均被驻守在此的民兵打退。另外，盘踞在另一地的叛乱武装出动一千余人向建筑工程处进攻，被民兵击退，后又向自治区筹委会外事处、医院、法院、气象处、贸易公司、邮电局等十多个单位发起猛烈进攻。但是，政府军队迅速平息了叛乱，很快将其击溃。

在发动叛乱的一年前，罗某曾秘密对本地18岁至60岁的男子组织登记，并进行军事训练，期间，还对该市及周边地形进行了详细勘察，命人绘制了军事地形图，制作了详细的作战计划。叛乱当天，罗某从事先准备好的军械库中取出炮十几门，机枪几十挺，以及其他枪支弹药若干用于叛乱。

叛乱前一个月，罗某通过电台同南亚某国驻当地反动中心秘密联系，要求该国在必要的时候给予帮助和保护，该国领事馆公开接见叛乱代表，并予以答允。[1]

二、争议焦点

武装叛乱、暴乱罪与分裂国家罪、故意杀人罪、抢劫罪、非法持有枪支罪等的罪数形态问题。

三、法理分析

(一) 武装叛乱、暴乱罪的概念及构成特征

武装叛乱、暴乱罪是指组织、策划、实施武装叛乱或者武装暴乱的行为，对首要分子或者罪行重大的，处无期徒刑或者10年以上有期徒刑；对积极参加的，处3年以上10年以下有期徒刑；对其他参加的，处3年以下有期徒刑、拘役、管制或者剥夺政治权利。[2]

所谓叛乱，是指意图投靠境外组织或境外敌对势力而反叛国家和政府。所谓暴乱，是指采用武力的形式，破坏社会秩序，与国家或者政府进行直接对抗。所谓武装，是指叛乱、暴乱者携带或使用了具有杀伤性和破坏力的武装器械。关于携带或使用武装器械，指的是携带或使用枪炮或其他军事武器、装备，当然，也不能仅仅认为武器就是军火，而应该根据武装叛乱、暴乱的具体情况加以认定。如果只是使用石块、棍棒、农具等一般的物品或工具，则仅为一般的持械聚众叛乱，而不应该认定为武装叛乱、暴乱罪。所谓组织武装叛乱或者武装暴乱，是指为实施武装叛乱或者武装暴乱，以拉拢、收买、策动等方法使分散的人具有一定的系统性和整体性的行为。所谓策划武装叛乱或者武装暴乱，是指为武装叛乱、暴乱而暗中密谋、筹划，实际上是一种

---

[1] "达赖流亡真相：1959年西藏武装叛乱始末"，载http://www.tuanjiewang.cn/lishi/2015-04/17/content_ 11986_ 0.htm，最后访问日期：2020年4月17日。

[2] 《刑法学》编写组编：《刑法学》（下册·各论），高等教育出版社2019年版，第21页。

预备状态。需要明确的是，组织、策划武装叛乱、暴乱的行为，不仅包括领导、指挥他人进行武装叛乱、暴乱的行为，也应当包括策动、胁迫、勾引、收买他人进行武装叛乱、暴乱的行为。策动，是指策使、鼓动他人进行武装叛乱、暴乱；胁迫，是指以使人产生恐惧的方法，迫使他人进行武装叛乱、暴乱；勾引，是指利用名利、地位、色情等引诱他人进行武装叛乱、暴乱；收买，是指用金钱或其他物质利益作为对价使他人从事武装叛乱、暴乱。武装叛乱、暴乱罪是选择性罪名，只要实施武装叛乱或者武装暴乱行为之一，即符合本罪客观方面的要件。

（二）本罪罪数问题

行为人在武装叛乱、暴乱过程中，又实施了故意杀人、故意伤害、抢劫、放火等行为触犯了其他罪名的，如这些行为可以被武装叛乱、暴乱行为所涵盖，基于包容犯的基本原理，对行为人应以本罪定罪处罚，无须数罪并罚。如行为人在武装叛乱、暴乱之外又实施了其他危害国家安全的行为，构成其他犯罪的，则应以本罪和其他犯罪实行数罪并罚。

四、案件分析结论

（一）罗某行为构成武装叛乱罪

罗某及其同伙构成武装叛乱罪。罗某在实施武装叛乱行为之前的几个月里，与南亚某国驻当地反动中心秘密联系，并取得了该国的秘密支持和帮助，对市民中18岁至60岁的男子进行登记，拉拢人员，随后组织军事训练，配发武器，在实施武装叛乱行为之前绘制军事地图，制订袭击计划，安排逃跑路线，领导叛乱分子荷枪实弹，袭击并杀死爱国人士，抢劫布达拉宫金库大量财物用于叛乱，并在随后的行动中指挥主要叛军部队向我党、政、军机关和事业单位发起全面进攻，与政府军队进行直接武装对抗。可见，罗某及其同伙行为符合了武装叛乱罪的构成要件。

（二）罗某行为亦构成分裂国家罪

罗某带领叛乱分子在当地召开"人民会议"，由一百多个"代表"参加，会上公开提出独立问题，并决定由罗某等人领导独立运动，抽调武装人员担任当地警卫等的行为与武装叛乱是两个不同的行为，按照罪数判断标准的通说，基于数个犯罪的故意，实施数个危害行为，符合数个犯罪构成的为数罪。罗某基于危害人民民主专政的政权和社会主义制度的目的实施了武装叛乱的行为，同时基于危害中华人民共和国领土、主权的目的实施了分裂国家的行为。因此，罗某的行为还构成了分裂国家罪，应对其进行数罪并罚。

（三）罗某的行为构成故意杀人、抢劫罪、非法持有枪支罪，但基于包容犯不另行评价

罗某及其同伙在叛乱过程中伴生了杀人、抢劫等暴力行为，这些行为虽有构成故意杀人罪、抢劫罪和非法持有枪支罪的嫌疑，但是由于这些犯罪行为都已经包容于武装叛乱行为，属武装叛乱行为的应有之义，因此本案中罗某杀人、抢劫和持有枪支的行为只能被认定为武装叛乱罪，而不能另以他罪与武装叛乱罪数罪并罚。

（李洁供稿）

第四节　叛逃罪

一、案例基本情况

2012年2月6日至7日，王某军私自进入美国驻成都总领事馆滞留，在国内外造成恶劣影响。事后，侦查机关依法对此进行调查。[1]王某军身为重庆市公安局局长，其作为掌握国家秘密的国家机关工作人员，在履行公务期间，擅离岗位，叛逃至外国驻华领事馆，情节严重。6月30日，经全国人大常委会公告依法终止王某军第十一届全国人大代表资格；7月22日，经成都市人民检察院批准，王某军因涉嫌叛逃罪由成都市国家安全局执行逮捕，8月2日侦查终结后移送成都市人民检察院审查起诉；王某军涉嫌徇私枉法案经最高人民检察院指定安徽省合肥市人民检察院侦查终结后，于8月2日移送成都市人民检察院审查起诉；王某军涉嫌受贿、滥用职权案经最高人民检察院指定四川省人民检察院侦查终结后，分别于8月8日、9月1日移送成都市人民检察院审查起诉；9月5日，成都市人民检察院依法对王某军涉嫌犯罪提起公诉，成都市中级人民法院依法受理；9月17日，王某军涉嫌叛逃、滥用职权案因涉及国家秘密依法不公开开庭审理。[2]

---

[1] "2012年反腐十大典型案件"，载《法制资讯》2013年第1期，第33页。
[2] "王某军案庭审及案情始末"，载财新网：http://china.caixin.com/2012-09-19/100439933_all.html，最后访问日期：2020年12月20日。

2012年9月24日，四川省成都市中级人民法院对重庆市原副市长、公安局原局长王某军徇私枉法、叛逃、滥用职权、受贿案作出一审宣判，四罪并罚，决定执行有期徒刑15年，剥夺政治权利1年，王某军当庭表示不上诉，法院查明，王某军身为重庆市公安局局长，违背查禁犯罪职责，徇私枉法，明知有人有故意杀人重大嫌疑而故意包庇使其不受追诉，情节特别严重；其作为掌握国家秘密的国家机关工作人员，在履行公务期间，擅离岗位，叛逃至外国驻华领事馆，情节严重；且滥用职权，未经批准或者伪造批准手续，先后对多人使用技术侦查措施，严重破坏了社会主义法治，侵犯了公民的合法权益；其作为国家工作人员，利用职务上的便利，非法收受他人巨额财物，为他人谋取利益，应当以四项罪名追究刑责。[1]

二、争议焦点

1. 王某军逃入美国驻成都总领事馆的行为是否属于叛逃境外？
2. 王某军构成叛逃罪还是为境外非法提供国家秘密、情报罪？

三、法理分析

（一）相关罪名概念

叛逃罪是指国家机关工作人员在履行公务期间，擅离岗位，叛逃境外或在境外叛逃，或者掌握国家秘密的国家工作人员叛逃境外或者在境外叛逃的行为。[2]所侵犯的法益是国家安全；主体为特殊主体，即国家机关工作人员和掌握国家秘密的国家工作人员。

为境外非法提供国家秘密、情报罪，根据《刑法》[3]第111条之规定，是指为境外的机构、组织、人员窃取、刺探、收买、非法提供国家秘密或者情报的行为。[4]本罪侵害的法益是国家安全和利益以及国家秘密、情报管理

---

[1] "中国法院网2012年度人民法院十大典型案件"，载 https://www.chinacourt.org/article/detail/2013/01/id/809994.shtml，最后访问日期：2020年12月20日。

[2] 《刑法学》编写组编：《刑法学》（下册·各论），高等教育出版社2019年版，第23页。

[3] 《刑法》，即《中华人民共和国刑法》。为表述方便，本书中涉及我国法律直接使用简称，省去"中华人民共和国"字样，全书统一，后不赘述。

[4] 《刑法学》编写组编：《刑法学》（下册·各论），高等教育出版社2019年版，第27页。

秩序。[1]本罪的主体为一般主体，并不要求特殊身份。

（二）"叛逃境外"含义的理论争议

何谓"叛逃境外"？对这一点的理解是本案的争议焦点。物理意义上的"境外"，指的是国家边境线以外，但该表述并不能很好地解释"拟制领土"的存在。政治意义上的"境外"，是出于签订的国际公约、条约，遵循对等、平等原则而划分，除了物理意义上的境外，还包括"拟制领土"，例如相互设立的使领馆，但此内存在两种分歧：其一，"主权所及说"。该学说肯定"拟制领土"所在地区国家主权的存在，但否定该主权国家对其的管辖权。[2]其二，"派遣国领域说"。该学说直接将其视为派遣国领域，[3]这也是通说。对此仍需严格区分使领馆的地位，使馆享有完全的管辖豁免权，而领馆则享有的是有限制的、相对的豁免权，因而，对于王某军逃入美国驻成都总领事馆的行为定性，在理论上众说纷纭。笔者同意"派遣国领域说"，领馆虽不享有完全豁免权，但并不能否定其享有的豁免权。

（三）主观方面的理论分析

叛逃罪在主观上要求是故意，包括直接故意和间接故意。叛逃罪的直接故意表现为行为人明知自己的违法叛逃行为会导致危害结果，侵犯国家安全，还积极追求这一结果，并做出叛逃行为；间接故意表现为在认识层面上是明知自己的行为性质，即叛逃行为可能会侵害国家安全，并且这一行为法律上予以禁止，但行为人为了追求别的目的，对这一结果的发生采取放任的态度。

为境外非法提供国家秘密、情报罪在主观上也要求是故意。同样地，该罪也包括直接故意和间接故意。其中直接故意就是行为人明知自己的违法行为会导致泄露国家秘密、情报，侵犯国家安全和利益以及国家秘密、情报管理秩序，仍积极追求这一结果，并以非法给境外企图搜集我国国家秘密与情报的机构、组织、个人提供情报的行为表现出来。间接故意则是对这一结果的发生采取放任的态度。

---

[1] 高瑞祥："为境外窃取、刺探、收买、非法提供国家秘密、情报罪构成要件研究"，载《河南公安高等专科学校学报》2009年第4期，第34页。

[2] 韩忠谟：《刑法原理》，雨利美术印刷有限公司1981年版，第544页。

[3] 赵秉志主编：《新刑法教程》，中国人民大学出版社1997年版，第70页。

四、案件分析结论

如前所述,叛逃罪的客观表现就是国家机关工作人员和掌握国家秘密的国家工作人员在履行职务期间,擅离岗位,叛逃境外或者在境外叛逃的行为。

在司法认定过程中,对该罪需要注意以下两个方面的因素:对于"在履行职务期间"方面,本案中王某军的行为在此并不存在争议。而"擅离岗位",是指未经组织批准,放弃自己的职责而脱离所在的单位。通常来说,一切未经组织批准或正当合理合法理由或经一定程序,自行脱离岗位的行为,都可谓是"擅离岗位"。对于王某军逃入美国驻成都领事馆的行为,分析如下:

(一)王某军的行为构成"叛逃境外"

正如前文所述,美国驻成都总领事馆位于我国领土主权范围之内,若从物理意义上来说,王某军的行为只能构成叛逃罪未遂,结合其后面的行为,应成立为境外非法提供国家秘密、情报罪。

但在政治意义上来说,王某军逃入美国驻成都总领事馆的行为,若采取"主权所及说",肯定"拟制领土"所在地区国家主权即中国国家主权的存在,但否定该主权国家即中国对其的管辖权,这就出现了矛盾之处,王某军逃入美国驻成都总领事馆仍在我国领土主权范围之内,其叛逃未遂,而针对该行为却应由美国管辖并适用美国的法律。若采取"派遣国领域说",直接将美国驻成都总领事馆视为派遣国美国领域,那么王某军逃入美国驻成都总领事馆即构成叛逃罪,行为既遂。

值得注意的是,如果王某军逃入的是美国驻华大使馆,按"派遣国领域说"分析并无不妥之处,但行为人王某军逃入的是美国驻成都总领事馆,其地位与大使馆尚不相同,使馆享有完全的管辖豁免权,而领馆则享有的是有限制的、相对的豁免权,领馆通常接受外交部门和所在国大使馆的双重领导,主要职责是促进两国关系和人民间的往来以及相关领事工作。因而,对于王某军逃入成都美国总领事馆的行为的采取"派遣国领域说",虽无完全豁免权,但并不能否定其领馆享有的豁免权,且其行为造成了极其严重的"11·15"事件,其影响力并非领馆的权限可以决定,故而在理论上也构成叛逃罪。

而如果认为行为人王某军构成为境外非法提供国家秘密、情报罪,那么其逃入美国驻成都总领事馆,向该领事馆披露某些事项,以求获得某种庇护,主观上存在故意,客观上侵害了国家安全和利益以及国家秘密、情报管理秩序，并将其国家机关工作人员的身份作为量刑情节予以处罚，从事实认定和法律认定及对行为人定罪量刑方面，在逻辑上也能够自洽，但对于其罪的认定还应取决于其犯罪的主观方面。

（二）王某军主观上为叛逃罪的间接故意

在明确这个问题之前，我们首先得肯定王某军是出于故意心态，至于其具体是何种犯罪故意，则回到了该问题本身。笔者认为王某军在主观上为叛逃罪的犯罪故意，行为人王某军身为国家机关的工作人员，在其任职期间，擅自离开工作岗位，叛逃至美国驻成都总领事馆，其对于自己行为的性质和危害结果都应具有充分的认识，行为既遂。在本案中，王某军辩称就是为了躲避某种迫害，不得已而逃入美国驻成都总领事馆的，该内容在某种意义上是符合间接故意的。叛逃罪的主观方面是故意，行为人实施该行为动机如何并不影响本罪的成立；而为境外非法提供国家秘密、情报罪主观方面为明知是国家秘密或者情报，故意为境外的机构、组织、人员窃取、刺探、收买或者非法提供，成立该罪对行为人的动机有特定的要求。因此，虽然行为人王某军属于非法为境外提供国家秘密，但其并非以此为动机去实施，故而笔者认为王某军在主观方面属于叛逃罪的间接故意。

综上所述，王某军作为国家机关工作人员这一特殊主体，在履行公务期间，擅离岗位，为境外非法提供国家秘密，严重侵害国家安全以寻求政治庇护叛逃至美国驻成都总领事馆，符合《刑法》规定的叛逃罪的构成要件，构成叛逃罪。

（徐宇伟供稿）

第五节　间谍罪

一、案例基本情况

齐某，博士学历，原系云南省社会科学院研究员，有了解、接触某国需要信息的价值和地位，对工作内容负有相关保密义务。2010年9月，齐某认识了陈某某，陈某某向齐某引荐并认识了某国领事馆工作人员郑某某。随着两人的交往，2012年3月，郑某某开始向齐某要材料，并付钱给齐某，齐某意识到郑某某是做情报间谍工作的人员。郑某某教齐某传递材料的方法，郑某某给了齐某3张手机存储卡，要求用存储卡传递材料。齐某一共给过郑某某13次材料。其中，2014年7月13日，在白塔路七彩购物中心四楼的日本料理店吃饭时，齐某直接将文件《当前××冲突及其对×××关系的影响》交给郑某某，齐某在日记中记录"郑某某当天给了我一瓶红酒"；2014年5月份，齐某将《新形势下加快云南与××经济合作的对策建议》在红塔大厦五楼卫生间旁边的杂物间内拿给郑某某，郑某某给了齐某1000元钱。齐某多次接受郑某某的现金及红酒、茶叶、衬衣等财物，价值约10 960元。经云南省国家保密局鉴定，齐某向郑某某提供的文件中《新形势下加快云南与××经济合作的对策建议》《当前××冲突及其对×××关系的影响》属情报。2015年3月21日齐某被昆明市国家安全局传唤到案。2016年1月13日云南省昆明市中级人民法院［2015］昆刑一初字第139号刑事判决书认定齐某构成间谍罪，判处其有期徒刑3年零6个月，剥夺政治权利4年。[1]

二、争议焦点

1. 齐某是否存在间谍罪的主观故意？
2. 齐某传唤到案后如实供述案情，是否成立自首？

三、法理分析

（一）间谍罪概念及构成特征

间谍罪，是指参加间谍组织，接受间谍组织及其代理人的任务，或者为敌人指示轰击目标，危害国家安全的行为。[2]本罪在客观方面表现为参加间谍组织或接受间谍组织及其代理人的任务，或者为敌人指示轰击目标的行为。具体表现为三种情形：参加间谍组织，成为间谍组织的成员；接受间谍组织及其代理人的任务；为敌人指示轰击目标的行为。行为人只要实施了上述三种行为之一，危及国家安全的，即可构成本罪，不要求三者同时具备。本罪在主观方面表现为犯罪故意。犯罪故意的认识内容因行为方式不同而有所不同：参加间谍组织的，必须明知是间谍组织而参加；接受间谍组织任务的，必须明知是间谍组织或代理人派遣的危害国家安全的任务而接受；指示轰击

---

[1] 云南省昆明市中级人民法院［2015］昆刑一初字第139号刑事判决书。
[2]《刑法学》编写组编：《刑法学》（下册·各论），高等出版社2019年版，第25页。

目标的，必须明知对方是敌人而向其指示轰击目标。[1]

需要注意的是，《反间谍法》第38条对间谍行为的含义进行了明确规定：（1）间谍组织及其代理人实施或者指使、资助他人实施，或者境内外机构、组织、个人与其相勾结实施的危害我国国家安全的活动；（2）参加间谍组织或者接受间谍组织及其代理人的任务的；（3）间谍组织及其代理人以外的其他境外机构、组织、个人实施或者指使、资助他人实施，或者境内机构、组织、个人与其相勾结实施的窃取、刺探、收买或者非法提供国家秘密或者情报，或者策动、引诱、收买国家工作人员叛变的活动；（4）为敌人指示攻击目标的；（5）进行其他间谍活动的。根据罪刑法定的基本原则，只有（2）和（4）两类三种行为才构成间谍罪，其他行为的社会危害性也很严重，但需要依据刑法的其他相关规定予以入罪。

（二）间谍罪的刑罚处罚

犯间谍罪，危害国家安全的，处10年以上有期徒刑或者无期徒刑；情节较轻的，即尚未对国家安全造成严重危害的，处3年以上10年以下有期徒刑；对国家和人民危害特别严重、情节特别恶劣的，可以判处死刑。构成本罪，还可以并处没收财产。

间谍罪是行为犯，即只要实施了参加间谍组织、接受间谍组织及其代理人的任务、为敌人指示轰击目标之一的，即成立犯罪既遂，与客观上是否已经造成了危害国家安全的实际结果并无关系。但是，为了有利于防范和打击间谍行为，《反间谍法》第27条第2款对间谍罪的量刑情节作了特别规定：实施间谍行为，有自首或者立功表现的，可以从轻、减轻或者免除处罚；有重大立功表现的，给予奖励。该法第28条还规定，在境外受胁迫或者受诱骗参加敌对组织、间谍组织，从事危害我国国家安全的活动，及时向我国驻外机构如实说明情况，或者入境后直接或者通过所在单位及时向国家安全机关、公安机关如实说明情况，并有悔改表现的，可以不予追究。

四、案件分析结论

（一）齐某具有间谍罪的犯罪故意，构成间谍罪

本案中齐某虽然是通过其他人才认识郑某某，但郑某某的身份为某国领

---

[1] 张明楷：《刑法学》（下）（第6版），法律出版社2021年版，第875页。

事馆工作人员，作为云南省社会科学院东南亚所的研究员，本来具有保密义务，对郑某某的身份和相关要求应当具有相当的注意义务，尤其是郑某某提出用财物换取相关文件和信息资料后，齐某在主观上已经意识到郑某某为某国的情报间谍人员，更应拒绝对方交办的任务。虽然齐某提供的一些材料是公开发表的论文，对《新形势下加快云南与××经济合作的对策建议》和《当前××冲突及其对×××关系的影响》的情报属性并不明知，但在明知对方为外国间谍人员时仍然接受相关任务，且这些任务的实施会危及我国的国家安全，主观上就具备了间谍罪的犯罪故意。至于相关材料客观上是否为情报，主观上是否认识到其为情报，并不是间谍罪的主观要素，而是证明其行为会危害国家安全的客观要素。

（二）齐某具有自首的情节

2015年3月21日，齐某被昆明市国家安全局传唤到案，到案后如实供述了相关案情，应当认定为自首，具体理由如下：

1. 电话传唤不属于强制措施

《刑事诉讼法》第六章规定的"强制措施"并不包括传唤。传唤和作为强制措施的拘传不同，传唤是使用电话或传票通知犯罪嫌疑人在指定的时间自行到指定的地点接受讯问的诉讼行为，它强调被传唤人到案的自觉性。而拘传则是强制犯罪嫌疑人依法到案接受讯问的一种强制措施。通常情况下，拘传适用于经过依法传唤，无正当理由拒不到案的犯罪嫌疑人。因此，传唤与拘传有着本质的不同，法律也从未将传唤包括在强制措施之内。

根据最高人民法院《关于处理自首和立功具体应用法律若干问题的解释》（以下简称《解释》）（法释［1998］8号）第1条第1项的规定，自动投案是指犯罪事实或者犯罪嫌疑人尚未被司法机关发觉，或者虽被发觉，但犯罪嫌疑人尚未受到讯问、未被采取强制措施时，主动、直接向司法机关投案。犯罪嫌疑人经公安机关电话传唤后到案的情况，符合该解释的规定，应视为自动投案。至此，传唤完全符合"自动投案"的情形。

2. 经传唤归案具有自动投案的主动性

犯罪嫌疑人经传唤后，自主选择的余地很大，其可能选择主动归案，也可能拒不到案，甚至逃跑，而其能主动归案，就表明其有认罪悔改、接受惩罚的主观目的，即具有归案的自动性和主动性。前述《解释》中尚有"犯罪后逃跑，在被通缉、追捕过程中，主动投案的"以及"公安机关通知犯罪嫌疑人的亲友……将犯罪嫌疑人送去投案的"视为自动投案的规定，与之相较，而仅仅受到传唤便直接自行归案的，若不视为自动投案，不符合鼓励主动到案、减少司法资源浪费的立法初衷。

3. 司法实践中一直将传唤后如实供述依法认定为一般自首

最高人民法院发布的典型案例，多次重申传唤后如实供述应认定为一般自首。如 2011 年 8 月 24 日最高人民法院《关于反规避执行的九起典型案例》中周明利拒不执行判决、裁定案明确表示："鉴于周明利经电话传唤后主动到案，如实供述了其罪行，属于自首。"又如 2015 年 9 月 18 日《最高人民法院公布 19 起发生在校园内的刑事犯罪典型案例（河北）》中的周某某故意伤害案明确表示："被告人周某某……次日按公安机关的传唤时间及时到案，且如实交代了犯罪事实，其行为体现了投案的主动性和自愿性，依照法律规定，可视为具有投案自首情节。"再如 2016 年 11 月 30 日《最高人民法院发布 6 起依法审理拒执刑案典型案例》中的北京诺缘建筑工程有限公司、郑汝妹拒不执行判决、裁定自诉案明确表示："鉴于被告人张庆国经公安机关电话传唤后到案，归案后如实供述其犯罪事实，系自首，依法可从轻处罚。" 2021 年 2 月 2 日最高人民法院刑三庭负责人针对王书金被传唤后到案并如实供述的事实表示应依法认定为一般自首："根据刑法规定，犯罪以后自动投案，如实供述自己的罪行的，是自首。……2005 年 1 月 17 日王书金因形迹可疑被河南省荥阳市公安局索河路派出所干警传唤……经讯问，王书金主动交代自己实施了 6 起强奸、杀人作案……依法可以认定王书金具有自首情节。"

因此，本案中齐某被昆明市国家安全局传唤后即到案，体现了将自己置于司法机关控制之下的主动意志，体现了较小的人身危险性，也节约了司法资源，符合自动投案的要求，且到案后如实供述了相关案情，根据《刑法》第 67 条第 1 款的规定，应当认定为自首。根据《刑法》第 67 条第 1 款和《反间谍法》第 27 条第 2 款的规定，结合案情，可以对成立自首的齐某予以从轻、减轻或者免除处罚。

（苏雄华供稿）

第六节　为境外窃取、刺探、收买、非法提供国家秘密、情报罪

一、案例基本情况

2009年7月，世界三大铁矿石巨头之一澳大利亚"力拓"集团（以下简称"力拓公司"）雇员胡某泰、王某、葛某强、刘某魁被上海市国家安全部门实施刑事拘留。上海市安全部门称，胡某泰等4人采取不正当手段刺探窃取中国国家秘密，从力拓公司上海办事处电脑发现了我国宝钢、首钢等数十家公司的每月原料库存、生产安排、销售情况等详细技术分析和各生产流程的准确参数。据称，在"中国钢铁企业联盟"（以下简称"中钢协"）与代表西方钢铁业联盟的力拓公司的铁矿石贸易的谈判中，对方通过私下收买等方式大肆打探我国矿石贸易价格底线等相关商业情报，致使我国在谈判中处于被动位置，使得国家经济利益遭受重大损失。据报道称，过去六年中，力拓公司的商业间谍"迫使中国钢企在近乎讹诈的进口铁矿石价格上多付出7000多亿元人民币的沉重代价"，而这相当于"澳洲10%的GDP"。2009年8月，胡某泰等4人被上海市人民检察院正式批捕时的罪名则降格为"涉嫌侵犯商业秘密罪和非国家工作人员受贿罪"。

被告人胡某泰、王某、葛某强、刘某魁的行为，严重影响和损害了中国有关钢铁企业的竞争利益，使其在铁矿石进口谈判中处于不利地位，并致2009年中国钢铁企业与力拓公司铁矿石价格谈判突然中止，给中国有关钢铁企业造成了巨大经济损失。其中，首钢国贸公司、莱钢国贸公司等20余家单位多支出预付款人民币10.18亿元，仅2009年下半年的利息损失即达人民币1170.30万余元。[1]

二、争议焦点

胡某泰等人非法获取的信息是国家秘密还是商业秘密，以及在此基础上对胡某泰等人的犯罪行为如何定性？

---

[1] 上海市第一中级人民法院［2010］沪一中刑初字第34号刑事判决书。

对此，主要有以下两种观点：

第一种观点认为，如果胡某泰等人是通过不正当手段获取中方铁矿石价格谈判的相关信息和"底线"，只能认为是触犯商业贿赂或侵犯商业秘密的相关罪名。其基本理由是：首先，商业秘密主要侧重市场竞争主体所掌握的技术信息和经营信息，是一种私权；国家秘密则主要是涉及国家的政治、军事、外交和外事、国民经济、社会发展、科学技术等关系到国家安全和利益的信息，是一种公权。其次，商业秘密的主体是自然人或者法人，而国家秘密的主体只能是国家。最后，从确定的程序上来看，商业秘密的确定仅仅是权利人的个人行为，程序简单；而国家秘密的确定需要由有定密权的主体按照法定程序进行，程序严格。在本案中，胡某泰等人非法获取的信息主要是企业在自主经营活动中所产生的经营信息，其所有权人是企业而非国家。铁矿石进口价格的谈判虽然是由中钢协牵头的，但究其本质，仍属于商业谈判，期间发生利用不正当手段拉拢收买对方内部人员，刺探谈判信息的犯罪行为，应成立《刑法》第 219 条规定的"侵犯商业秘密罪"以及有关商业贿赂犯罪的相关罪名。

第二种观点认为，胡某泰等人非法获取的我国铁矿石价格谈判相关信息是国家秘密而非商业秘密，涉及我国经济安全，上海市国家安全部门以涉嫌刺探、窃取中国国家秘密逮捕胡某泰等人的行为有法可依，并无不妥。国家秘密是指关系国家安全和利益，依照法定程序确定，在一定时间内只限一定范围的人员知悉的事项，包含国民经济和社会发展中的秘密事项。钢铁产业是国民经济的支柱产业，关乎国家"经济命脉"，属于"国民经济和社会发展中的秘密事项"。而我国钢铁企业多属于国有独资或国家控股企业，其经营信息包含国家利益，与国家的"经济安全"密切相关。在我国，无论是中钢协还是龙头钢铁企业代表钢铁行业进行铁矿石进口谈判，维护的都不是个别企业的私利，而是代表整个中国钢铁行业的利益，涉及产业安全。产业安全与国防安全、经济安全紧密相关，会直接影响到一个国家的稳定和繁荣。

三、法理分析

（一）概念界定

为境外窃取、刺探、收买、非法提供国家秘密、情报罪是指为境外的机构、组织、人员窃取、刺探、收买、非法提供国家秘密、情报的行为。[1]本罪是选择罪名，有多种行为手段，实施其中的一个或多个行为都只构成一罪。本罪侵犯的客体是中华人民共和国国家安全；主体是一般主体；主观方面为故意；客观方面表现为为境外的机构、组织、人员窃取、刺探、收买、非法提供国家秘密、情报的行为。

（二）"国家秘密"的界定

根据《保守国家秘密法》第 2 条、第 9 条的规定，"国家秘密是关系国家安全和利益，依照法定程序确定，在一定时间内只限一定范围的人员知悉的事项""下列涉及国家安全和利益的事项，泄露后可能损害国家在政治、经济、国防、外交等领域的安全和利益的，应当确定为国家秘密：（一）国家事务重大决策中的秘密事项；（二）国防建设和武装力量活动中的秘密事项；（三）外交和外事活动中的秘密事项以及对外承担保密义务的秘密事项；（四）国民经济和社会发展中的秘密事项；（五）科学技术中的秘密事项；（六）维护国家安全活动和追查刑事犯罪中的秘密事项；（七）经国家保密行政管理部门确定的其他秘密事项。政党的秘密事项中符合前款规定的，属于国家秘密"。

"国家秘密"包括国民经济发展中的秘密事项，因此，"国家秘密"与"商业秘密"之间存在一定程度的重合。就我国现状而言，中国的国有企业大多在关系国家经济命脉的行业和领域中扮演着重要角色，因此它们不仅是国家经济秘密和科技秘密的重要集散地，而且还大量产生事关国家经济安全的特殊商业秘密，这些商业秘密本身也是国家秘密，具有双重属性。国有企业的商业秘密与国家秘密之间具有兼容性和模糊性，在实际操作中属于《保守国家秘密法》第 9 条中的分类信息，也可认定为国家秘密。

四、案件分析结论

本案中，中钢协代表我国钢铁企业进行铁矿石谈判，并不意味着其仅为市场主体地位，其代表的更是整个中国钢铁产业的利益。这是由我国钢铁企业的相关运作模式所决定的。由于参加"长协价"谈判对企业资金实力、生产规模等方面有要求，我国参与铁矿石贸易谈判的代表主要是少数的具有铁

---

[1]《刑法学》编写组编：《刑法学》（下册·各论），高等教育出版社 2019 年版，第 27 页。

矿石进口资质的国有企业，而拥有钢铁产能 2/3 以上的钢铁企业（包括民营企业）属于"被代表"的地位。国有大企业通过"长协价"谈判获得铁矿石后，其他钢铁企业则必须从具有进口资质的贸易商手中以高出"长协价"50%甚至 100%的价格获得铁矿石。可见，铁矿石进口谈判的价格影响的不仅仅是亲自参与谈判的少数钢铁企业，还包括我国钢铁行业的其他企业。所以，胡某泰等人非法提供给境外机构的信息，既损害了钢铁企业的商业利益，又危及我国的钢铁产业。

依照《保守国家秘密法》第 9 条规定的泄露后可能损害国家在政治、经济、国防、外交等领域的安全和利益的国家秘密的分类中"国民经济和社会发展中的秘密事项"这一项来看，本案中的涉密信息也不能简单地认定为商业秘密。由此可见，胡某泰等人的行为完全符合我国关于"为境外窃取、刺探、收买、非法提供国家秘密罪"中"刺探、收买、非法提供"的客观方面。

根据案情可知，胡某泰、王某、葛某强、刘某魁明知该秘密属于《保守国家秘密法》第 9 条第 4 项规定的关乎国民经济和社会发展的秘密事项，仍故意非法提供给境外组织即澳大利亚力拓公司，其行为已经符合本罪关于主观方面的特征。

胡某泰、王某、葛某强、刘某魁将关乎国民经济和社会发展的秘密事项非法提供给澳大利亚力拓公司并为力拓公司谋取了巨额利益的行为不但使我国钢铁企业遭受巨大损失，更危及我国钢铁产业的未来发展趋势，其行为已严重侵犯了我国的国家安全，亦符合本罪的客体特征；本案行为人胡某泰、王某、葛某强、刘某魁作为已满 16 周岁的具有刑事责任能力的人，也符合本罪的主体特征。

因此，根据上述关于案情的分析，结合本罪构成要件理论，可以认定胡某泰等人构成为境外窃取、非法提供国家秘密罪。

（陈晓龙供稿）

第二章
危害公共安全罪

第一节 爆炸罪

一、案例基本情况

冀某星因对相关部门的处理不满,欲采用爆炸的方式引起关注,2013年7月20日,冀某星携带自制爆炸装置,到北京首都国际机场三号航站楼二层国际旅客到达的B出口,抛撒印有"报仇雪恨"字样的传单,并双手高举爆炸装置,其间,爆炸装置在冀某星双手之间来回倒换。北京首都国际机场公安分局民警接到报警后,立即赶到现场对冀某星进行劝说,同时紧急疏散旅客。当日18时24分许,冀某星引爆自制爆炸装置,造成其本人左前臂远端缺失及左耳耳膜穿孔,造成民警韩某双上肢、颈部、双眼爆炸伤,经鉴定为轻微伤,同时造成爆炸现场秩序混乱,以致首都机场不得不紧急关闭国际旅客到达出口通道。

北京市朝阳区人民法院经审理认为,冀某星采用极端方式,在公共场所实施爆炸,其行为危害了公共安全,构成爆炸罪。根据冀某星犯罪的事实、犯罪的性质、情节及对于社会的危害程度,依照《刑法》第114条之规定判冀某星犯爆炸罪,判处有期徒刑6年。一审宣判后,冀某星以其系过失引发爆炸,原判认定事实不清,适用法律错误,程序违法,且量刑过重为由向北京市第三中级人民法院提出上诉。北京市第三中级人民法院经过二审审理认为,一审法院根据冀某星犯罪的事实、性质、情节及对社会的危害程度所作判决,事实清楚,证据确实充分,定罪及适用法律正确,审判程序合法,应予以维持,依法裁定驳回冀某星的上诉,维持原判。[1]

---

[1] 涂铭:"冀某星被判6年,法院称属'从轻处罚'",载《新华每日电讯》2013年10月16日。

二、争议焦点

1. 冀某星在首都机场引发爆炸主观上是故意还是过失？
2. 冀某星为反映诉求引发关注，自制爆炸物并在公共场所引爆的行为构成一罪还是数罪？

三、法理分析

（一）爆炸罪的概念及犯罪构成分析

爆炸罪指故意使用爆炸方法危害公共安全的行为，本罪所侵害的法益是公共安全，即不特定或多数人的生命、健康或者重大公私财产的安全；客观方面表现为实施爆炸，危害公共安全的行为；主观方面为故意，包括直接故意与间接故意。但行为人的犯罪动机不影响爆炸罪的成立，比如行为人出于报复、怨恨、嫉妒等动机。因为爆炸罪是典型的危险犯，只要行为人实施了爆炸行为，足以危害公共安全的，即构成爆炸罪既遂。

（二）爆炸罪与非法制造爆炸物罪的罪数形态问题

《刑法》第 125 条规定，非法制造、买卖、运输、邮寄、储存枪支、弹药、爆炸物的，处 3 年以上 10 年以下有期徒刑；情节严重，处 10 年以上有期徒刑、无期徒刑或者死刑。非法制造爆炸物罪是指违反国家有关爆炸物的管理规定，擅自制造爆炸物，危害公共安全的行为。其侵害的秩序为爆炸物管理制度；具体表现为违反国家有关爆炸物管理法规，擅自制造爆炸物的行为。

关于爆炸预备行为与非法制造、买卖、运输、邮寄、储存爆炸物罪发生竞合、牵连时，即行为人为了实施爆炸犯罪而预备实施《刑法》第 125 条的涉爆行为，因意志以外原因未能着手实行爆炸罪的，是爆炸罪预备与第 125 条之罪的竞合，应当择一重罪处断。行为人为实施爆炸而实行《刑法》第 125 条之涉爆行为，因意志以外原因未能得逞的，是爆炸罪未遂与第 125 条之罪的竞合，也应当择一重罪处断。[1]

---

[1]《刑法学》编写组编：《刑法学》（下册·各论），高等教育出版社 2019 年版，第 34 页。

四、案件分析结论

(一) 冀某星主观方面为故意

由案例基本情况可知，被告人冀某星的初始目的是采用爆炸的方式引起关注。所以，其为了达到这一目的，自学自制爆炸装置，并长途跋涉从山东省鄄城县乘坐长途汽车前往北京，将爆炸装置捆绑于裤腿内躲避北京市丽泽桥长途汽车站安检出站后，在北京首都国际机场三号航站楼二层展开行动。其将爆炸装置捆绑于裤腿内的举动就表明其对自己的行为具有明确的危险性与法律禁止性的认知。其抛撒印有"报仇雪恨"字样的传单后，并没有引起公众注意。为引起公众注意，他双手高举爆炸装置，将爆炸装置在其双手之间来回倒换，并拒绝民警的劝说。虽有高声提醒乘客"有炸弹"之举，但其拒绝民警劝说，"来回倒换"的行为也显然表明其置机场所有乘客的生命安全于不顾，并不存在过失心态。且过失心态是指行为人对危害结果的发生表示否定态度，而冀某星在自制炸药、从山东前往北京的路上抛撒传单而后将爆炸装置在双手之间"来回倒换"并拒绝民警劝说的一系列行为中，表明其对自己的行为并没有自动放弃的意图，故而关于其过失心态的说法不符合案件事实与其行为内容，应认定冀某星在主观上的心理态度为故意，而非过失。

(二) 冀某星的行为构成爆炸罪

非法制造爆炸物罪是指违反国家有关爆炸物的管理规定，擅自制造爆炸物，危害公共安全的行为。本罪为具体危险犯。爆炸物，是指具有较大爆破性或杀伤性的爆炸物，包括炸药、雷管、导火索、导爆索、震源弹、黑火药、烟火药、手榴弹、地雷等各类爆炸物品以及被列入易制爆危险化学品名录，可用于制造爆炸物品的危险化学品，也包括《民用爆炸物品安全管理条例》所列的爆破器材。可见，作为本罪的爆炸物并没有确定的范围，根据物品的用途与行为的具体情节判断。[1] 本案中冀某星的自制爆炸装置在公共场所引爆，以爆炸方法危害公共安全并造成实害结果的行为，构成非法制造爆炸物罪和爆炸罪，属于牵连犯，从一重罪处罚，应认定冀某星的行为构成爆炸罪。

(高莹莹供稿)

---

[1] 张明楷：《刑法学》（下）（第6版），法律出版社2021年版，第912页。

第二节　以危险方法危害公共安全罪

一、案例基本情况

2018年10月28日凌晨5时1分，公交公司早班车驾驶员冉某（42岁）离家上班，5时50分驾驶22路公交车在起始站万达广场发车，沿22路公交车路线正常行驶。事发时系冉某第3趟发车。9时35分，乘客刘某在龙都广场四季花城站上车，其目的地为壹号家居馆站。由于道路维修改道，22路公交车不再行经壹号家居馆站。当车行至南滨公园站时，驾驶员冉某提醒到壹号家居馆的乘客在此站下车，刘某未下车。当车继续行驶途中，刘某发现车辆已过自己的目的地站，要求下车，但该处无公交车站，驾驶员冉某未停车。10时3分32秒，刘某从座位起身走到正在驾驶的冉某右后侧，靠在冉某旁边的扶手立柱上指责冉某，冉某多次转头与刘某解释、争吵，双方争执逐步升级，并相互有攻击性语言。10时8分49秒，当车行驶至万州长江二桥距南桥头348米处时，刘某右手持手机击打冉某头部右侧，10时8分50秒，冉某右手放开方向盘还击，侧身挥拳击中刘某颈部。随后，刘某再次用手机击打冉某肩部，冉某用右手格挡并抓住刘某右上臂。10时8分51秒，冉某收回右手并用右手往左侧急打方向（车辆时速为51公里），导致车辆失控向左偏离越过中心实线，与对向正常行驶的红色小轿车（车辆时速为58公里）相撞后，冲上路沿、撞断护栏坠入江中，致车内13人死亡，2人失联。[1]

二、争议焦点

本案中，驾驶员冉某和乘客刘某已经死亡，法律后果消灭，但并不妨碍我们对冉某和刘某的行为进行分析。针对本案有多种定罪意见：

第一种意见认为，冉某和刘某均构成以危险方法危害公共安全罪。

第二种意见认为，冉某构成以危险方法危害公共安全罪，刘某构成交通

---

[1] "重庆万州公交车坠江原因公布：乘客与司机激烈争执互殴致车辆失控"，载 https://m.toutiaocdn.com/i6619096498351112708/? app=news_ article&timestamp=1580735956&req_ id=202002032119150101291320215810DBB6&group_ id=6619096498351112708&wxshare_ count=1&tt_ from=weixin&utm_ source=weixin&utm_ medium=toutiao_ android&utm_ campaign=client_ share&from=groupmessage，最后访问日期：2020年11月2日。

肇事罪。

第三种意见认为，冉某和刘某均构成过失以危险方法危害公共安全罪。

上述分歧意见的争议焦点如下：

（1）驾驶员冉某和乘客刘某在主观上是间接故意还是过于自信的过失？

（2）驾驶员冉某还手、格挡的行为与乘客刘某以手机击打驾驶员冉某的行为是否与放火、决水、爆炸、投放危险物质行为引起的危险性具有相当性和同质性？

三、法理分析

（一）以危险方法危害公共安全罪概念和构成特征

以危险方法危害公共安全罪是指故意使用放火、决水、爆炸、投放危险物质以外的其他危险方法，危害公共安全的行为。[1]本罪侵害的客体为公共安全；具体表现为实施以放火、决水、爆炸、投放危险物质以外的"其他危险方法"危害公共安全的行为。

本罪所规定的"其他危险方法"，通说认为其应与放火、决水、爆炸、投放危险物质的危险方法具有同质性和相当性。但究竟如何界定，理论界和实务界尚未形成统一意见。笔者认为，其他危险方法要与放火、决水、爆炸、投放危险物质的危险方法具有相当性和同质性必须具备以下特征：

（1）现实危险性，是指该危险方法具有致使不特定或多数人重伤、死亡或者公私财产遭受重大损失的危险现实化的可能。

（2）一次性，是指该危险方法一次性地导致了结果的发生，结果的发生不是多次行为的结果，其结果的发生具有迅速性和不可控性。

（3）直接性，是指其他危险方法直接作用于不特定或者多数人的身体、生命或者重大公私财产。

（4）高度盖然性，是指其他危险方法致使不特定或者多数人重伤、死亡或者公私财产遭受重大损失结果发生的可能性极大、概率极高，只要不存在异常的介入因素，结果就会合规律地发生。

从司法实务看，与道路安全有关的已经认定的"其他危险方法"有：拆卸公共道路中央的下水井盖；驾驶人员与人打闹而任由机动车处于失控状态；

---

［1］《刑法学》编写组编：《刑法学》（下册·各论），高等教育出版社2019年版，第36页。

驾驶机动车在公共场所故意冲撞众人。

（二）以危险方法危害公共安全罪与相关犯罪的界限

1. 以危险方法危害公共安全罪与交通肇事罪的区分

交通肇事罪是指违反道路交通运输管理法规，因而发生重大事故，致人重伤、死亡或者使公私财产遭受重大损失的行为。该罪侵犯的客体为道路交通安全；其客观行为是违反道路交通运输管理法规，只能发生在公共交通道路上；主观方面为过失。

以危险方法危害公共安全罪与交通肇事罪并不是相互对立的关系。两罪侵犯的客体虽然不同，但公共安全包括道路交通安全，道路交通安全可以评价为公共安全；两罪的客观行为有交叉的部分，违反道路交通运输管理法规造成了严重后果的可以评价为其他危险方法。

2. 以危险方法危害公共安全罪与妨害安全驾驶罪的区分

《刑法修正案（十一）》新增"妨害安全驾驶罪"，规定"对行驶中的公共交通工具的驾驶人员使用暴力或者抢控驾驶操纵装置，干扰公共交通工具正常行驶，危及公共安全的，处一年以下有期徒刑、拘役或者管制，并处或者单处罚金"以及"……驾驶人员在行驶的公共交通工具上擅离职守，与他人互殴或者殴打他人，危及公共安全的，依照前款的规定处罚""……同时构成其他犯罪的，依照处罚较重的规定定罪处罚"。本罪与以危险方法危害公共安全罪存在偏一竞合关系，保护的是公共交通工具安全驾驶的前置秩序，是风险社会背景下刑法的提前介入。如果乘客或司机妨害公共交通工具驾驶的行为有导致安全驾驶秩序被破坏的抽象危险，则定妨害安全驾驶罪；而如果该行为可能或已经实际威胁到了公共安全，则该行为所具危险性不能为妨害安全驾驶罪所涵盖，此时应按照处罚较重的以危险方法危害公共安全罪处理。

四、案件分析结论

（一）冉某与刘某的主观方面分析

本案中，冉某是专职司机，明知自己还手、格挡的行为可能会导致公交车失控，危及车上乘客和道路上行人及其他车辆的正常行驶，造成严重后果，仍"多次转头解释甚至争吵"并实施"抓住刘某右上臂""侧身挥拳击中刘某颈部"的还击行为与格挡行为。虽然其左手一直紧握方向盘并试图维持车辆正常行驶，但其还手的身体动作和行动幅度已大过其掌控幅度，还手的主观心态亦大于掌控车辆的驾驶心态。因此笔者认定，将其主观心理状态认定为过于自信的过失较为不妥，应认定为间接故意，即符合本罪的主观方面特征，明知自己还手行为会危及公共安全造成人员伤亡，仍放任危害结果发生的主观心理态度。

对乘客刘某而言，其虽然已经预见自己以手机击打驾驶员冉某的行为会影响车辆的正常运行，危及车上乘客和道路上行人及其他车辆的正常行驶，造成严重后果，但坚信自己以手机击打驾驶员的行为不会造成严重后果，主观上为过于自信的过失，即已经预见自己的行为会危及不特定人的安全，但轻信司机停车就能够避免的主观心理态度。

（二）冉某与刘某的行为定性

根据上述理论阐述，结合本案案件事实的分析，在客观方面的认定，笔者认为冉某的行为系与放火、决水、爆炸、投放危险物质的危险方法具有相当性和同质性的"其他方法"，而刘某的行为应认定为交通肇事行为。究其特性而言，可从以下几个相关性特征分析：

冉某"抓住刘某右上臂"的还击行为与格挡行为的错误操作导致其撞断护栏坠入江中，其结果发生的迅速性与不可控性符合一次性特征；撞断护栏后直接造成13人死亡、2人失联以及车辆和财物受损的严重后果，其结果的发生完全符合直接性的特征；而从车辆与财物的毁损状况与人员伤亡的状况看，也符合相当性中的现实危险性与高度盖然性。因此，认定冉某的行为属于以危险方法危害公共安全罪中的"危险方法"。

而对乘客刘某击打驾驶员行为的相当性分析，仍从现实危险性、一次性、直接性、高度盖然性这四个特征出发。刘某击打冉某的行为必然会影响冉某对公交车的控制，存在使不特定人或多数人重伤、死亡或者公私财产遭受重大损失的危险现实化的可能性，具有现实危险性。但其行为并非属于一次性造成危害后果的特性，亦不具有直接性，上述分析可知车辆失控是由于冉某的还击与格挡行为，而非刘某的击打行为，因此刘某的行为亦不具有导致公共安全被破坏的高度盖然性。综上，刘某的行为与放火、决水、爆炸、投放危险物质的行为不具有相当性。同时，刘某的行为又不能为妨害安全驾驶罪所涵盖，因为已经导致了严重后果，超出该罪的保护范围，其行为符合交通肇事罪的客观方面特征，故而认定为交通肇事罪更为适宜。

（周慧供稿）

第三节 破坏交通工具罪

一、案例基本情况

被告人杨某从事旅客运输业，因与同行业竞争者夏某产生矛盾，遂伺机报复夏某。2006年11月23日，被告人杨某驾驶客运汽车行驶至宾太公路南岗上，故意倒车撞击停在坡下的夏某所有的客车，导致夏某的客车溜坡，幸亏司机及时制动，使车辆幸免倾覆，被撞车辆多名乘客受伤，车辆损坏所造成的损失折合人民币40 000元。[1]

二、争议焦点

被告人杨某的行为如何定性，有三种不同意见：
第一种意见认为，被告人杨某构成故意毁坏公私财物罪。
第二种意见认为，被告人构成以其他危险方法危害公共安全罪。
第三种意见认为，被告人杨某构成破坏交通工具罪。

三、法理分析

(一) 破坏交通工具罪的概念

破坏交通工具罪，是指故意破坏火车、汽车、电车、船只、航空器，足以使其发生倾覆、毁坏危险或者造成严重后果的行为。[2]本罪侵犯的客体是交通运输安全，对象为正在使用中的交通工具；主观方面为故意；犯罪主体为一般主体。

(二) 对于本罪中"交通运输安全"的扩大解释

本罪侵犯的客体是交通运输安全，对象为正在使用中的交通工具。"正在使用中"，是指正在行驶中或者飞行中、待用、备用的交通工具，因为会随时投入使用，应视为正在使用中的交通工具。由于交通工具一般承担运输人员

---

〔1〕 "再议驾车故意撞击客运汽车案应构成何罪"，载 https://www.chinacourt.org/article/detail/2007/10/id/269690.shtml? from=groupmessage，最后访问日期：2020年10月11日。

〔2〕《刑法学》编写组编：《刑法学》（下册·各论），高等教育出版社2019年版，第38页。

或物资的任务，一经破坏，能够同时使不特定多数人伤亡或者使公私财物遭受重大损失。因此，笔者对"交通运输安全"的含义作了扩大的理解，认为其应包括两个层面上的含义：①破坏或毁坏正在行驶中或者飞行中、待用、备用的交通工具，危及交通工具及其所载人员、货物的安全和途中其他交通工具、人员、物品的安全。②破坏或毁坏非正在行驶中的交通工具，被破坏或被毁坏的交通工具起初还能正常运行，但投入运行的话会危及交通工具及其所载人员、货物的安全和途中其他交通工具、人员、物品的安全。③破坏或毁坏非正在行驶中的交通工具，被破坏或被毁坏的交通工具不能运行，危及与被破坏或被毁坏的交通工具连带的公共安全。易言之，凡是因交通工具的被破坏或被毁坏而直接导致的或连带产生的对公共安全的危害都应当纳入交通运输安全的考虑范围。

(三) 破坏交通工具罪与相关罪名的界限

本罪与故意毁坏财物罪的界限。两罪的区别主要在于犯罪对象不同以及是否足以危害公共安全。破坏交通工具不足以危害公共安全的，仅成立故意毁坏财物罪。

本罪与以其他危险方法危害公共安全罪的界限。两罪的区别在于，犯罪对象不同。以其他危险方法危害公共安全罪的犯罪对象为正在使用的火车、汽车、航空器等交通工具以外的其他公私财物和不特定多数人的人身和财产安全；本罪的犯罪对象为正在使用的火车、汽车、航空器等交通工具。两罪侵害的客体皆为公共安全，但以其他危险方法危害公共安全罪具有直接性，其所界定的"其他危险方法"直接作用于不特定或者多数人的身体、生命或者重大公私财产；而本罪则直接作用于交通工具。

四、案件分析结论

(一) 杨某的行为不构成故意毁坏财物罪

破坏交通工具罪中的交通工具包括火车、汽车、电车、船只、航空器等机动交通工具。若行为人毁坏、破坏的为小型机动车，且并没有危及公共安全时，刑法应从保护交通工具所有人的财产利益出发，以侵犯财产的犯罪规制。本案中，杨某的犯罪对象为载着乘客的正在使用中的大型客车，其破坏或毁坏正在行驶中的交通工具，危及交通工具及其所载人员、货物的安全和途中其他交通工具、人员、物品的安全，直接导致客车在下坡溜车甚至倾覆的危险。其行为已经危及客车中所有乘客的安全。根据上述理论阐释,本案中的杨某不仅毁坏了客车这一财物,更危及了客车乘客的生命安全。因此,将其行为规制为侵犯财产的犯罪较为不妥,第一种意见排除。

(二) 杨某的行为亦不构成以危险方法危害公共安全罪

依照《刑法》第115条的规定,用危险方法危害公共安全的犯罪,包括放火罪、决水罪、爆炸罪、投放危险物质罪、以危险方法危害公共安全罪。其中以危险方法危害公共安全罪,是指故意使用与放火、决水、爆炸、投毒等危险性相当的其他危险方法危害公共安全的行为。从犯罪对象上区分,破坏交通工具罪是一种以交通工具作为特定破坏对象的危害公共安全的犯罪,行为人的行为直接作用于交通工具。而用危险方法危害公共安全的犯罪,侵害的对象是正在使用的火车、汽车、航空器等交通工具以外的其他公私财物和不特定多数人的人身和财产安全。且该罪所界定的"其他危险方法"直接作用于不特定或者多数人的身体、生命或者重大公私财产。从立法方面来讲,我国刑法将正在使用的交通工具作为特殊保护对象加以规定,行为人无论采用何种手段破坏交通工具,只要足以使之发生倾覆、毁坏的危险,危害了交通运输安全,均以破坏交通工具罪论处。按照特别法优于一般法的原理,结合被告人杨某的犯罪对象与其直接性分析,其行为不构成以其他危险方法危害公共安全罪,因此第二种意见不能成立。

(三) 杨某的行为构成破坏交通工具罪

杨某的行为构成破坏交通工具罪。从破坏交通工具罪的构成要件来看,破坏交通工具罪的主体为一般主体,被告人杨某符合破坏交通工具罪的主体特征;破坏交通工具罪的主观方面表现为故意,即行为人明知其破坏行为足以造成交通工具倾覆、毁坏的危险,并希望或者放任这种危险的发生。被告人杨某明知其破坏行为足以造成交通工具的倾覆、毁坏的危险,并希望这种危险的发生,属直接故意;破坏交通工具罪的客观方面表现为实施破坏交通工具的行为,并且足以使其发生倾覆、毁坏的危险,被告人杨某实施驾车撞击正在使用的交通工具的破坏行为,并导致被撞客车溜坡,足以使其发生倾覆、毁坏的危险;破坏交通工具罪侵犯的客体是交通运输安全,即破坏正在使用的交通工具,危及不特定多人的健康和生命的安全。被告人杨某破坏正在使用的交通工具,导致多名乘客受伤,危害了交通运输安全。

综上,被告人杨某的行为完全具备破坏交通工具罪的构成要件,构成破坏交通工具罪,应依照《刑法》第 116 条、第 119 条第 1 款的规定处罚。

(夏虹供稿)

第四节　组织、领导、参加恐怖组织罪

一、案例基本情况

2014 年 2 月,买某受伊某诱骗并经其煽动产生浓厚宗教极端思想,并于同月加入伊某的组织,于 3 月份开始伙同伊某、阿某、阿某 1 等人窜至广州市策划、实施"伊吉拉特"活动,即杀人、爆炸、绑架等暴力恐怖活动,欲出境参加"圣战",意图分裂国家,因国家打击严厉而未能得逞。2014 年 3 月底,买某伙同伊某等人潜至河南省镇平县石佛寺镇藏匿。在藏匿期间,买某又伙同伊某多次通过语言、文字音视频等向玉某、买某 1 等人宣扬、散播宗教极端思想,发展团伙成员,欲进行"伊吉拉特"和"圣战"活动。5 月 27 日,被告人买某等人被公安机关抓获。同时经鉴定,买某手机存储了大量煽动分裂国家、传授暴恐活动犯罪方法以及传播宗教极端思想的内容。[1]

二、争议焦点

1. 在组织、领导恐怖组织的过程中,具有分裂国家的犯罪动机,该动机是否与对其认定组织、领导、参加恐怖组织罪相悖?

2. 买某受伊某的诱骗而加入恐怖组织,这对于他构成犯罪是否具有影响?

三、法理分析

组织、领导、参加恐怖组织罪,是指组织、领导、参加恐怖组织,危害公共安全的行为。[2]本罪侵犯的法益是公共安全,即社会大众的生命、健康、重大财产安全;本罪的客观方面表现为组织、领导、积极参加或参加恐怖组织行为;犯罪主体为一般主体;犯罪主观方面为故意,通常具有从事恐怖活动的意图。参加者应当对所参加之组织属于恐怖组织有所认识。不具有从事恐怖活动的意图而组织、领导犯罪组织的,不构成本罪。不知是恐怖活动组

---

[1] 河南省南阳市中级人民法院一审[2014]南刑三初字第 00010 号刑事判决书。
[2] 《刑法学》编写组编:《刑法学》(下册·各论),高等教育出版社 2019 年版,第 40 页。

织而参与的，也不能构成本罪。

本罪是选择性罪名，行为人只要实施了组织、领导、积极参加或者参加恐怖组织行为之一，便成立本罪。行为人实施两个或两个以上的行为，比如既组织又领导恐怖组织的，也只成立本罪一罪，不实行数罪并罚。并且，该组织事实上是否开始实施恐怖活动如杀人、爆炸、绑架等，不影响本罪的成立。但是，行为人如果组织、领导、参加恐怖组织后又实施了杀人、爆炸、绑架等恐怖活动犯罪的，则应将组织、领导、参加恐怖组织罪与其他相关的犯罪实行数罪并罚。

四、案件分析结论

（一）伊某构成组织、领导恐怖活动罪与分裂国家罪

本案中，伊某具有浓厚的宗教极端思想，该恐怖活动组织由其一手建立，因此其构成组织恐怖组织罪。其于2014年3月份开始伙同买某等人窜至广州市策划、实施"伊吉拉特"活动，欲出境参加"圣战"，意图分裂国家且在其组织中居于首要地位，在实施的恐怖活动犯罪中也起着首要的策划作用，符合领导恐怖组织罪的构成要件。此外，在藏匿期间，伊某又伙同买某多次通过语言、文字音视频等向玉某等人宣扬、散播宗教极端思想，发展团伙成员，欲进行"伊吉拉特"和"圣战"活动，因此对于伊某来讲，其在该组织中的地位、作用是极其明显的，构成组织、领导恐怖组织罪。

而伊某组织、领导、参加的虽非分裂国家的组织，但其所策划的"圣战"，传播宣扬的极端宗教思想皆体现其分裂国家的意图。因此，伊某的行为亦构成分裂国家罪。

（二）买某构成参加恐怖活动罪与分裂国家罪

买某起初是受到伊某诱骗加入组织，尚不能对其作出具体的犯罪定性乃至量刑处理。但是，由于被告人经煽动产生了浓厚宗教极端思想，其在加入后发现了该组织的真实性质，仍然继续停留在该组织，此时其具有参加恐怖组织的犯罪故意心态得以明确，则从其得知该组织的真实性质时起，即已具备构成该罪的主客观要件，应当以参加恐怖组织罪予以论处。其后，在藏匿期间，买某又伙同伊某多次通过语言、文字音视频等向玉某等人宣扬、散播宗教极端思想，发展团伙成员，此时我们可以发现买某的主观心态又得到了进一步改变，从最初的一般参加人的心态进而发展到积极参加犯罪活动，甚

至去发展团伙，宣传恐怖主义思想。此时根据其在组织内的表现，已经表明其并非单纯的帮助犯，而应按照积极参加者予以处罚。所以，应认定其行为构成参加恐怖活动罪，而非帮助恐怖活动罪。而其伙同伊某散布极端宗教思想，意图进行"圣战"分裂国家的行为应构成分裂国家罪。

伊某与买某在组织、领导恐怖组织以及其他成员参加恐怖活动组织后实施的杀人、爆炸等犯罪行为，侵犯了新的法益，因而应当与随后实施的犯罪并罚。对于伊某、买某等成员来讲，其行为不但触犯了《刑法》第120条之组织、领导、参加恐怖组织罪，同时也触犯了《刑法》分则第四章侵犯公民人身权利、民主权利罪，第五章侵犯财产罪等具体的罪名，即便没有达到既遂的状态，仍应当对其按照《刑法》第69条之规定进行数罪并罚，以实现惩治恐怖活动犯罪的需要。

综上，伊某的行为构成组织、领导恐怖活动罪与分裂国家罪，买某构成参加恐怖活动罪与分裂国家罪，二人在恐怖活动中的杀人、爆炸等行为构成犯罪的应数罪并罚。

（王豪供稿）

第五节　劫持航空器罪

一、案例基本情况

1993年7月至11月，被告人孙某禄在生病住院治疗期间，萌生劫持飞机去台湾的歹念。同年11月26日，其购得天津至上海的机票一张。11月28日，其将火药200余克及引燃线装进塑料袋，用白纱布包扎在头部，于当日14时许，登上中国国际航空公司"波音737"B—2581号××××次航班飞机。飞机起飞后，15时30分左右，孙某禄利用上厕所之机，将火药从头部取下扎在腹部，随后窜至飞机后舱，左手握住捆有火柴棒的引燃线，右手持火柴盒，并露出腹部的火药，胁迫机组人员将飞机飞往台湾，经机组人员与之周旋，飞机在南京机场紧急降落，被告人孙某禄被当场抓获。[1]

---

[1] 江苏省南京市中级人民法院［1994］宁刑初字第003号刑事判决书。

二、争议焦点

被告人孙某禄以引爆火药的胁迫手段劫持航空器,但其并未到达台湾,是否属于劫持航空器未遂?

三、法理分析

(一) 劫持航空器罪的概念

劫持航空器罪,指以暴力、胁迫或者其他方法劫持正在飞行中的航空器的行为。[1]所谓在飞行中,是指航空器从装载结束,机舱外部各门均已关闭时起,直到打开任一机门以便卸载时为止的任何时间;而如果飞机是强迫降落的,则以主管当局接管该航空器及其所载人员和财产时为止。

(二) 劫持航空器罪既遂与未遂的认定

对于劫持航空器罪的既遂与未遂的区分,刑法学界存在着以下不同意见:

(1) 着手说。该说认为劫持航空器的犯罪属于行为犯,只要行为人一开始着手实施劫持行为,无论该行为持续时间长短,无论把航空器劫持到哪里,均构成劫持航空器罪的既遂。只有在特殊情况下,如罪犯已将犯罪工具带入航空器内,在准备开始着手实施劫持行为就被抓获,因而未能实施劫持行为的,才构成该罪的未遂。

(2) 目的说。该说认为犯罪人劫持航空器的目的一般是外逃。因此,行为人在着手实施劫持行为后,把航空器劫持到了他指定的地点,劫机外逃取得了成功,才算该罪的既遂;如果未能将航空器劫持到预定的降落地,就是该罪的未遂。

(3) 离境说。该说认为行为人着手实施劫持行为后,被劫持的航空器飞出了本国的领域以外,即飞出了国境线,构成该罪的犯罪既遂;否则就是未遂。

(4) 控制说。该说认为行为人着手实施劫持行为后,已经实际控制了该航空器的,为该罪的既遂;未能控制该航空器的,为未遂。

笔者认为,控制说较为合理。本罪的行为内容是以暴力、胁迫或其他方法劫持航空器。本罪的暴力,应是最狭义的暴力,只要对机组成员等人不法行使有形力,并达到足以抑制其反抗的程度,即属于本罪的暴力。本罪的胁

---

[1] 《刑法学》编写组编:《刑法学》(下册·各论),高等教育出版社2019年版,第42页。

迫，应限于最狭义的胁迫，行为人为了使机组成员等人产生恐惧心理，实施对物暴力行为，足以抑制其反抗的，应属于本罪的胁迫。其他方法，是指与暴力、胁迫性质相当的，使航空器内的机组成员和其他人员不能反抗、不敢反抗或者不知反抗的方法。"劫持"主要表现为两种情形：一是劫夺航空器，犯罪人直接驾驶或操作航空器；二是强迫航空器驾驶、操作人员按照自己的意志驾驶、操作，从而控制航空器的起飞、航行路线、速度与降落地点。因此，行为人控制了航空器或者控制了航空器的航行，成立本罪的既遂；[1]如果犯罪分子在着手实施劫持行为后，因其意志以外的原因未能达到非法劫持或控制该航空器的程度，就应认定为未完成犯罪而构成本罪的未遂。

四、案件分析结论

本案中被告人孙某禄通过"将火药从头部取下扎在腹部，随后窜至飞机后舱，左手握住捆有火柴棒的引燃线，右手持火柴盒，并露出腹部的火药"的一系列行为着手劫持航空器，一旦被告人孙某禄点燃引线，全体机组人员与乘客的生命财产即受到威胁，所以此时其以引爆火药胁迫机组人员的行为已经达到本条所规定的"非法劫持与控制"的危险程度。因此其行为构成劫持航空器既遂。

（侯捷供稿）

第六节 非法制造、买卖、运输、邮寄、储存枪支、弹药、爆炸物罪

一、案例基本情况

2012年年初至2014年7月，被告人马某里与中国人民解放军某部队签订《尾矿综合治理协议书》，进入该部队军事管理区后山进行采矿，将铁矿开采承包给工程队。期间，被告人马某里违反法律规定，未经国家有关部门批准，多次安排刘某、被告人许某永等人联系购买雷管、炸药用于非法采矿。2013

---

[1] 张明楷：《刑法学》（下）（第6版），法律出版社2021年版，第909页。

年秋天,被告人许某永联系被告人李某华购买炸药。李某华违反法律规定,在未经国家有关部门批准的情况下,伙同他人购买炸药约 10 000 千克运输至铁矿选厂。马某里将该部分炸药储存于铁矿私建的炸药库中,并安排被告人明某白等人负责看管和发放给工人使用。2014 年 4 月底,被告人许某永再次联系被告人李某华购买爆炸物。李某华将购买的炸药约 10 000 千克以及数千枚雷管运输至铁矿选厂,储存于炸药库后由明某白等看管并发放给工人使用。同年 5 月,被告人明某白在马某里的安排下,将剩余的炸药 190 件 7 包零 9 管(约 4500 千克)、雷管 7057 枚移交给承包采矿生产的被告人耿某海,被告人耿某海安排被告人张某彦负责看管和发放给工人使用。2014 年 6 月,被告人许某永再次联系被告人李某华购买爆炸物。李某华将购买的炸药约 10 000 千克以及雷管 10 000 枚运输至铁矿选厂,由被告人耿某海接收并安排被告人张某彦等人看管并发放给工人使用。2014 年 7 月,因中央军委纪委到 66443 部队检查,铁矿选厂被迫停产。2014 年 9 月 3 日晚,被告人马某里为躲避侦查,安排刘某组织被告人郑某钢、许某永、明某白等人将所储存的炸药、雷管转移。公安机关侦查人员于 2014 年 9 月 19 日、11 月 24 日在该铁矿选厂的料仓内查获炸药 3144 千克、雷管 8260 枚。经鉴定,所查获炸药为制式硝铵炸药,能够引爆;雷管为制式电雷管,能够引爆。[1]

二、争议焦点

本案在办理的过程中,关于被告人耿某海、明某白、张某彦是否构成非法储存爆炸物罪,具有较大的争议性,概括起来有以下两种主要的意见分歧:

第一种意见,公诉机关认为被告人耿某海、明某白、张某彦构成非法储存爆炸物罪。理由如下:①被告人耿某海、明某白、张某彦客观上存在非法储存爆炸物的行为,表现为被告人明某白负责看管仓库里的炸药并分配给其他工人使用;被告人明某白将爆炸物转移给被告人耿某海,被告人耿某海安排被告人张某彦看管并分配给其他人使用。②被告人耿某海、明某白、张某彦主观上存在犯罪故意,即明知是他人非法买卖、运输的爆炸物而为其存放的行为。

第二种意见,认为被告人耿某海、明某白、张某彦不构成非法储存爆炸

---

[1] 山西省忻州市(地区)中级人民法院 [2015] 忻中刑初字第 79 号刑事判决书。

物罪。理由如下：①本案非法储存爆炸物属于单位犯罪，其责任人是直接负责的主管人员和其他直接责任人员，《民用爆炸物品管理条例》规定主要负责人是本单位民用爆炸物品安全管理责任人，被告人耿某海、明某白、张某彦作为单位打工者，其看管炸药库的行为属于从事劳务性工作的人员，其行为不应承担刑事责任。②本案中，非法储存爆炸物的主体是公司，三被告人根据公司领导马某里安排为公司看管爆炸物，作为打工者不是非法储存爆炸物的主体。非法储存爆炸物犯罪是实行犯，只要行为主体实施了非法存放即成立，非法存放涉及爆炸物存放在何处以及存放多少的问题，看管无权决定存放在何处的问题，三被告人的看管行为是发生在非法储存爆炸物罪成立之后，且被告人耿某海、明某白、张某彦对看管的爆炸物品没有支配权，不是非法存放，其行为性质仅是行政法意义上的"违法看管"，与非法储存爆炸物刑罚设置所要求的社会危害性不相当，不是刑法意义上的"非法储存"。所以，三者的行为不属于非法储存罪中的存放。③三被告人的看管行为没有为共同犯罪提供进一步的帮助。本案无证据证明被告人耿某海、明某白、张某彦与马某里有共同的犯罪故意，也无证据证明被告人耿某海、明某白、张某彦明知马某里储存爆炸物是非法行为，三被告人的看管行为发生在非法储存爆炸物罪已成立之后，现有证据不能证明三被告人为马某里储存爆炸物提供了有利条件，实施了帮助行为。故三被告人负责看管爆炸物，不属于非法储存罪中的存放，其行为也不属于刑法意义上的协助，而只是劳动法上的雇佣关系，因而不构成共同犯罪。

两种意见的主要分歧在于：①被告人耿某海、明某白、张某彦的行为是否是非法储存爆炸物罪的存放行为，看管是否等同存放行为；②非法储存爆炸物犯罪是不是持有型犯罪，是否要求行为人对爆炸物有支配权才成立此罪。

三、法理分析

（一）非法制造、买卖、运输、邮寄、储存枪支、爆炸物罪概念

非法制造、买卖、运输、邮寄、储存枪支、爆炸物罪，是指违反国家有关枪支、弹药、爆炸物的管理规定，私自制造、买卖、运输、邮寄、储存枪支、弹药、爆炸物罪，危害公共安全的行为。[1]本罪所侵犯的法益为社会公

---

〔1〕《刑法学》编写组编：《刑法学》（下册·各论），高等教育出版社2019年版，第49页。

共安全和国家对于枪支、弹药、爆炸物的管理制度；本罪主体为一般主体；犯罪主观方面为故意。本罪为选择性罪名，即行为人只要实施了非法制造、买卖、运输、邮寄、储存枪支、弹药、爆炸物行为之一，就构成本罪，换言之，行为人如果同时实施了其中两种以上的行为，也只构成一罪，不能数罪并罚。

（二）关于"非法储存"含义的理解

根据最高人民法院于2009年11月16日修正的《关于审理非法制造、买卖、运输枪支、弹药、爆炸物等刑事案件具体应用法律若干问题的解释》，"非法储存"是指明知他人非法制造、买卖、运输、邮寄的枪支、弹药而为其存放的行为，或者非法存放爆炸物的行为。由这一司法解释可知，本罪所规定的"非法储存"应具备两要素：一是须行为人明知所存放的枪支、弹药即爆炸物为他人非法制造、买卖、邮寄、运输的枪支弹药，二是行为人实施了为他人存放枪支弹药的行为或实施非法存放的行为。由此可知，上述司法解释关于"非法储存"的定义并没有规定存放地点与存放规模，亦没有规定存放人对其存放物品的控制。因此，非法储存爆炸物罪不属于持有型犯罪。只要行为人具有上述"非法储存"的两个构成要素，即认定其行为为非法储存。

四、案件分析结论

根据最高人民法院《关于审理非法制造、买卖、运输枪支、弹药、爆炸物等刑事案件具体应用法律若干问题的解释》，"非法存放"并没有规定"存放人"对存放物品具有支配权，仅规定了明知而为其存放以及非法存放的行为，即非法储存爆炸物罪不属于持有型犯罪。

首先，本案中被告人耿某海、明某白、张某彦三人作为被告人马某里的雇员，长期从事该项工作，多次发放炸药给工人使用，其必定知晓其看管的爆炸物为被告人马某里违反法律规定，未经国家有关部门批准所购买的，此处三被告人构成要素一；其次，被告人耿某海、明某白、张某彦明知其看管的爆炸物为被告人马某里违反法律规定，未经国家有关部门批准所购买的，仍为其履行看管职责，将爆炸物存放于炸药库并多次发放给工人使用，其行为构成要素二中的"实施非法存放行为"。因此，被告人耿某海、明某白、张某彦虽无炸药库的炸药的支配权，并不妨碍其"非法储存"行为的成立，因此被告人耿某海、明某白、张某彦三人的行为符合非法储存爆炸物罪的客观要件。

且本案中被告人耿某海、明某白、张某彦三人作为完全刑事责任能力人，在明知其所看管的物品是违规存放的爆炸物的情况下，仍多次发放给工人使用，因此符合非法储存爆炸物罪的主观要件与主体要件。

综上，被告人耿某海、明某白、张某彦作为完全刑事责任能力人，明知爆炸物是被告人马某里违反法律规定，未经国家有关部门批准所购买的，仍为其将爆炸物存放于炸药库并多次发放给工人使用，其行为已严重侵害了我国关于对于爆炸物的管理制度，危害了公共安全。因此，认定被告人耿某海、明某白、张某彦三人的行为构成非法储存爆炸物罪。

（栾伟超供稿）

第七节 交通肇事罪

一、案例基本情况

2014年6月10日15时许，被告人龚某驾驶皖K5××××的白色汽车搭乘刘某超速沿某县X041线由西向东行驶至某路十字路口时，与被害人张某无证驾驶的由南向北行驶的皖KG××××两轮摩托车发生碰撞，事故致两车受损，张某重伤倒在公路边沿，后摔下公路死亡。

事故发生后，刘某让龚某先走，随后，刘某电话报警，直接离开案发现场。当日21时50分，龚某、刘某主动到公安局交管大队投案，到案后如实供述了犯罪事实。经某县公安局交管大队道路交通事故责任认定书认定，龚某、刘某驾车行驶速度超过事发路段最高限速，且在事故发生后弃车离开现场，是造成此起交通事故的直接原因，承担事故的主要责任；张某无证驾驶机动车、过路口没有确保安全且未让右方来车先行，是造成此起交通事故的间接原因，承担事故的次要责任。后人民检察院以被告人龚某、刘某犯交通肇事罪，向人民法院提起公诉。[1]

二、争议焦点

本案的争议焦点在于刘某作为乘车人指使龚某逃逸的行为，是否构成交

---

[1] 安徽省阜阳市中级人民法院［2014］阜刑终字第00482号刑事判决书。

通肇事罪的共犯？

三、法理分析

（一）交通肇事罪的概念

交通肇事罪，是指违反交通运输管理法规，因而发生重大交通事故，致人重伤、死亡或使公私财产遭受重大损失的行为。[1]构成本罪要求行为人主观上是过失，即行为人应当预见自己的违章行为可能造成重大的交通事故，因为疏忽大意而没有预见，或者已经预见而轻信能够避免。但是，2000年最高人民法院《关于审理交通肇事刑事案件具体应用法律若干问题的解释》（本节以下简称《解释》）第5条第2款规定："交通肇事后，单位主管人员、机动车辆所有人、承包人或者乘车人指使肇事人逃逸，致使被害人因得不到救助而死亡的，以交通肇事罪的共犯论处。"该解释规定了交通肇事逃逸的共犯，在理论上引起了较大争议。

（二）关于交通肇事后"逃逸""因逃逸致人死亡"的理解

1. 对"逃逸"的理解

《解释》第3条指出，"交通运输肇事后逃逸"是指行为人在发生交通事故后，为逃避法律追究而逃跑的行为。关于交通肇事逃逸的含义，学界有"逃避法律追究说""逃避救助义务说""逃避法律追究或逃避救助义务说""逃避法律追究和逃避救助义务说"四个主要的学说，当前司法解释所坚持的是"逃避法律追究说"。

对于"逃避法律追究说"，有观点认为其合理性在于从主观方面为司法实务部门判断肇事逃逸的成立提供了具体的标准，限缩了打击面。但从被害人救助义务来说，"逃避法律追究说"存在冲突：一方面，肇事者在发生交通事故后，基于内心的恐慌逃跑，是一个正常的行为举动，不具有期待可能性；另一方面，将肇事者是否逃逸作为升格刑，会限制对行为的理解。同时"逃避法律追究说"不论有无救助被害人，只要逃避法律追究即构成逃逸可能也会变相鼓励肇事者不作为。

"逃避救助义务说"把握了交通肇事罪逃逸的核心内容，即基于先前行为产生救助被害人的义务。事故发生后，被害人陷于脆弱的状态，必须依赖行

---

[1] 张明楷：《刑法学》（下）（第6版），法律出版社2021年版，第922页。

为人的救助。张明楷认为:"显然,刑法之所以仅在交通肇事罪中将逃逸规定为法定刑升格的情节,是因为在交通肇事的场合,往往会有需要救助的被害人,进而促使行为人救助被害人。由于行为人的先前行为,使他人生命处于危险状态,产生了作为义务,不履行作为义务的行为,当然能够成为法定刑升格的根据。所以,应当以不救助被害人(不作为)为核心理解和认定逃逸。"[1]但在没有被害人和被害人当场死亡的情况下,依旧因逃避救助义务作为交通肇事后逃逸来认定,显然存在问题。因此,此种学说并不能完全概括"交通肇事罪"所覆盖的法益。

"逃避法律追究或逃避救助义务说"认为只要行为人具备逃避救助义务和逃避肇事者责任追究中的任何一个行为,就应认定其已具备交通肇事后逃逸的构成要件,属于逃逸。此种学说,扩张了逃逸的打击范围,将一些不具有处罚必要性的行为囊括进来。一般来说,无论是积极地履行救助义务还是消极地等候追究,都证明了被告人主观恶性已经降低,而且客观上也实际降低了被害人因肇事行为所承受的危险。但将两种标准选择其一认定,将可能导致逃避法律与救助被害人成为一种衡量标准,肇事者选择性倾向问题,出现"撞伤不如撞死"的结果,不利于救助被害人这一行为导向。

"逃避法律追究和逃避救助义务说"认为,只要行为人满足了"履行救助义务"或"不逃跑"中的任何一个行为,就应认定其不符合"逃逸"的要求。该观点保证了文义解释和目的解释的合理性,但仍然不够完善,因为救助义务和不逃避法律追究并非肇事行为所导致之作为义务的全部。两种义务择一实行都可以不认定为逃逸的做法,无法发挥鼓励犯罪人救助被害人的功能,也不利于将交通事故的损失最小化。

由上述分析可知,交通肇事逃逸的四类学说都存在相应的合理性和缺陷性。但结合四种学说,可认为,交通肇事罪的逃逸应该包括:作为意义上的"逃跑"和不作为意义上"对作为义务的逃避"。后者是评价"逃逸"的重点即救助被害人义务。其评价"逃逸"这一标准应该根据具体案情进行判断,将义务分成两种:一是在有被害人且未当场死亡时,应该给予一般理性人能作为的标准来判断救助的情况;二是没有被害人或被害人已经死亡,则需要肇事者积极配合,以不逃避法律追究作为判断标准。

---

[1] 张明楷:"交通肇事的刑事责任认定",载《人民检察》2008年第2期,第24页。

2. "因逃逸致人死亡"的理解

《解释》第 5 条规定:"'因逃逸致人死亡',是指行为人在交通肇事后为逃避法律追究而逃跑,致使被害人因得不到救助而死亡的情形。"因此,因逃逸致人死亡是指行为人的逃逸这一不作为引起被害人的死亡。《解释》对本条规定的理由主要是:交通肇事后的逃逸行为是故意的,指使者在明知肇事已发生的情况下,仍指使、教唆肇事人实施逃逸行为的,与肇事者对肇事后的逃逸具有共同的故意,应共同对这一后果承担责任。[1]

四、案件分析结论

根据以上分析,本案属于在有被害人且未当场死亡时,应该给予一般理性人能作为的标准来判断救助的情况。即在"逃逸"认定上,交通肇事发生后,被害人如果得到及时救助可避免死亡,行为人逃逸的不作为行为成立"逃逸致人死亡"。本案龚某与刘某在发生交通事故后,未及时救助被害人,使其"重伤撞倒在公路边沿,后摔下公路死亡",造成被害人二次伤害导致死亡,正因为两人的不作为行为,致使被害人张某得不到救助而死亡,属于"逃逸致人死亡",两人在此基础上成立共犯,对张某死亡承担刑事责任。若交通肇事后,张某当场死亡,那么龚某只构成交通肇事罪的基本犯,虽然其当时已经逃逸,但是对于逃逸的对象来说,其被害人已经死亡,当时行为人确实害怕法律追究而逃逸,但后来前往自首,则不应按交通肇事后逃逸论处,只构成基本犯。

(黄明琴供稿)

第八节 危险驾驶罪

一、案例基本情况

2012 年 10 月 28 日晚,被告人唐某彬和朋友赵某等人在重庆市南岸区福利社大河口鱼庄吃饭时饮酒。21 时许,唐某彬的女友郑某驾驶车牌号为渝 A6××××的越野车载唐某彬、赵某等人回家,行驶至南坪东路现代女子医院附近

---

[1] 张明楷:《刑法学》(下)(第 6 版),法律出版社 2021 年版,第 928 页。

时，郑某驾车与车牌号为渝 A1r××××的出租车发生刮擦。郑某将车开至福红路交巡警平台接受处理。但是郑某停车时挡住了阳光华庭小区的车库后门，此车库后门属于阳光华庭小区范围内，民警催促其挪车。由于郑某刚刚发生交通事故情绪不稳，出于紧张惶恐状态加之其车技不好，唐某彬便亲自驾车挪动位置（车上另有一人）。在此过程中，唐某彬驾驶的车辆撞上停靠在小区路边的车牌号为渝 AYY×××的汽车。民警立即将唐某彬抓获。经鉴定，唐某彬血液中的酒精含量为 206.7 毫克/100 毫升。案发后，唐某彬赔偿被撞汽车车主车辆维修费人民币 2600 余元。[1]

二、争议焦点

本案争议焦点主要是：

1. 唐某彬的挪车行为发生在阳光华庭小区道路上，在小区道路上的挪车行为是否属于刑法中危险驾驶罪规定的"道路"？

2. 唐某彬醉酒驾驶行为是否属于"情节显著轻微，危害不大"？

三、法理分析

（一）危险驾驶罪的概念

危险驾驶罪，是指在道路上驾驶机动车，有《刑法》第 133 条之一规定的危险驾驶情形之一的行为，[2]即追逐竞驶，情节恶劣的；醉酒驾驶机动车的；从事校车业务或者旅客运输，严重超过额定乘员载客，或者严重超过规定时速行驶的；违反危险化学品安全管理规定运输危险化学品，危及公共安全的行为。

（二）本罪中"道路"的理解

本罪要求行为人具有在"道路"上醉酒驾驶机动车辆的行为。对于道路如何解释有两种不同的观点：一种观点认为，《道路交通安全法》（以下简称《道交法》）第 119 条第 1 项规定："'道路'，是指公路、城市道路和虽在单位管辖范围但允许社会机动车通行的地方，[3]包括广场、公共停车场等用于

---

[1] "唐某彬危险驾驶案"，载 http://www.pkulaw.cn/Case/payz_120608852.html?match=Exact，最后访问日期：2020 年 4 月 20 日。

[2] 《刑法学》编写组编：《刑法学》（下册·各论），高等教育出版社 2019 年版，第 55 页。

[3] 《刑法学》编写组编：《刑法学》（下册·各论），高等教育出版社 2019 年版，第 55 页。

公众通行的场所。"对该规定中"虽在单位管辖范围但允许社会机动车通行的地方"应当作限制性解释。因此，界定小区道路是否属于《道交法》规定的"道路"的关键在于，该小区的道路是否作为公用路段穿行使用。本案中，小区属于"相对封闭的区域"，虽允许机动车辆通行但主要供本单位车辆通行，并不是作为公共路段穿行使用，故在该小区内醉酒驾驶机动车不构成危险驾驶罪。

另一种观点认为，刑法设置危险驾驶罪时并没有对"道路"作限制性规定，故"道路"的范围应当与《道交法》的规定保持一致。小区道路是否属于危险驾驶罪中的"道路"，关键要看该道路是否允许社会车辆通行。本案案发小区是开放性小区，社会车辆可以随便进出、停放，故在该小区内醉酒驾驶机动车的行为构成危险驾驶罪。

笔者认为，既然《道交法》第119条提到"公众通行"，那么就包括自然人或者非机动车辆通行。而"允许社会机动车辆通行"就表明社会机动车辆能进入小区，也充分说明该小区非"绝对封闭"区域。[1]小区是居民聚居的生活场所，居住的人数众多，小区内车辆通行的路段往往也是行人和非机动车通行的地方，进入小区内的人群也属于不特定人群，在小区内醉驾对公共安全具有较大的危险性。对道路的认定关键在于对道路"公共性"的理解。而"公共"的最本质特征在于对象的不特定性。

（三）在道路上醉酒驾驶机动车是否一律定罪

对于道路上醉酒驾驶机动车是否一律定罪，存在两种观点：一是一律定罪；二是未必一律定罪，情节显著轻微危害不大的，也可以酌情不定罪。目前，对符合醉酒驾驶构成要件的，认定为构成犯罪是妥当的。但应注意，若醉驾案件确实属于"情节显著轻微危害不大的"，应当适用《刑法》第13条"但书"的规定，不认为是犯罪。

从理论上说，抽象危险犯的性质排除了对满足本罪的抽象危险行为仍然出罪的可能性，醉酒型危险驾驶罪属于抽象危险犯，只要实践中满足该罪构成要件，其行为符合类型化的醉酒标准，而驾驶的行为即实际构成犯罪。既然可能出现的最轻微情节及无任何现实危险时，仍应构成犯罪，更何况其他具体情节呢？根据醉酒型危险驾驶罪抽象危险犯的性质，在涉嫌该罪的个案

---

[1] 梁宾：《危险驾驶罪研究》，中国人民公安大学出版社2016年版，第101页。

中，只要满足犯罪构成条件，其具体情节如何，均不得作为否定本罪成立的理由。

根据我国《刑法》和《刑事诉讼法》的相关规定，在某行为构成犯罪的前提下，行为出刑的途径可以在审查起诉阶段以不起诉结案，也可以在审判阶段免予刑事处罚，其中尤以不起诉对行为人的苛责程度最低，而醉酒驾驶行为出刑的前提系在个案的具体情节，能否推翻该罪中的抽象危险。作为抽象危险犯的醉酒型危险驾驶罪，当然应该允许出刑，关键原因在于醉酒驾驶行为的抽象危险，并不需要现实中确实发生危险。但张军提出了认定醉驾行为应从具体案件中判断其抽象危险是否被推翻，以证明其犯罪情节轻微，以此指导各级人民法院对本罪的认定。

四、案件分析结论

结合上述分析，本案中阳光华庭小区的道路具有公共性，属于《道交法》规定的"道路"。被告人唐某彬在该小区内醉酒挪动机动车，属于《刑法》"危险驾驶罪"涉及的"道路"。因此，唐某彬在道路上醉酒挪车的行为，造成小区不特定居民的生命威胁且已产生实害结果，符合醉驾型危险驾驶罪的客观要件与客体特征。

2013年最高人民法院、最高人民检察院、公安部《关于办理醉酒驾驶机动车刑事案件适用法律若干问题的意见》第2条规定："醉酒驾驶机动车，具有下列情形之一的，依照刑法第一百三十三条之一第一款的规定，从重处罚：（一）造成交通事故且负事故全部或者主要责任，或者造成交通事故后逃逸，尚未构成其他犯罪的；（二）血液酒精含量达到200毫克/100毫升以上的；（三）在高速公路、城市快速路上驾驶的；（四）驾驶载有乘客的营运机动车的……"本案中唐某彬血液中的酒精含量为206.7毫克/100毫升，并已撞到停靠在小区路边的汽车，因此其行为应当属于"从重处罚"的情形。当然，在判处刑罚时应综合考虑危险驾驶行为、危害后果、主观恶性、人身危险性、认罪悔罪表现等因素。

（石婷婷供稿）

第九节　重大责任事故罪

一、案例基本情况

2016年5月21日9时左右，被害人黄某某驾驶辽M××号货车到开原市兴开街××村达强保温材料厂为该厂拉货，因开原市兴开街道××村七组的村民金某某等人为得到征地补偿，在该厂门口挖沟阻挡该厂车辆进出，致使黄某某货车被阻挡在该厂内。被害人黄某某为将其车辆驶出求助被告人王某洋，欲将其货车吊出，被告人王某洋于当日21时许受被害人黄某某之托驾驶辽M××号重型非载货专项作业车来到开原市兴开街××村达强保温材料厂东侧路边，在起吊黄某某的辽M××号货车之前黄某某、王某洋均明知作业上方有高压线，但轻信能够避免，违反《电力法》第54条、《电力设施保护条例》第17条第2项等相关电力安全管理规定，在未经县级以上地方电力管理部门批准，未采取安全措施的情况下，违规作业，在起吊过程中，王某洋未能保证起重机前臂与上方高压线的安全距离，使前来扶货车的黄某某、王某某、李某触电倒地，造成黄某某严重受伤，经抢救无效死亡之后果。王某洋于案发第一时间拨打120，并按照医生告知的抢救方法，对黄某某实施心脏复苏和人工呼吸，但黄某某经抢救无效死亡。经中国医科大学法医司法鉴定中心司法鉴定，黄某某系因电击而死亡；黄某某心血、尿液、胃内容物中均未检出酒精。案发后被告人王某洋明知他人报警并在现场等候，当日22时左右，公安机关在案发现场将吊车司机王某洋当场抓获，王某洋对其犯罪事实供认不讳。[1]

二、争议焦点

本案争议的焦点在于：

（1）在主体方面，行为人王某洋属于进行作业中的特殊主体，还是普通意义上的一般主体？

（2）王某洋侵犯的客体是被害人的生命权还是作业中的公共安全？

---

[1] 辽宁省开原市人民法院一审[2017]辽1282刑初22号刑事判决书。

三、法理分析

(一) 重大责任事故罪的概念及构成要件分析

重大责任事故罪,是指在生产、作业过程中违反有关安全管理规定,因而发生重大伤亡事故或者造成其他严重后果的行为。[1]本罪的构成特征是:

(1) 本罪侵犯的客体是生产、作业中的安全生产制度。

(2) 本罪在客观方面表现为生产、作业过程中,违反有关安全管理规定,因而发生重大伤亡事故,或者造成其他严重后果。其中,有关的安全管理规定是指我国颁布的有关安全生产的法律、法规等规范性文件或者从事生产、作业的企事业单位、职工所在单位规定的有关生产安全方面的规章制度等。重大伤亡事故及其他严重后果的认定:根据2015年最高人民法院、最高人民检察院《关于办理危害生产安全刑事案件适用法律若干问题的解释》的规定,涉嫌下列情形之一的,可认定构成重大责任事故罪:①造成死亡一人以上或者重伤三人以上;②造成直接经济损失100万元以上;③其他造成严重后果或者重大安全事故的情形。

(3) 本罪的主体是从事生产、作业的人员,包括:①直接从事生产、作业的人员;②对生产、作业人员有组织、指挥或者管理职责的负责人、管理人员、实际控制人、投资人等人员。《刑法修正案(六)》取消了《刑法》第134条中"工厂、矿山、林场、建筑企业或者其他企业、事业单位的职工"的限制,意味着无论什么样单位的业务活动,包括正规单位和不正规单位,如个体、包工头组织的生产、作业;也不论什么样的人从事的业务活动,包括有证和无证的生产、作业人员,只要是从事生产、作业活动的,都属于本罪的主体范围。

(4) 本罪的主观方面表现为过失,即行为人应当预见其违反安全规定实施的行为可能发生重大伤亡事故或者造成其他严重后果,或因疏忽大意而未预见或已经预见但轻信能够避免,以致发生结果的主观心理态度。

(二) 本罪与过失致人死亡罪的区别

第一,构成犯罪的主体不同。本罪的主体范围尽管有所扩大,但仍然带有明显的"身份"特征,即一切直接从事和直接指挥生产、作业的人员,属

---

[1] 《刑法学》编写组编:《刑法学》(下册·各论),高等教育出版社2019年版,第58页。

于特殊主体。而过失致人死亡罪的主体为一般主体，凡达到法定责任年龄且具备刑事责任能力的自然人均可构成本罪。

第二，过失行为不同。与犯罪主体相对应，只有生产过程中的违章行为，才可能导致责任事故。重大责任事故罪的行为人违反规章制度的行为发生在生产过程中，并与生产有直接联系，过失行为违反的是生产作业活动的相关规定，是对职业范围内所要求注意义务的违背。过失致人死亡罪对过失行为的范围则泛指行为人违背的是日常生活中所要求的常识性的一般义务。

第三，两者的犯罪结果不同。两种罪名的成立都以法定结果发生为前提，重大责任事故罪的法定结果是发生重大伤亡事故或者造成其他严重后果，包括人员伤亡或财产损害，而过失致人死亡罪的法定结果仅指致人死亡。

第四，两者的犯罪客体不同。重大责任事故罪侵犯的客体是生产作业安全，过失致人死亡罪侵犯的客体则是他人的生命权。

四、案件分析结论

笔者认为，王某洋在明知作业上方有高压线的情况下，仍轻信能够避免，在未经县级以上地方电力管理部门批准，未采取安全措施的情况下，违规作业，在起吊过程中，未能保证起重机前臂与上方高压线的安全距离，造成黄某某死亡的危害结果的行为，构成重大责任事故罪。根据上述分析可知，本罪与过失致人死亡罪在犯罪主体、行为对象、犯罪客体与过失行为方面存在区别，因此可从以下几个方面阐述王某洋构成重大责任事故罪的法理依据。

第一，本案主体方面。根据案情可知，本案的发生地是王某洋起吊货车的作业现场，发生于行为人王某洋起吊黄某某货车的具体操作过程中。因此，本案发生时王某洋并非一般意义上的行为人，而是驾驶重型专项货车并直接参与生产、作业的人员。根据刑法之规定，王某洋属于"直接从事生产、作业的人员"中"对事故安全负有责任的个体"，具有明显的身份特征，是特殊犯罪主体。据此可以认定，本案行为人朱某、王某洋符合重大责任事故罪对特殊犯罪主体的要求，而非过失致人死亡罪中的一般犯罪主体。

第二，本案犯罪客体与犯罪对象方面。根据案情可知，本案发生的直接后果是受害人黄某某死亡，客观上侵害了黄某某的生命权，但并不能说犯罪所侵害的客体就是生命权。行为人王某洋的过失行为发生于生产、作业的过程中，并非针对一个特定目标即受害人黄某某，其行为的损害对象也可以是其他任何在案发地点的人员或财产。而过失致人死亡罪中行为人针对的犯罪对象为一个特定目标,危害结果特定为"致人死亡"。因此,本案中王某洋因违反安全操作规定而导致的重大伤亡事故,所侵犯的客体应当是重大责任事故罪所保护的"正常的生产、作业安全",而非过失致人死亡罪所保护的"生命权"。

第三,过失内容方面。本罪所规定的过失行为与生产、作业活动密切相关,是对职业范围内所要求的注意义务的违背。而过失致人死亡则泛指违反普通意义上所应注意常识的行为,行为人违背的是日常生活中所要求的一般义务。本案中王某洋的行为属于违反相关电力安全管理规定,在未经县级以上地方电力管理部门批准,未采取安全措施情况下实施的违规作业,与过失致人死亡中的注意义务不符。因此,被告人王某洋的行为更符合重大责任事故的构成要件内容。

综上,王某洋违反相关电力安全管理规定,在未经县级以上地方电力管理部门批准,未采取安全措施的情况下实施违规作业,导致黄某某触电并抢救无效的危害结果的行为构成重大责任事故罪。

(王明明供稿)

第三章
破坏社会主义市场经济秩序罪

第一节 生产、销售伪劣产品罪

一、案例基本情况

2010年以来，被告人詹某清从网上购买客户资料后，通过群发短信、发传真、打电话等方式寻找客户，后向上家低价购入假烟，并通过快递邮寄等方式，以假冒中华卷烟人民币150元至230元每条、假冒芙蓉王卷烟人民币100元至120元每条等价格销售给本市的被告人张某甲及被告人侯某甲、袁某甲、张某乙、刘某甲等人，并从中牟利。期间被告人詹某清先后使用以潘某、张某、蔡某等人的身份信息开设的中国农业银行账户用于收取假烟货款。被告人侯某甲、袁某甲、张某甲、刘某甲等人在收到假烟后，将货款通过现金存款、银行转账等方式汇入被告人詹某清开设的上述银行账户内。截至案发，被告人詹某清销售假冒中华、利群、芙蓉王等品牌香烟，收款人民币2 022 618.33元，另被告人张某甲处尚有人民币11 000元的假烟款未支付，累计销售金额达人民币2 033 618.33元。

据悉，被告人侯某甲、袁某甲、张某甲、刘某甲、张某乙分别在不同时间段内得知詹某清有假烟销售后，为谋取非法利益，联系被告人詹某清以明显低于市场价的价格购买假冒中华、芙蓉王等伪劣卷烟并进行不同程度的加价出售，5人的销售额分别为：侯某甲的累计销售额达人民币173 900余元；袁某甲的累计销售额达人民币112 160元；张某甲的累计销售额达人民币120 820元；刘某甲的累计销售额达人民币60 765元，詹某清非法获利人民币16 625元。东阳市人民检察院以东检公诉刑诉［2016］1339起诉书指控被告人詹某清犯销售伪劣产品罪、被告人侯某甲、袁某甲、张某甲、刘某甲犯销售假冒注册商标的商品罪，于 2016 年 11 月 7 日向本院提起公诉。[1]

二、争议焦点

1. 本案中，侯某甲、袁某甲、张某甲、刘某甲知假买假，那么詹某清的行为是否侵犯了生产销售伪劣产品罪的客体即是否损害消费者的合法权益呢？从客观方面来讲，其对消费者的明示"高仿品"的行为是否还可认定为销售伪劣产品罪？

2. 詹某清、侯某甲等人的行为均构成销售假冒伪劣产品罪与销售假冒注册商标的商品罪，属于一行为触犯数个罪名，即销售伪劣产品罪、销售假冒注册商标的商品罪。但如何罚当其罪，学界对此众说纷纭。是从一重处罚还是数罪并罚，有待讨论。

三、法理分析

（一）生产、销售伪劣产品罪的概念

生产、销售伪劣产品罪，是指生产者、销售者在产品中掺杂掺假、以假充真、以次充好或者以不合格产品冒充合格产品，销售合格金额达 5 万元以上的犯罪行为。[2]

（二）对生产、销售伪劣产品罪的认定

首先，本罪侵犯的是复杂客体，即国家对产品质量的管理制度以及广大消费者的合法权益。生产、销售假冒伪劣产品行为不仅侵犯了国家对产品质量的监督管理制度，还侵犯了广大消费者的合法权益。本罪的主体可以是一般主体，也可以是单位。

其次，本罪的客观方面主要表现为行为人违反产品质量管理法规，在生产、销售的产品中掺杂掺假、以假充真、以次充好或者以不合格产品冒充合格产品，数额较大的行为。本类犯罪在一定客观条件方面的行为表现情况可大致分为以下四种犯罪行为：在产品中掺杂、掺假；以假充真；以次充好；以不合格产品冒充合格产品。

---

[1] 浙江省东阳市人民法院［2016］浙 0783 刑初 1357 号刑事判决书；浙江省金华市中级人民法院［2017］浙 07 刑终 592 号。

[2] 《刑法学》编写组编：《刑法学》（下册·各论），高等教育出版社 2019 年版，第 65 页。

生产、销售伪劣产品罪的罪状描述仅为列举，即非法掺杂掺假、以假充真、以次充好及以不合格品牌产品冒充其他合格品牌产品的行为。包括但不限于上述三种行为的情形，但"假""杂""充""冒充"更侧重强调和突出销售者主观上的明知，即这三种行为类型表达了在认定构成本罪时，生产者、销售者需要在主观上明知是伪劣产品。

最后，本罪的主观方面只能由直接故意构成。行为人明知生产、销售假冒伪劣产品会侵犯国家对产品质量的管理制度和广大消费者的权益，却仍然实施了生产、销售假冒伪劣产品的行为，这显然说明了行为人在主观上对危害结果持希望和追求的态度。在实践中，尽管行为人实施本罪通常具有非法牟利的目的，但刑法并未规定非法牟利的目的为本罪的主观构成要素。由此可以看出，对本罪的认定一般是针对行为人的行为与主观方面的心态，而不涉及消费者的主观方面的心态。

（三）本罪与他罪的竞合与定罪处罚

根据《刑法》第214条的规定，销售假冒注册商标的商品罪是指销售明知是假冒注册商标的商品，违法所得数额较大的行为。而关于"明知"的理解则由四个方面认定：以明显低于市场的价格进货的；以明显低于市场价格销售的；销售假冒烟用注册商标的烟草制品被发现后转移、销毁物证或者提供虚假证明、虚假情况的以及其他可以认定为明知的情形。

行为人的行为构成数个罪名，想象竞合是一种犯罪形态，在这种犯罪形态中，行为人虽然只实施了一个犯罪行为，但却触犯了两个罪名，应当择一重罪处罚。根据2003年12月23日最高人民法院、最高人民检察院、公安部、国家烟草专卖局《关于办理假冒伪劣烟草制品等刑事案件适用法律问题座谈会纪要》（以下简称《会议纪要》）关于一罪与数罪的规定可知，行为人的犯罪行为同时构成生产、销售伪劣产品罪、销售假冒注册商标的商品罪、非法经营罪等罪的，依照处罚较重的规定定罪处罚。

关于销售假冒注册商标的商品罪的处罚，根据最高人民法院、最高人民检察院《关于办理侵犯知识产权刑事案件具体应用法律若干问题的解释》第2条的规定，销售明知是假冒注册商标的商品，销售金额在5万元以上的，应以销售假冒注册商标的商品罪判处3年以下有期徒刑或者拘役，并处或单处罚金；销售金额在25万元以上的，判处3年以上7年以下有期徒刑，并处罚金。

关于生产、销售伪劣产品罪的处罚，根据《刑法》第140条的规定，销售金额5万元以上不满20万元的，处2年以下有期徒刑或者拘役，并处或者单处销售金额50%以上2倍以下罚金；销售金额20万元以上不满50万元的，处2年以上7年以下有期徒刑，并处销售金额50%以上2倍以下罚金；销售金额50万元以上不满200万元的，处7年以上有期徒刑，并处销售金额50%以上2倍以下罚金；销售金额200万元以上的，处15年有期徒刑或者无期徒刑，并处销售金额50%以上2倍以下罚金或者没收财产。

四、案件分析结论

(一) 詹某清的行为构成销售伪劣产品罪

从主观上看，生产者、销售者仅需明知所生产、销售的产品质量不符合国家法律、法规规定的质量标准或者产品违反明示质量要求，客观上仍然生产该种产品或者将该种产品予以销售，销售金额达到一定数量时，该行为即构成犯罪，而不含需欺骗购买者之意。因此，本案行为人詹某清在明知其销售假冒伪劣烟的行为会侵犯国家对产品质量的管理制度和广大消费者的权益，却仍然销售假冒伪劣产品，这显然说明了行为人在主观上对危害结果持希望和追求的态度，符合销售伪劣产品罪的主观要件。

本案的争议焦点在于在消费者明知其购买的产品为伪劣产品的情况下，仍购买的行为是否就能认定销售者构成销售伪劣产品罪。由上述理论可知，对于该罪的罪状包括但不限于以上所述的四种类型。所以，笔者认为，若存在瑕疵但不影响使用的产品，在销售者告知的情况下不属于销售伪劣产品罪；若销售产品不符合我国规定的质量要求，则构成销售伪劣产品罪。本案中的伪劣卷烟本身就不符合产品质量要求的标准，即使购买者知假买假，即便销售者明确告知消费者产品系假冒伪劣产品，其销售伪劣卷烟的行为依然侵犯了消费者的合法权益以及国家产品质量制度的客观法益，销售者仍构成销售伪劣产品罪。而在犯罪数额的认定方面，结合行为人主客观相一致的原则，即对于存在欺骗的生产、销售伪劣产品的行为人，以其所售产品正品的一般市场价格予以认定；而对于已明示或暗示购买者产品系伪劣、购买者也明知的情形，则以行为人实际销售的价格予以认定。

行为人詹某清以低于市场的价格购入假烟而后又以低于市场的价格销售伪劣卷烟的行为，符合销售假冒注册商标的商品罪中关于"明知"的认定，其行为亦构成销售假冒注册商标的商品罪。根据《会议纪要》，行为人同时触犯销售伪劣产品罪、销售假冒注册商标的商品罪等罪名时，应从一重罪处罚；结合两罪的处罚力度，故应认定詹某清为销售伪劣产品罪才更能罚当其罪。

（二）购买者侯某甲等人构成销售假冒注册商标的商品罪

本案中侯某甲、袁某甲、张某甲、刘某甲的行为均构成销售伪劣产品罪与销售假冒注册商标的商品罪。但侯某甲四人的销售金额在5万元以上25万元以下，不满20万元。若将其认定为销售伪劣产品罪，其刑罚幅度在2年以下有期徒刑或拘役，并处或单处50%以上2倍以下罚金；若被认定为销售假冒注册商标的商品罪，刑罚幅度在3年以下有期徒刑或者拘役，并处或者单处罚金。由此结合"择一重处"的理论可知，侯某甲、袁某甲、张某甲、刘某甲构成销售假冒注册商标的商品罪。

综上所述，詹某清的行为构成销售伪劣产品罪，侯某甲、袁某甲、张某甲、刘某甲的行为构成销售假冒注册商标的商品罪，更能罚当其罪。

（高莹莹供稿）

第二节 生产、销售有毒、有害食品罪

一、案例基本情况

2016年6月25日至2016年8月5日间，被告人王某聪在广州市越秀区中山六路193号地下经营广州市越秀区鼎趣好食品商行时，在其配制的凉茶中添加咳特灵、氨咖黄敏等药物，并将凉茶对外销售。2016年8月5日，广州市越秀区食品药品监督管理局执法人员对该商行进行检查，查获被告人王某聪存放在商行内的彩色粉末6瓶、灰白色粉末21瓶，以及止咳茶、感冒茶等凉茶。经广东省药品检验所检测，上述彩色粉末被检出对乙酰氨基酚和马来酸氯苯那敏成分，灰白色粉末被检出马来酸氯苯那敏成分，止咳茶被检出马来酸氯苯那敏成分，感冒茶被检出对乙酰氨基酚和马来酸氯苯那敏成分。2017年2月15日上午，被告人王某聪在广州市越秀区鼎趣好食品商行被公安人员抓获归案。[1]

---

[1] 广东省广州市越秀区人民法院［2017］粤0104刑初838号刑事判决书。

二、争议焦点

本案审理中主要涉及以下两个争议焦点：

（1）凉茶是否属于食品？

（2）在凉茶中添加非处方类西药是否属于刑法规定的添加有毒、有害的非食品原料？

三、法理分析

（一）生产、销售有毒、有害食品罪的概念

生产、销售有毒、有害食品罪，是指行为人违反国家食品安全管理法规，在生产、销售的食品中掺入有毒、有害的非食品原料，或者销售明知掺有有毒、有害的非食品原料的行为。[1]本罪侵犯的客体是复杂客体，既侵犯了国家对食品卫生的管理体制，又侵犯了不特定多数人的生命和健康权；犯罪主观方面是故意；主体为一般主体。

本罪在客观方面表现为在生产、销售的食品中掺入有毒、有害的非食品原料，或者销售明知掺有有毒、有害的非食品原料的行为。认定该行为是否符合本罪客观要件的关键，在于判断什么是"有毒、有害的非食品原料"。对此，可以从以下两个方面进行理解：首先，非食品原料是指不能作为食品的配料或是食品添加剂的物质；其次，被掺入的"非食品原料"应为有毒、有害的。所谓有毒物质，是指进入人体后能与人体内的一些物质发生化学变化，从而对人体的组织和生理机能造成破坏的物质。所谓有害物质，是指被摄入人体后，对人体的组织和生理机能产生影响、损害的物质。至于非食品原料是否有毒、有害，则需经过相关部门的严格检查。

（二）"有毒、有害的非食品原料"的界定

司法解释对本罪中的"有毒、有害的非食品原料"作出了相应界定。2013年最高人民法院、最高人民检察院《关于办理危害食品安全刑事案件适用法律若干问题的解释》第20条规定："下列物质应当认定为'有毒、有害的非食品原料'：（一）法律、法规禁止在食品生产经营活动中添加、使用的物质；（二）国务院有关部门公布的《食品中可能违法添加的非食用物质名单》

---

[1]《刑法学》编写组编：《刑法学》（下册·各论），高等教育出版社2019年版，第68页。

《保健食品中可能非法添加的物质名单》上的物质；（三）国务院有关部门公告禁止使用的农药、兽药以及其他有毒、有害物质；（四）其他危害人体健康的物质。"此外，根据最高人民法院于 2016 年发布的指导案例 70 号的裁判要点，行为人在食品生产经营中添加的虽然不是国务院有关部门发布的《食品中可能违法添加的非食用物质名单》《保健食品中可能非法添加的物质名单》中的物质，但如果该物质与上述名单中所列物质具有同等属性，并且根据检验报告和专家意见等相关材料能够确定该物质对人体具有同等危害的，应当认定为《刑法》第 144 条规定的"有毒、有害的非食品原料"。

（三）保健食品与药品的界定

《药品管理法》规定，药品是指用于预防、治疗、诊断人的疾病，有目的地调节人的生理机能并规定有适应症或者功能主治、用法和用量的物质，包括中药、化学药和生物制品等。《食品安全法》规定，食品是指各种供人食用或者饮用的成品和原料以及按照传统既是食品又是中药材的物品，但是不包括以治疗为目的的物品。而保健食品是指供行为人自己食用或者供人饮用的各种食物成品和其原材料，以及按照其传统既是保健食品又是治疗药品的各种物品，但不可能包括作为治疗用的药品。而我国对食品与药品的生产经营方面的规制也不同，《食品安全法》第 35 条规定，国家对食品生产经营实行许可制度；《药品管理法》同样规定，无药品生产许可证、药品经营许可证的，不得生产、经营药品。因此，区分药品与食品的关键在于既要区分该物品是否具有以治疗为目的的功效，也要查验其销售者的许可经营为药品许可经营还是食品许可经营。

四、案件分析结论

（一）凉茶属于食品

根据上述理论，对于食品和药品的区分应从两个方面分析。首先从功效上看，凉茶配方中含有中药材，但其本身不等同于中药，中华传统文化及当今社会对药材的运用并非都是作为中药，典型的情况就是在食物中加入中药材烹调。鉴于凉茶配方含有中药材，因此具有一定的养生保健功能，但并不能有目的地调节人体机能，也不具有医学上的治疗功能。因此，从产品功效上看，凉茶不属于药品，仅为保健品或食品。

换一个角度讲，凉茶属于传统手工技艺，而不属于传统医药。作为居民消费支出有关的统计调查和数据发布的分类依据，国家统计局研究制定的《居民消费支出分类》将凉茶归类为食品烟酒中的饮料。从销售者所持的生产经营许可来看，本案中涉事商铺的经营许可是由食品药品监督管理部门核发的食品经营许可证，说明国家对凉茶的生产经营是作为食品来监督管理的。因此，凉茶不属于《药品管理法》规定的药品种类，按照《食品安全法》对食品的定义，其属于食品当中供人饮用的食品。

（二）在凉茶中添加非处方类西药属于《刑法》规定的添加有毒、有害的非食品原料

咳特灵胶囊与氨咖黄胶囊作为非处方药品，长期服用会对身体机能产生损害。因此，根据2013年最高人民法院、最高人民检察院《关于办理危害食品安全刑事案件适用法律若干问题的解释》第20条，非处方类西药咳特灵胶囊、氨咖黄敏胶囊属于《刑法》第144条规定的明令禁止在食品中添加的物质。《食品安全法》第38条规定，生产经营的食品中不得添加药品，但是可以添加按照传统既是食品又是中药材的物质。本案中，被告人王某聪在凉茶中添加的非处方类西药咳特灵胶囊、氨咖黄敏胶囊，是国家允许使用的药品，但按照法律规定则属于明令禁止在食品生产经营中添加、使用的物质。因此，被告人王某聪在凉茶中添加非处方类西药属于在食品中掺入有毒、有害的非食品原料。

综合上述分析，被告人王某聪作为完全刑事责任能力人，在配制的凉茶中添加咳特灵、氨咖黄敏等非处方类西药并将凉茶对外销售的行为，已经严重侵害了不特定多数人的生命安全，其行为已构成生产、销售有毒、有害食品罪。

（高莹莹供稿）

第三节 走私普通货物、物品罪

一、案例基本情况

李某航曾是某航空公司空姐。褚某曾任某公司工程师，并有两次因携带大量化妆品而受到罚款以及行政拘留的处罚。

据检方指控，2010年至2011年8月间，李某航与褚某预谋，由褚某提供韩国免税店账号，并负责在韩国结算货款，由李某航伙同男友石某多次在韩

国免税店购买化妆品等货物后，通过以客带货方式从无申报通道携带进境，并通过李某航、石某在网店销售牟利，共计偷逃海关进口环节税109万元（后认定为约8万元人民币）。

检方认为，李某航三人分工配合，共同逃避海关监管，应以走私普通货物罪追究三被告人的刑事责任。李某航（共计29次）和男友石某（共计17次）多次从韩国免税店购买化妆品入境却未申报，并在网上销售牟利，被控偷逃海关进口环节税109万元（后认定为8万元人民币）。[1]一审判处其11年有期徒刑，罚款50万元。李某航不服一审判决遂上诉，北京市高级人民法院发回重审，二审判处其有期徒刑3年并处罚金4万元。

二、争议焦点

本案的争议焦点是针对偷逃税额的认定中的"未经处理"一词的理解产生的争议，即"未经处理"应理解为未经行政处理还是未经刑事处理。

三、法理分析

（一）走私普通货物、物品罪的概念

走私普通货物、物品罪，是指行为人违反海关法规，逃避海关监管，非法运输、携带、邮寄普通货物、物品进出国（边）境，偷逃应缴纳关税额数额较大的行为。[2]本罪的主体为一般主体，犯罪主观方面为故意；犯罪客体为国家对外贸易管制；本罪在客观上表现为行为人违反海关法规，逃避海关监管，偷税数额较大的行为。

（二）关于"未经处理"的认定

根据2014年最高人民法院、最高人民检察院《关于办理走私刑事案件适用法律若干问题的解释》（本节以下简称《解释》），偷逃应缴税额在10万元以上不满50万元的，应当认定为《刑法》第153条第1款规定的"偷逃应缴税额较大"。《刑法》第153条规定的"应缴税额"，包括进出口货物、物品应当缴纳的进出口关税和进口环节海关代征税的税额。多次走私未经处理的，按照累计走私货物、物品的偷逃应缴税额处罚。

---

[1] 北京市高级人民法院［2014］高刑终字第64号刑事判决书。
[2] 《刑法学》编写组编：《刑法学》（下册·各论），高等教育出版社2019年版，第70页。

对于"未经处理"的认定存在许多不同观点,但大致可归纳为三类:第一类观点认为"未经处理"是指未经行政处理;第二类观点认为"未经处理"指的是未经刑事处理;第三类观点认为"未经处理"指的是既未受行政机关处理,也未受司法机关处理。

笔者认为第一种观点较为合理,而且这一观点在《解释》中已有明确规定。虽然有学者认为把"未经处理"理解为未经行政处理起不到打击走私犯罪的目的,因为如果行为人进行"蚂蚁搬家"式的走私,被抓住后不会被追究刑事责任,仅仅是行政处罚,接受完处罚后,行为人仍然可以继续走私行为,再被抓住仍然只是行政处罚,这样达不到遏制走私犯罪的目的。但是,《刑法修正案(八)》颁布实施后解决了这一问题,其规定"一年内曾因走私被给予二次行政处罚后又走私的"追究其刑事责任。

而若把"未经处理"理解为未经刑事处理,虽有利于打击犯罪,但在计算偷逃税额时,可能就把行为人以前已经接受行政处罚的走私行为所涉及的偷逃应缴税额计算在后一行为中,这就造成了一种行为接受了前后两次处罚,虽然这样有利于对走私犯罪进行严厉打击,但实际上处罚过重,也违反了"一事不再罚"的规定。行政责任和刑事责任属于不同性质的法律处罚,司法机关依据不同性质的法律给予当事人不同的处罚,两者之间不能互相置换,所以,在司法实践中,当司法机关发现行为人的走私行为构成犯罪,且对行为人已作出行政处罚时,在追究其刑事责任之前应该依法撤销已作出的行政处罚,另外应该根据《行政处罚法》第 28 条的相关规定作出罚款、行政拘留的决定。综上所述,笔者认为第一种观点较为合理。

四、案件分析结论

(一)被告三人构成走私货物罪

本案中,被告人李某航与褚某、石某预谋,三人分工合作。由褚某提供韩国免税店账号,并负责在韩国结算货款;由李某航伙同男友石某在韩国免税店购买化妆品等货物,后以"客带货"方式从无申报通道携带进境,并将其于网店出售进行牟利。被告三人明知自己的行为违反我国关于海关的法规,仍逃避海关监管,偷逃应缴纳关税额。因此,被告三人的行为构成走私普通货物、物品罪。

(二)"未经处理"应为"未经行政处理"

关于被告人李某航的偷税数额的认定,根据上述理论可知,《刑法》第153条所规定的"多次走私未经处理"中的"未经处理"应认定为"未经行政处理"。若将其认定为"未经刑事处理",就是对同一行为的重复评价与处罚,违反了罪刑相适应的刑法基本原则,也不利于保护被告人的权利。且将该处罚认为是"刑事处罚"并无必要,因为若认为未经"刑事处罚"的按累计数额计算,在刑法上完全可以用连续犯的理论来解决,刑法条文没必要也不可能对一项实质是针对连续犯的问题作出特别规定。刑法上对走私普通货物、物品罪已有"事不过三"的规定,即一年内曾因走私被给予两次行政处罚后又走私的,无论犯罪数额大小同样构成此罪。上述观点一的主要立场虽是为了防止行为人利用刑法法定成罪数额实施构成行政违法但不构成犯罪的行为来规避刑事制裁,但这种顾虑没有必要,法律的规定没有给走私行为人利用法律漏洞的机会。因此,不应将被告人李某航、褚谋与石某已经受过行政处罚的偷税金额款累计计入总的应缴税额中。

故而,对于李某航一案的审理,北京市高级人民法院在一审判决后,因本案事实不清、证据不足,裁定将该案发回重审。经再次审理后,认定李某航偷逃海关进口环节税共计人民币8万余元,对其判处有期徒刑3年。本案在依据法律和事实的基础上对被告人的偷逃税款金额进行了认定,不但对被告人的权利进行了保护,也有力地打击了犯罪,体现了刑法罪责刑相适应的基本原则。

(曾俞全供稿)

第四节 非国家工作人员受贿罪

一、案例基本情况

国有独资企业东方公司出资10万美元设立金龙公司,委派苏某明担任金龙公司董事长。后来,苏某明退休,但通过与东方公司订立的承包协议,仍负责金龙公司的经营。经多次承包及股权转让变更,苏某明和东方公司最终约定:金龙公司30%的股份由东方公司持有,70%的股份由苏某明和赵某实际享有;东方公司每年向金龙公司收取2万美元的定额利润,不负责公司的具体经营管理，剩余利润也由金龙公司自行分配。在此后的经营过程中，金龙公司按照订单面额向国外代理商国际骑具公司支付佣金。国际骑具公司负责人弗某德向苏某明、赵某返还一定比例的佣金。截至案发，苏某明和赵某共计收到佣金返还款约50万美元。[1]

二、争议焦点

企业作为市场经济的重要参加者，运行模式日益复杂，利润分配形式多元，股东和公司人格有时难以分离。具体到司法实践中，对被告人行为性质的认定是本案的争议焦点。

三、法理分析

（一）非国家工作人员受贿罪的概念

非国家工作人员受贿罪是指公司、企业或者其他单位的工作人员利用职务上的便利，索取他人财物或者非法收受他人财物，为他人谋取利益，数额较大的行为。[2]本罪的客体是公司、企业或其他单位的正常管理活动和职务行为的廉洁性；本罪的客观方面表现为利用职务上的便利，索取或者非法收受他人财物，为他人谋取利益，并且数额较大的行为；本罪的主体是公司、企业或其他单位的工作人员，但不包括国有公司、企业或其他单位中从事公务的人员和国有公司、企业或其他单位委派到非国有公司、企业或其他单位从事公务的人员；本罪的主观方面是故意，过失不构成本罪。

（二）公司与股东之间的人格分离问题

公司与股东人格分离是自身独立人格的体现，也是其有限责任的基础。这种分离的重要表现就是公司财产和股东财产彻底分离，但实际运行中公司与股东财产混同、业务混同从而造成人格混同的情形比较常见。为此，《公司法》第23条特设"揭开公司面纱"制度，规定公司人格混同情况下可以追索幕后股东责任。但是，运用刑法分析人格混同下股东行为性质时，需要进一步思考。控股股东往往用单位所有和自身所有并无二致为自身行为辩解，此

---

[1] 一审：江苏省南京市中级人民法院［2012］宁刑二初字第18号；二审：江苏省南京市高级人民法院［2013］苏刑二终字第0033号；申诉复查：［2017］苏刑申226号；［2018］最高法刑申911号。

[2]《刑法学》编写组编：《刑法学》（下册·各论），高等教育出版社2019年版，第74页。

时，的确不易将其行为认定为刑事犯罪。人格混同在经济犯罪中往往作为法外的违法阻却事由存在，以控股股东账外收取回扣为例，最多追究其逃税罪等刑事责任，而不能认定为非国家工作人员受贿罪等罪名。

四、案件分析结论

根据上述分析，本书认为，被告人苏某明的行为构成非国家工作人员受贿罪。

（一）苏某明不属于国家工作人员，因此其行为不构成受贿罪

根据最高人民法院、最高人民检察院2010年《关于办理国家出资企业中职务犯罪案件具体应用法律若干问题的意见》的相关规定，经国家机关、国有公司、企业、事业单位提名、推荐、任命、批准等，在国有控股、参股公司及其分支机构中从事公务的人员，应当认定为国家工作人员。苏某明接受国有独资企业东方公司委派经营金龙公司时确系国家工作人员，后因达到年龄界限而退休，国家工作人员身份自然解除。其后，金龙公司性质已经因苏某明和东方公司多次签订承包合同及股权转让协议发生变更，由国有独资公司变为国有资本参股公司。苏某明收受佣金返还款的行为发生在公司性质变更以后，此时其已退休，虽然仍担任金龙公司负责人职务，但管理权不再通过东方公司的委派而存在，而是作为金龙公司的主要股东而享有。东方公司和苏某明作为金龙公司的股东，在民事上是平等主体，根据各自股权份额和合同约定享有民事权利。因此，苏某明在本案中的身份属于非国家工作人员。

（二）被告人和单位之间不能形成人格混同，因此苏某明不构成职务侵占罪

公司与股东人格分离是自身独立人格的体现，也是其有限责任的基础。金龙公司对外业务中以自身独立人格开展，苏某明和赵某作为公司代表人代表公司行使权利，和国际骑具公司签订、履行合同都是以金龙公司名义进行，给代理商的佣金也是在金龙公司账目中列支。因此，苏某明、赵某的人格并不混同于金龙公司的人格。金龙公司作为法律规定的独立民事主体，按照《公司法》的规定，在完成结算工资、缴纳税款、提取法定公积金和任意公积金等一系列程序后方可进行利润分配，不能将收入作为被分配的利润直接支付给控股股东。金龙公司和国际骑具公司签订的居间合同合法有效。按照佣金条款的约定，金龙公司支付的代理费应当归属于国际骑具公司。金龙公司按照合同标的向代理商支付一定比例的佣金，而代理商的负责人弗某德为了

顺利开展业务等需求向苏某明和赵某返还一定比例的钱款。这笔钱款的交付对象不是金龙公司，而是金龙公司的经营管理人员个人，应当被认定为给予苏某明和赵某的回扣。所以，苏某明收取佣金返还款并没有侵犯金龙公司财产所有权，不构成职务侵占罪。

（三）被告人的行为构成非国家工作人员受贿罪

根据《刑法》第163条第2款的规定，公司、企业或者其他单位的工作人员在经济往来中，利用职务上的便利，违反国家规定，收受各种名义的回扣、手续费，归个人所有的，依照非国家工作人员受贿罪定罪处罚。这一规定与该条第1款相比，并未明示要求受贿方为他人谋取利益。本案中，根据赵某的证言，苏某明总是不及时支付或者变相克扣国际骑具公司的佣金，所以弗某德为了顺利开展业务，以佣金返还款形式向苏某明和赵某行贿。但是，因为赵某的证言在证据上过于单薄，行贿人弗某德也已去世，原审法院并未采信。因此，苏某明是否构成非国家工作人员受贿罪，需要准确解释《刑法》第163条第2款的规定。江苏省高级人民法院在申诉复查时将这一条文性质理解为法律拟制，认为只要苏某明在账外收取回扣或者手续费，即侵犯了金龙公司的管理秩序和其工作人员职务行为的廉洁性，构成非国家工作人员受贿罪，是否为代理商谋利在所不问。为他人谋取利益是非国家工作人员受贿罪客观构成要素中不可或缺的一环，将该条第2款理解为注意性规定更为妥帖，但仍应该受第1款规定的限制。该条第2款之所以采取简单罪状表述方式，是因为账外收取回扣、手续费本身足以涵盖欠缺的要素，回扣或手续费本身就意味着在达成交易或者完成交易后明示或者暗示对他人作出谋取利益的允诺，为了防止条文过于冗杂，作了省略性的表达。苏某明、赵某作为金龙公司的负责人，和代理商存在紧密的业务往来，一直通过业务为弗某德所在公司谋取利益，至于利益是否合法，不影响行为的定性，在账外接受弗某德给予的佣金返还款不入账，即构成非国家工作人员受贿罪。

综上，苏某明基于平等民事合同负责金龙公司的经营，而非基于国家命令性指派担任金龙公司的负责人，应当被认定为非国家工作人员。在经济往来中，利用职务上便利，为代理商国际骑具公司谋取利益，收取代理商负责人弗某德给予其和赵某个人的回扣，而未向金龙公司报账，构成非国家工作人员受贿罪。

（高莹莹供稿）

第五节 背信损害上市公司利益罪

一、案例基本情况

2006年，刘某经营正菱公司（正菱公司是一家从事矿用机械设备及配件生产和销售的公司），曹某（刘某丈夫，安徽省人民政府时任副秘书长）引荐正菱公司和国投新集公司签订关于PDC钻头的销售合同。2007年12月，国投新集公司在上海证券交易所上市。2008年3月，国投新集公司打算采取公开招标形式采购PDC钻头及配件，此时刘某所经营的正菱公司已更改为威钻公司，威钻公司因达不到国投新集公司PDC钻头的招标要求而被国投新集公司取消PDC钻头等矿用配件合同。2008年4月，曹某调任淮南市出任代理市长，曹某妻子刘某告知曹某威钻公司被国投新集公司停止供应业务，后曹某与国投新集公司时任总经理刘某1谈论此事并向其打招呼要恢复其妻子经营的威钻公司与国投新集公司的PDC钻头及配件的销售业务。2008年5月27日，根据曹某指示，刘某以威钻公司名义向国投新集公司发送了一份《关于申请产品供货的报告》，以达到向国投新集公司继续供货的目的。后来被告人刘某1自行在该份报告上签字并且同意，并找来当时担任国投新集公司企管部部长田某来安排这件事，同时明确告诉田某该公司是曹市长妻子刘某经营的公司。后田某遵照刘某1的意图，又让当时国投新集公司企业管理部副部长赵某、供应部部长倪某具体安排手下与威钻公司业务部职员商谈，并作出指示在价格上要予以"关照"。2008年6月23日，国投新集公司企管部和供应部联合盖章，向被告人刘某1请示，建议不进行招标而是以议价方式采购威钻公司的PDC钻头，并将议价价格交给刘某1请示，刘某1最终在请示报告上签字同意。故刘某经营的公司以议价的途径，并且通过明显高于市场价格的合同价格，从2009年到2012年，向国投新集公司销售PDC钻头及配件。在此期间的2011年，刘某另外出资注册成立一家新公司：正巨公司。第二年2月，正巨公司与威钻公司进行了合并。经审计机关审计，自2009年至2012年，国投新集公司以显失公平的价格，接受威钻公司、正巨公司销售的钻头，造成国投新集公司直接经济损失1844.64万元。另查明：1998年8月至2011年8月，被告人刘某1任国投新集公司总经理；2011年9月至2014年1月，被告人刘某1出任国投新集公司董事长一职。[1]

二、争议焦点

1. 被告人刘某1是否违反忠实义务的认定？

2. 本案之犯罪结果（上市公司直接经济损失）可归责于被告人的持续时间范围的认定。

三、法理分析

为了维护社会主义市场经济秩序，规范证券、期货市场的稳定运行，加强对上市公司的监管，保障上市公司独立"经济人"的利益及中小股东的切身利益，《刑法》增加背信损害上市公司利益罪。本罪是指上市公司的董事、监事、高级管理人员，违背对公司的忠实义务，利用职务便利，操纵上市公司，致使上市公司的利益遭受重大损失的行为。[2]

本罪的犯罪构成特征是：

（1）本罪侵犯的客体是复杂客体，本罪被置于《刑法》分则"破坏社会主义市场经济秩序罪"一章。客体主要是：国家对上市公司以及证券市场的管理秩序，上市公司的独立法人的财产利益，以及上市公司股东的合法权益以及中小投资者的利益。

（2）本罪在客观方面表现为行为人违背对公司的忠实义务，利用职务便利，通过操纵上市公司，致使上市公司利益遭受重大损失的行为，主要包括抽象的背信行为和六种具体的行为，这六种行为的特点可归纳为"无偿性""不公平性"，在此只做简要概述，不一一列举此六种行为。

根据最高人民检察院、公安部《关于公安机关管辖的刑事案件立案追诉标准的规定（二）》第18条的规定，在背信损害上市公司利益犯罪中，上市公司的直接经济损失数额达到150万元以上的，应予立案追溯。这表明本罪的"重大损失"在数额方面要达到150万元以上。

（3）本罪的主体是特殊主体，只能是上市公司的董事、监事、高级管理人员、上市公司的控股股东和实际控制人。非上市公司（普通的有限公司）

---

[1] 安徽省芜湖市三山区人民法院[2017]皖0208刑初10号刑事判决书。

[2] 《刑法学》编写组编：《刑法学》（下册·各论），高等教育出版社2019年版，第76页。

的董事、监事、高级管理人员和上市公司的一般工作人员不能成为本罪的主体。需要注意的是，根据《刑法》第169条之一第2款，"上市公司的控股股东或者实际控制人，指使上市公司董事、监事、高级管理人员实施前款行为的，依照前款的规定处罚"的规定，即上市公司的控股股东和实际控制人直接单独实施《刑法》第169条之一第1款规定的六种行为的，不能构成本罪。但如果指定上市公司董事、监事、高级管理人员实施上述六种行为之一的，则应当直接认定为本罪的正犯。

（4）本罪的主观方面表现为故意，即行为人心态上具有"明知性""希望或放任性"的特征，即上市公司的董事、监事、高级管理人员以及控股股东和实际控制人明知自己的行为是利用职务便利"掏空"公司的行为依然希望或者放任。过失不构成本罪。

四、案件分析结论

被告人刘某1以明显高于市场的价格与威钴公司签订合同，造成国投新集公司经济损失1844.64万元的危害结果的行为违反了其对国投新集公司的忠实义务，且造成了该公司的重大经济损失，其行为构成背信损害上市公司利益罪。而其承担的损失范围应从其签订不公平合同开始计算。

（一）被告人刘某1违背了忠实义务

本案中被告人刘某1辩解自己的行为是为了公司的长远利益，其辩解的内容在实质上包含对忠实义务的违反提出不服和抗辩，且其辩护人认为被告人刘某1答应领导的"打招呼"行为是官场当中的"服从"以及"互相照顾"行为，实施了领导的暗示就可以得到当地主政领导对公司发展上的特殊照顾，是为了实现公司利益的最大化，这就为操纵公司进行不公平交易损害公司利益的行为披上了善意的外衣，进一步说，被告人刘某1及其辩护人对被告人举止行为的违法性存在异议。可以说，在市场经济条件下，公司经营业绩应交由市场决定，即使在公司发展中需要政府支持，也应依法进行，而不是通过与领导私交换取"政治商业利益回报"，如果法律允许上市公司在公司利益和政府（领导）利益之间形成一种交易，实质上是把"交易"风险转嫁给无数需要法律保护的中小投资者这些相对于大股东的弱势群体，这种"交易"一旦失败，公司所有股东、投资者将要承担所有实际的损失，而且，这种官商交易不可能得到中小股民及投资者的授权，更加违反了刑法保护实质交易秩序的法价值以及公权力的不可交易性的法益保障，在政治上为国家对市场经济的监管带来了很大的漏洞，一旦允许此种行为，国家和社会将承担极大的风险。这种披着善意外衣的行为手段是对诚实信用基本守则的违背，而这恰恰就是背信类犯罪中"忠实义务"的内涵体现，也是上市公司董事、监事、高级管理人员以及实际控制人应该对公司负担的"忠实义务"。因此，被告人刘某1利用职务便利，以明显高于市场的价格与威钴公司签订合同，造成国投新集公司经济损失1844.64万元的危害结果的行为符合本罪关于"违背忠实义务"的第二种行为的规定，即以明显不公平的条件，接受威钴公司的供货业务，造成国投新集公司巨大的经济损失，其行为亦违背了对公司的忠实义务，符合本罪的客观要件。

（二）被告人刘某1应承担自签订不公平交易开始后的所有直接经济损失

虽然被告人刘某1自2011年9月就不再担任公司总经理职务，后来继任董事长一职，已不再管理公司的具体事务，但被告人签订不公平的合同的危害后果并不是一次性的，而是持续存在的。在本案中，刘某1的签字批准行为本身确实是一次性的，但是其操纵公司，进行不公平交易的犯罪行为并没有因签字行为的结束而中断，其控制力、影响力一直都在，且公司的不公平交易及危害结果并没有停止而是一直持续，可用于证明的事实为：刘某1与威钴公司的合同内容并没有约定交易的期限以及合同的期限，且交易从2009年一直持续到了2012年，证人田某也证明自刘某1签字后至2012年，刘某1一直都在公司担任老总，故该公司也就一直以议价形式承接威钴公司的PDC钻头业务，报价也以威钴公司为准。可见，犯罪状态的持续时间是从不公平交易的开始到结束这段时间，国投新集公司的直接经济损失的计算和归责于被告人刘某1的时间也以此范围为准。

综上，被告人刘某1作为国投新集公司的总经理，利用职务之便，违背对本公司的忠实义务，以明显高于市场的价格与威钴公司签订合同，造成国投新集公司经济损失1844.64万元，侵害了本公司的财产利益。依照主客观相统一的原则，被告人刘某1的行为构成背信损害上市公司利益罪。

（刘汉兴供稿）

第六节　内幕交易、泄露内幕信息罪

一、案例基本情况

创兴科技是A股的一家上市公司，目前已改名为创兴置业。2007年4月中旬，"创兴科技"的股价突然开始拉升。到了"五一"长假前两天，该公司股价在两日内分别连续上涨9.55%、8.07%。长假结束后的第一个交易日，"创兴科技"直奔涨停，收盘涨幅高达9.32%。次日，创兴科技发布股价异动公告，并于5月9日停牌一天。5月10日，创兴科技又发布公告称，经过询问控股股东和实际控制人，其表示将所持有的资产注入上市公司。由于相关方案尚未最终确定，为防止股价异动，定于5月10日开始继续停牌，直到重大事项公告之日起复牌。5月24日，创兴科技发布公告称，控股股东和实际控制人注入资产的具体实施条件尚不具备，决定取消相关资产注入方案，公司股票于5月24日10时30分起复牌。

经调查，从2007年2月开始，创兴科技的直接控制人、上海祖龙景观开发有限公司（以下简称"上海祖龙公司"）董事长陈某生计划将其控制的资产注入上市公司，并安排人员与券商进行接触。从4月17日开始，陈某生及公司高管开始正式同券商投行人员商谈通过定向增发注入资产的事项。就在陈某生紧锣密鼓筹划资产注入的同时，其控制的上海祖龙公司借用厦门缘合物业管理有限公司和北京百立讯科技有限公司所开立的资金账户，买卖创兴科技股票。在4月17日内幕信息形成后至5月9日内幕信息公开前，两个账户买卖创兴科技股票累计账面盈利2000多万元。调查还发现，这两个账户的资金均来源于上海祖龙公司，交易后资金也回到了上海祖龙公司。此外，调查还确认，陈某生及妻子关某荣还通过个人账户在内幕期间买卖创兴科技股票，累计盈利数十万元。[1]

二、争议焦点

1. 对本案内幕信息的认定。

---

[1] 福建省高级人民法院［2010］闽刑终字第398号刑事判决书。

2. 对内幕信息敏感期的理解。

三、法理分析

（一）内幕交易、泄露内幕信息罪的概念与构成特征

内幕交易、泄露内幕信息罪，是指证券、期货交易内幕信息的知情人员或者非法获取证券、期货交易内幕信息的人员，在涉及证券的发行，证券、期货交易或者其他对证券、期货交易价格有重大影响的信息尚未公开前，买入或者卖出证券，或者从事与该内幕信息有关的期货交易，或者泄露该信息，或者明示、暗示他人从事上述交易活动，情节严重或情节特别严重的行为。[1]本罪侵害的客体是国家对证券市场的管理秩序、投资者的合法权益、社会公共利益以及具体投资人的合法利益；本罪的客观方面表现为在内幕结果敏感期内通过买卖、建议他人买卖或泄露内幕信息三种行为而使自己或他人获利或避免损失；本罪的主体是指"证券、期货交易内幕信息的知情人员或者非法获取证券、期货交易内幕信息的人员"；本罪的主观方面只能由直接故意构成，且行为人主观上具有牟利或者减少损失的目的。

（二）本罪成立的关键

（1）关于内幕信息的界定。内幕信息，是指证券交易活动中，涉及公司的经营、财务或者对该公司证券的市场价格有重大影响的尚未公开的信息。内幕信息有两大特征：秘密性、重要性。

（2）内幕敏感期的界定。内幕信息敏感期是指内幕信息自形成至公开的期间。但内幕信息的形成不是单纯的静态内容，而是一个信号由弱到强、从萌芽、发展、形成、持续影响证券交易价格直至最后公开的动态过程。内幕信息敏感期包括内幕信息形成时间与公开时间两个时间点。

第一，关于内幕信息时间公开点的认定。理论上存在两种不同的标准，即形式公开标准与实质公开标准。形式公开指在特定媒体，即"七报一刊"和两网站履行了发布义务，实质公开则是指市场最终消化了已公开的信息，即一般投资者知悉和理解了被公开的内幕信息。2012年最高人民法院、最高人民检察院《关于办理内幕交易、泄露内幕信息刑事案件具体应用法律若干问题的解释》（本节以下简称《解释》）确定的是形式或实质公开的标准，

---

[1]《刑法学》编写组编：《刑法学》（下册·各论），高等教育出版社2019年版，第78页。

《解释》第5条第4款规定,"……内幕信息在国务院证券、期货监督管理机构指定的报刊、网站等媒体披露",此款属于形式公开标准。但《解释》第4条第3项、第4项又把"依据已被他人披露的信息而交易"和"交易具有其他正当理由或者正当信息来源"规定为内幕交易的免责事由。也就是说,除了在指定媒体披露之外,由他人披露及从正当的信息来源获知信息都被认为是内幕信息公开的方式。从立法内容来看,内幕信息公开标准从注重形式公开到注重实质公开,但是结合我国证券市场发展实际,内幕信息实质公开标准只能起到辅助作用,真正发挥作用的仍然是形式公开标准。因此,笔者认为,我国证券市场内幕信息的公开标准应当采用形式公开与实质公开相结合的标准。

第二,关于内幕信息形成时间点的认定标准。内幕信息的形成并不是一个静态的过程,而是动态变化的过程,形成和发展阶段必然对应不同的时间点,其形成时间的认定比较复杂。《解释》第5条第2款、第3款将内幕信息的形成时间点区分为一般情况和特殊情况。我们可以将《解释》第5条第2款理解为:为了司法实践的操作简便,而将合同、协议核心内容确定的时间界定为内幕信息形成时间。然而,在司法实践过程中,重大事件的核心内容却可能先于合同得到确认。而且由于对"重大事件"发生等时间点的理解不一致,往往会出现混淆,因此,仅凭内幕交易司法解释的上述两个标准,仍然难以从众多的时间点中确定一个作为内幕信息的形成时间点。只有根据已有的不同内幕交易案件内幕信息形成时间点的综合分析,并结合具体案件内幕信息的具体类型、阶段特点以及公司业务实践等来合理判断内幕信息形成的时间点。

四、案件分析结论

被告人陈某生及其妻子关某荣利用创兴科技资产注入这一信息,通过上海祖龙公司等公司控制的证券账户大量买卖创兴科技股票,盈利1915万余元。其行为构成内幕交易罪。

首先,对本案内幕信息的界定。从内容上看,创兴科技实际控制人上海祖龙公司及陈某生将其控制的资产注入上市公司的事项引起创兴科技股价大幅拉升,对公司股票价格产生了重大影响,符合我国《证券法》规定的内幕信息定义,具备秘密性和重大性,应当属于我国《证券法》规定的内幕信息。

其次，对本案内幕信息敏感期的认定。其一，就内幕信息形成时间点，司法实践中，杭萧钢构案"交易双方基本达成一致"，董某青案"具体方案确定"，刘某春、陈某玲内幕交易案"形成《合作框架》初稿"等内幕交易案件内幕信息形成时间点的认定，无不说明内幕信息形成的时间节点较难把握。本案涉及《解释》第5条第3款规定的对特殊情况下内幕信息形成时间点的认定问题，本案判定内幕信息何时形成的关键在于判断创兴科技公司实际控制人的何种行为能够实质性引起上市公司股票交易价格变动。2007年4月17日，被告人陈某生召集创兴科技公司高层与华欧国际相关负责人讨论上海祖龙公司资产注入创兴科技的可行性方案。这一行为标志着陈某生欲将上海祖龙公司资产注入创兴科技公司事项引入实质操作阶段。该行为不但涉及创兴科技公司股权结构的重大变化，并具有很大的实现可能性，而且已经足以影响到理性投资者的投资行为，会对创兴科技股票的交易价格产生重大影响。因此，可以认定本案内幕信息形成的时间点为2007年4月17日。其二，就内幕信息公开时间点，在上海祖龙公司内幕交易一案中，创新科技公司直到2007年5月9日发布停牌公告时，才将公司资产注入计划公之于众。根据形式公开为主、实质公开为辅的原则，本案内幕交易信息公开的时间点应当在创兴科技宣布停牌时，即2007年5月9日。

（曾磊供稿）

第七节 洗钱罪

一、案例基本情况

被告人聂某岗在2011年至2018年期间连续充当江浙一带进货出关的境内代理人，即在江浙一带长期带领、帮助看货、下订单、办理货物出关运输手续以及代收转付给厂家的货款，按照货款总价的3%收取一定数额的佣金。与此同时，埃及客商穆某，在经济上帮助恐怖活动分子实施相关活动，为境外恐怖分子提供资金帮助，由在中国境内的关系人代其向聂某岗支付货款余款，以达到跨境转移资金的目的。被告人聂某岗为在埃及的恐怖分子用人民币在境内支付提供方便，致使在埃及活动的恐怖分子获取境内关系人的资助，以便继续从事非法恐怖活动。经查明，被告人聂某岗自2011年开始，陆续收取与其无经济往来人员的资金高达人民币 984 930 元，被告人聂某岗先后为 12 名帮助恐怖活动罪犯向境外参与恐怖活动的人员提供了资金上的便利。被告人聂某岗在义乌市帮助埃及人进口货物和办理出关事宜及货款结算过程中，违反了《外汇管理法》的相关规定和国家正常的国际贸易外汇结算方式，其接受某些帮助恐怖活动罪的人员通过银行转账方式代埃及客商使用人民币结算货款尾款，致使埃及客商在埃及将本应支付的货物尾款直接等值外汇支付给境外恐怖分子。[1]

二、争议焦点

被告人聂某岗在经济上帮助恐怖活动分子实施相关活动，为境外恐怖分子提供资金帮助活动，并由在中国境内的关系人代埃及客商向聂某岗支付的货款余款，以达到跨境转移资金的目的，这一行为应如何定性？

三、法理分析

洗钱罪，是指明知是毒品犯罪、黑社会性质的组织犯罪、恐怖活动犯罪、走私犯罪、贪污贿赂犯罪、破坏金融管理秩序犯罪、金融诈骗犯罪的七类上游犯罪产生的收益，而采取掩饰、隐瞒其来源和性质的行为。[2]本罪侵犯的客体是国家的金融管理秩序和司法机关的正常活动，属于复杂客体；本罪的主体为一般主体，指已满 16 周岁，并具有刑事责任能力的自然人，其中也包括单位；本罪在主观方面表现为故意中的直接故意，并具有上述七类犯罪所得及其产生的收益的来源和性质并将其"合法化"的意图。

本罪在客观方面表现为行为人对前述七类犯罪所得及其产生的收益实施掩饰或者隐瞒其来源和性质的行为。这就是通常所谓的洗钱行为。洗钱行为的目的是逃避法律追查，通过金融体系或者直接投资等非金融体系的操作行为，截断犯罪所得及其产生的收益与先前犯罪行为之间的联系，使犯罪所得及其产生的收益"合法化"的过程。《刑法》规定，掩饰、隐瞒的行为方式包括：提供资金账户、将财产转换为现金、金融票据、有价证券、通过转账或者其他结算方式协助资金转移、将资金转往境外和其他方式。

---

[1] 新疆维吾尔自治区阿图什市人民法院 [2019] 新 3001 刑初 369 号刑事判决书。
[2] 《刑法学》编写组编：《刑法学》（下册·各论），高等教育出版社 2019 年版，第 81 页。

洗钱罪的成立应当以上述七类上游犯罪事实的成立为前提。如果上述七类上游犯罪查证属实但尚未依法裁判的，不会影响对洗钱罪的认定。若上述七类上游犯罪事实可以确认，但是因行为人死亡等原因不予追究刑事责任的，也不影响其他人洗钱罪的认定。另外，若上述七类上游犯罪事实成立，根据《刑法》规定以其他罪名定罪处罚的，也不影响洗钱罪的认定。

帮助恐怖活动罪是指以物质资助从事恐怖活动的组织或个人，或者资助恐怖活动培训，或者为上述人员、活动招募、运送人员的行为。行为人在主观上为故意，即明知自己帮助的是从事恐怖活动的组织或者个人，而仍然希望或者放任以使后期恐怖活动顺利进行的局面出现。

具体来说，构成帮助恐怖活动罪其主观方面表现为故意，犯罪分子在此过程中知道或者应当知道对方是恐怖活动组织或者知道对方是实施恐怖活动的个人或者从事参加恐怖活动培训而提供资助的帮助行为，或者行为人为上述行为提供招募和运送人员服务的具体行为。如果行为人不明真相或者上当受骗而为其提供相关具体的资助或者提供招募、运送人员的服务的行为则不构成本罪。根据最高人民法院、最高人民检察院、公安部、司法部《关于办理恐怖活动和极端主义犯罪案件适用法律若干问题的意见》第1条第2款第4项的规定，是否构成帮助恐怖活动罪要看其主观上是否是明知其接触的是涉恐资金，并且实施了与之共谋的行为。

四、案件分析结论

根据上述分析，本书认为，聂某岗构成洗钱罪。

（一）聂某岗不构成帮助恐怖活动罪

根据最高人民法院、最高人民检察院、公安部、司法部《关于办理恐怖活动和极端主义犯罪案件适用法律若干问题的意见》，是否构成帮助恐怖活动罪要看其主观上是否是明知其接触的是涉恐资金，并且实施了与之共谋的行为。本案中，被告人聂某岗既不知道支付外贸货物的尾款资金是涉恐资金，更没有实施与他人共谋的行为。另外，依据本案一审查明的案件事实，可以认定被告人聂某岗在涉外贸易中起的是居间代理和翻译的作用，而他在居间服务中提供账户以接受境内第三人支付的货物尾款的行为，是破坏金融管理秩序和外汇管理的违法行为，且被告人主观上对此是明知的。本案关联的境内资金即某些犯罪分子所付货物的尾款是脱离监管并在境外间接交付给恐怖分子的，但是被告人在这种情况下是不明知的，其并不知道对方是恐怖活动分子，也没有实施积极追求上述结果及目的的主观意图。另外，本案中没有任何证据可以证实被告人对此明知。因此，被告人聂某岗的行为依法不构成帮助恐怖活动罪。

（二）聂某岗构成洗钱罪

被告人聂某岗客观上实施了通过在义乌市帮助埃及人进口货物和办理出关事宜及货款结算的行为，并帮助实施了为犯罪提供个人资金账户的行为，致使用于资助恐怖活动的资金最终通过"合法"途径将其转移，并在境外得到了间接兑付，此行为严重破坏了国家正常的金融管理秩序和司法机关的正常活动，触犯了我国《刑法》关于洗钱罪的规定；被告人聂某岗主观上对其行为应当认为是明知的，其放任了将境内资金躲避监管转移到境外，也没有采取相关制止行为和询问行为，此行为侵犯的是国家正常的金融管理活动以及外汇管理的规定；加之，被告人聂某岗具有坦白犯罪事实，积极退赃的量刑情节，根据我国《刑法》的规定，可以对其酌定减轻犯罪刑罚，但是其实施的具体犯罪行为是不可改变的，是已经认定的事实，并且也符合我国法律的相关规定，对其可以判处相应的刑罚。

此外，被告人聂某岗通过在义乌市帮助埃及人进口货物和办理出关事宜及货款结算，违反了《外汇管理法》和正常国际贸易外汇结算方式，其接受某些帮助恐怖活动罪的人员通过银行转账方式代埃及客商使用人民币结算货款尾款，致使埃及客商在埃及将本应支付的货物尾款直接等值外汇支付给境外恐怖分子。可见，本案中被告人聂某岗犯罪事实清楚，证据确实、充分，应当以洗钱罪追究其刑事责任。

（聂雪荣供稿）

第八节 集资诈骗罪

一、案例基本情况

2017年3月，云南优真农业科技有限公司（以下简称"优真公司"）及云南优真农业科技有限公司新余分公司（以下简称"优真新余分公司"）在未经金融主管部门批准的情况下先后成立。朱某泽为两公司的法定代表人，其伙同刘某杰虚构"优真公司在云南昆明有三七种植基地，优真公司三七种植效益和前景非常好"的事实，以种植三七需要资金运作为由，用高额利息（承诺投资年化回报率24%）作诱饵，并且允诺在一定的期限内偿还本金加付息的方式诱导群众纷纷签订合同出借资金。蔡某志在2017年3月至6月期间是优真新余分公司负责人之一，负责主持优真新余分公司日常工作及开展宣传活动等事宜。在优真新余分公司搞宣传活动时，蔡某志经常采取上台向群众宣传总公司实力、公司前景非常好、安排公司业务员邀请客户到公司上课和参加活动，以及请客户到云南公司基地考察等形式，以总公司承诺高利息为诱饵吸引群众到优真新余分公司存钱。蔡某志在负责优真新余分公司期间，先后向100余人融资人民币3 007 650元。2018年7月13日，蔡某志在湖南省株洲市被公安机关抓获归案。[1]

二、争议焦点

1. 本案中蔡某志的行为定集资诈骗罪，还是非法吸收公众存款罪？
2. 蔡某志在本案中是主犯还是从犯？

三、法理分析

集资诈骗罪，是指以非法占有为目的，使用诈骗方法非法集资，并且数额较大的行为。[2] 本罪侵犯的是复杂客体，既侵犯了国家金融监管秩序，又侵犯了公私财产权利；本罪在客观方面要求使用诈骗方法非法集资，且数额较大；本罪的主体既可以是自然人，又可以是单位；本罪的主观方面只能是故意，并且要求有非法占有之目的[3]。

（一）集资诈骗罪与非法吸收公共存款罪的区别

非法吸收公众存款罪，指的是违反国家金融管理法规，非法吸收存款或

---

[1] 江西省赣州市中级人民法院［2019］赣05刑终144号刑事判决书。
[2] 《刑法学》编写组编：《刑法学》（下册·各论），高等教育出版社2019年版，第84页。
[3] 2010年最高人民法院《关于审理非法集资刑事案件具体应用法律若干问题的解释》第4条规定：使用诈骗方法非法集资，具有以下情形的，可以认定为"以非法占有为目的"：①肆意挥霍集资款项，导致集资款项不能返还的；②集资后不用于生产经营活动或者用于生产经营活动与筹集资金规模明显不成比例，导致集资款不能返还的；③将集资款用于违法犯罪活动的；④携带集资款项逃匿的；⑤隐匿、销毁账目或者搞假倒闭、假破产，逃避返还资金的；⑥拒不交代资金去向，逃避返还资金的；⑦抽逃、转移资金、隐匿财产，逃避返还资金的；⑧其他可以认定非法占有目的的情形。而非法占有目的本质特征则是拒不返还。

者变相吸收公众存款，扰乱金融秩序的行为。由于这两种犯罪面向的均为社会上不特定对象的资金，因而实务中容易混淆，需要予以区分。

两罪的区别主要体现在：第一，主观目的不同。是否具有"非法占有目的"，也就是主观方面是否有非法占有所募资金款的意图，是两者在本质上的区别。尽管两罪都是出于故意，但是本罪的行为人在主观上是基于"非法占有目的"，其非法集资的目的并不是获得所募集资金款的使用权，而是永久性地无偿占有他人的资金以便自己使用或挪作他用。然而，非法吸收公众存款罪的行为人之主观目的却是非法占有他人存款目的之外的其他任何目的，如将集资款用于营利性活动，以期获得生产收益或投资回报。

第二，犯罪客体不同。集资诈骗罪的客体是国家金融监管秩序以及公私财产权利。而非法吸收公众存款罪的客体仅是国家金融监管秩序，并未侵犯他人的财产所有权。

第三，犯罪行为不同。本罪的行为人必须使用诈骗的方法，这是本罪的必要构成要件，具体表现为诈骗方法及非法集资两种行为结合。而非法吸收公众存款罪的构成并不以欺骗方法为必要的构成要件，具体表现为以存款方式非法吸收他人资金，特别是在吸收存款或者募集资金的行为目的方面，并不存在掩盖赢利的意图和表现。

第四，既遂认定标准不同。从既遂形态角度看，本罪属于结果犯，不仅要求有集资诈骗行为的发生，而且要求以"实际获得集资款"这一危害结果的发生作为既遂要件之一。然而关于非法吸收公众存款罪，大部分学者认为该罪系行为犯，也就是只要实施了危害行为，便是既遂。

（二）主犯与从犯的区分

主犯，是指组织、领导犯罪集团从事犯罪活动或者在共同犯罪中起主要作用的犯罪分子。可以分成两类：犯罪集团或者聚众犯罪中起组织、策划、指挥作用的首要分子、在共同犯罪中起主要作用的犯罪分子。从犯，是指在共同犯罪中起辅助作用或者次要作用的犯罪分子。起辅助作用的从犯，也即帮助犯，此类犯罪分子并不直接参与犯罪行为的实施，其在共同犯罪中的作用仅是辅助性的。起次要作用的犯罪分子，在主观方面仅仅是对主犯的意图表示服从或者赞同，对犯罪意图的产生以及犯罪行为的实施并未起到决定作用，并且对犯罪结果的产生也仅有较小的影响。

四、案件分析结论

根据上述分析,笔者认为被告人蔡某志以欺骗方式吸收公众存款的行为构成非法吸收公众存款罪。

1. 蔡某志的行为不构成集资诈骗罪

集资诈骗罪的成立要求主观上必须具有非法占有目的,即行为人希望通过自己的非法集资行为,将集资款据为己有,并排除他人对集资款的支配或者行使权利。本案中蔡某志并不知晓优真公司种植基地系造假,且并未经手处理过集资款,故不能认定蔡某志具有非法占有集资款的故意和行为,即不满足集资诈骗罪的主观条件,故而不成立集资诈骗罪。

2. 蔡某志的行为构成非法吸收公众存款罪

从客体上看,蔡某志的行为侵犯了国家对吸收公众存款的管理秩序。从客观方面看,蔡某志实施了非法吸收公众存款行为。依据最高人民法院《关于审理非法集资刑事案件具体应用法律若干问题的解释》的有关规定,本罪所谓"非法":一方面是吸收公众存款的主体资格不合法,也就是尚未获取有关部门的批准,并不具有相应的吸存资质;另一方面是形式不合法,也就是吸收公众存款的形式表面合法,但是其本质是采用合法经营的方式从事非法吸存行为。本罪所谓"吸收",是指采用公开宣传的形式,面向社会公开予以吸收,并且对于吸收行为给予了某些承诺(可以让被吸收资金者获取一定的利益)。本罪所谓"公众",是指社会的不特定对象,该不特定对象应指人数或性质均无特定指向的人群。本案中蔡某志违反法律规定,在负责优真新余分公司期间,以总公司承诺高利息为诱饵吸引不特定群众到优真新余分公司存钱,先后向100余人融资人民币3 007 650元。从主观方面看,本罪的主观方面是故意,即明知自己未经有关部门批准不具有吸收公众存款的资格或者吸收公众存款的方式、内容不合法,仍然实施吸收存款的行为,进而导致发生扰乱金融秩序的结果,且对此种结果的发生持希望或放任态度。优真公司及优真新余分公司在未经金融主管部门批准的情况下先后成立。蔡某志的主观心理状态属于故意。

综上,蔡某志的行为符合非法吸收公众存款罪的构成要件,应以非法吸收公众存款罪定罪处罚。

3. 蔡某志系主犯

在非法吸收公众存款罪的共同犯罪中，主、从犯的认定应根据在共同犯罪中的地位、作用的不同而进行分析。在本案中，优真公司及优真新余分公司相关人员非法吸收公众存款系共同犯罪。蔡某志作为优真新余分公司的负责人之一，在优真新余分公司搞宣传活动时，经常采取上台向群众宣传总公司实力、公司前景非常好、安排公司业务员邀请客户到公司上课和参加活动，以及请客户到云南公司基地考察等形式，以总公司承诺高利息为诱饵吸引群众到优真新余分公司存钱。由此可见，蔡某志在共同犯罪中主要是负责组织、宣传、策划，起主要作用，应当认定为主犯。因此，对原审法院认为蔡某志在共同集资诈骗犯罪过程中，所起作用较小，属从犯的结论应当予以纠正。

综上，被告人蔡某志违反法律规定，在负责优真新余分公司期间，以总公司承诺高利息为诱饵吸引不特定群众到优真新余分公司存钱，构成非法吸收公众存款罪的主犯。

（石建元供稿）

第九节 贷款诈骗罪

一、案例基本情况

2015年6月23日，株洲县人民检察院以株县检公诉刑诉［2015］30号起诉书指控被告人陈某犯贷款诈骗罪一案，向株洲县人民法院提起公诉。株洲县人民检察院起诉指控：2008年10月13日，被告人陈某欲从事地下六合彩收单坐庄生意谋取不正当利益，因缺少资金，而伪造房产证、土地证，虚构事实将位于株洲市芦淞区龙园小区某商品房归自己所有，同时伪造贷款所用的他项权证以购车的名义向南阳桥信用社贷款10万元。陈某将其中的8万元用于从事地下六合彩活动。亏损后，陈某伪造与其妻子刘某的离婚证明，采取同样的方法，伪造房产证、土地证将位于株洲市芦淞区龙园小区某商品房归其妻子刘某所有，并办理假的他项权证，于2009年1月22日，谎称做生意需要资金周转为由，以其妻子刘某的名义向南阳桥信用社贷款10万元。陈某将其中的 9 万元用于从事地下六合彩活动，被其挥霍一空。[1]

对于上述事实，被告人陈某在开庭过程中无异议，但其对事实部分提出了两点意见：一是其曾在信用社还过两次钱，一次还了 4000 多元，一次还了 2 万多元；二是房产证系其花钱请他人做的，并非其自己伪造的。另查明，经株洲县农村信用合作联社南阳桥信用社于 2015 年 5 月 22 日出具证明证实陈某名下贷款合计还息 5418 元，刘某名下贷款合计还息 22 380 元。经株洲县农村信用合作联社南阳桥信用社于 2015 年 5 月 29 日出具领条证实该社领到株洲县公安局扣押陈某现金 8179.5 元用于抵减陈某借款本金。

一审判决认定，被告人陈某以非法占有为目的，使用虚假的产权证明做担保，骗取信用社贷款，数额较大，其行为已构成贷款诈骗罪。在本案中，陈某想要从事地下六合彩收单坐庄从而获取不正当利益，但是因资金匮乏，其便伪造房产证、土地证，用虚构事实的方法把不在自己名下的房屋归自己所有，随后又伪造了与其妻子的离婚证明，用相同的方式来获得银行的贷款，并将其获得的贷款投入地下六合彩。最终以检察院提起的贷款诈骗罪被法院判处刑罚。

二、争议焦点

陈某先后多次伪造材料来获取贷款用于从事地下六合彩活动，是否具有非法占有该贷款的目的？

三、法理分析

(一) 贷款诈骗罪的概念

贷款诈骗罪是指以非法占有为目的，诈骗银行或者其他金融机构的贷款，数额较大的行为。[2]有学者将贷款诈骗罪定义为以非法占有为目的，在信用借贷合同的订立和履行中，对相关金融机构采用隐瞒事实真相的方法，导致金融机构产生一种错误的认识，从而自愿交付巨大数额的贷款，进而产生的一种具有信贷性质的利益的行为。[3]

---

[1] 湖南省株洲市株洲县基层人民法院［2015］株县法刑初字第 35 号判决书刑事判决书。
[2]《刑法学》编写组编：《刑法学》（下册·各论），高等教育出版社 2019 年版，第 87 页。
[3] 陈猛：“诈骗类犯罪中'以非法占有为目的'的司法认定探析"，山东大学 2017 年硕士学位论文，第 19 页。

(二) 非法占有目的的认定

非法占有目的的认定一直是司法实践中的难题。一方面，非法占有目的是较犯罪故意更为深远的心理态度，而且，"目的犯中的目的，不要求存在与之相应的客观事实，只要存在于行为人的内心即可"。[1]这就为非法占有目的的证明带来了困难。另一方面，"实践中行为人为了逃避法律的制裁，往往以各种借口拒绝承认自己行为时的主观目的，从而更增加了对犯罪目的的证明难度"。[2]张明楷教授认为，"司法实践中，需要根据证据（客观事实）认定行为人的非法占有目的，或者根据客观事实推定行为人具有非法占有目的"。[3]陈兴良教授亦指出，非法占有目的虽然是一种主观上的心理活动，但它并非脱离客观外在活动而存在的。因此，应结合行为人的客观行为加以认定。在此，存在一个通过客观行为推定其主观上的非法占有目的的问题。就贷款诈骗罪而言，刑法条文明确规定了以非法占有为目的，因而这种非法占有目的就需要专门加以证明，而这种证明的重要方法就是通过客观事实加以推定。[4]

最高人民法院于 2001 年 1 月 21 日发布的《全国法院审理金融犯罪案件工作座谈会纪要》（本节以下简称《纪要》）指出："金融诈骗犯罪都是以非法占有为目的的犯罪。在司法实践中，认定是否具有非法占有为目的，应当坚持主客观相一致的原则，既要避免单纯根据损失结果客观归罪，也不能仅凭被告人自己的供述，而应当根据案件具体情况具体分析。根据司法实践，对于行为人通过诈骗的方法非法获取资金，造成数额较大资金不能归还，并具有下列情形之一的，可以认定为具有非法占有的目的：（1）明知没有归还能力而大量骗取资金的；（2）非法获取资金后逃跑的；（3）肆意挥霍骗取资金的；（4）使用骗取的资金进行违法犯罪活动的；（5）抽逃、转移资金、隐匿财产，以逃避返还资金的；（6）隐匿、销毁账目，或者搞假破产、假倒闭，以逃避返还资金的；（7）其他非法占有资金、拒不返还的行为。但是，在处理具体案件的时候，对于有证据证明行为人不具有非法占有目的的，不能单

---

[1] 张明楷：《刑法学》（第 4 版），法律出版社 2011 年版，第 273 页。
[2] 王林："盗窃罪中非法占有目的的推定"，载《人民司法》2011 年第 8 期，第 16 页。
[3] 张明楷："金融诈骗罪的非法占有目的及其认定"，载张仲芳主编：《刑事司法指南》（总第 23 集），法律出版社 2005 年版，第 25~26 页。
[4] 陈兴良：《当代中国刑法新境域》，中国政法大学出版社 2002 年版，第 618~619 页。

纯以财产不能归还就按金融诈骗罪处罚。"

张明楷教授提出了与上述司法文件所列举的不同内容的基础事实种类与内容。他认为，具有下列情形的，可以推定行为人具有贷款诈骗罪的非法占有目的，"（1）贷款后携款潜逃的；（2）没有按照贷款用途使用贷款，而是用于挥霍导致无法偿还贷款的；（3）擅自改变贷款用途，将贷款用于高风险的经济活动造成重大损失，以致无法偿还贷款的；（4）使用贷款进行赌博、走私、非法经营等违法犯罪活动的；（5）为牟取不正当利益，改变贷款用途，造成重大经济损失，以致无法偿还贷款的；（6）隐匿贷款去向，贷款到期后拒不偿还的；（7）违反规定，将贷款汇往境外的；（8）骗取贷款后，拒不承认贷款事实的等"。[1]

四、案件分析结论

在本案中，陈某想要从事地下六合彩收单坐庄从而获取不正当利益，但是因资金匮乏，其便伪造房产证、土地证，用虚构事实的方法把不在自己名下的房屋归自己所有，同时伪造贷款所用的他项权证以购车的名义向南阳桥信用社贷款10万元。随后又伪造了与其妻子的离婚证明，谎称做生意需要资金周转，以其妻子刘某的名义向南阳桥信用社贷款10万元。陈某将其中的9万元用于从事地下六合彩，被其挥霍一空。

客观上，陈某采用虚构事实或者隐瞒真相的方法来向银行获取数额20万元的贷款，通过对项目、经费的虚构，用编造的理由来获取贷款，以及通过向金融机构提交虚假伪造的证明材料来骗取贷款。且在本案案发时，相关证据证实陈某名下贷款合计还息5418元，刘某名下贷款合计还息22 380元，以及经株洲县农村信用合作联社南阳桥信用社于2015年5月29日出具领条证实该社领到株洲县公安局扣押陈某现金8179.5元用于抵减陈某借款本金。剩余约16.4万元款额不能归还。根据最高人民法院发布的《纪要》，对于行为人通过诈骗的方法非法获取资金，造成数额较大资金不能归还，并具有下列情形之一的，可以认定为具有非法占有的目的："……（2）没有按照贷款用途使用贷款，而是用于挥霍导致无法偿还贷款的；（3）擅自改变贷款用途，将

---

[1] 张明楷：“金融诈骗罪的非法占有目的及其认定"，载张仲芳主编：《刑事司法指南》（总23集），法律出版社2005年版，第27页。

贷款用于高风险的经济活动造成重大损失，以致无法偿还贷款的；（4）使用贷款进行赌博、走私、非法经营等违法犯罪活动……"本案中，陈某以做生意为由骗取贷款，实际将贷款用于地下六合彩收单坐庄从而获取不正当利益。因此，陈某具有非法占有贷款的目的且其符合贷款诈骗罪的其他构成要件，应当构成贷款诈骗罪。反之，如若由于其贷款期间主动归还了小部分贷款则否认其具有非法占有巨额财产的目的，则在实践中，行为人在贷款诈骗之后，主动归还部分财产则可规避法律责任。因此，是否构成贷款诈骗罪应从整体考量，而不应单从行为人具有部分还款行为予以认定。

（罗俊杰供稿）

第十节　信用卡诈骗罪

一、案例基本情况

2018年初，犯罪嫌疑人沈某在鄱阳县一家足浴城消费时认识了为自己服务的洗脚工赵某（女），两人互加微信为好友。此后双方经常聊天、接触，感情迅速升温。经过交往，犯罪嫌疑人沈某了解到赵某为人老实、涉世不深，对自己有好感，很信任自己，同时也了解到赵某家境不好。临近春节之际，赵某告诉犯罪嫌疑人沈某自己有信用卡，过了年了想从卡里刷点钱出来过年，问犯罪嫌疑人沈某是否有POS机。此时犯罪嫌疑人沈某已经债台高筑、借钱无门。沈某听到后，就告诉赵某自己有POS机可以帮她刷卡透支款项且不收取手续费。

2018年2月某天，沈某主动携带自己的POS机开车到景德镇市昌江区某地接赵某，当场用POS机刷取赵某平安银行信用卡9300元并转账至赵某账户，确实没有收取费用。看到赵某日渐相信自己，犯罪嫌疑人沈某遂隐瞒自己的经济状况，以帮赵某"养卡"同时免除刷取9300元产生的800多元利息为诱饵，取得赵某平安银行信用卡以及密码，之后犯罪嫌疑人沈某陆续使用该卡套现，其中有还款行为。2018年2月的一天，犯罪嫌疑人沈某又以自己急需资金作短暂周转，向赵某借了另一张广发银行信用卡，使用该卡透支18 990元（该卡额度为19 000元）。同时，犯罪嫌疑人沈某冒用赵某身份使用平安银行信用卡也几乎是满额透支（该卡额度为34 000元，被害人赵某刷卡

9300 元，沈某冒用其身份刷卡 24 291 元）。事后，被害人赵某多次要求犯罪嫌疑人沈某归还银行透支款，均遭到拒绝。2018 年 8 月的一天，犯罪嫌疑人沈某通过他们的朋友蔡某归还被害人赵某 8000 元，此后虽多次承诺还款，但实际由于种种主客观原因未能及时还款，目前尚欠被害人 35 281 元。赵某无奈只得报警。[1]

二、争议焦点

本案的争议焦点在于犯罪嫌疑人沈某的行为是否构成"冒用型"信用卡诈骗罪？

三、法理分析

（一）信用卡诈骗罪的概念

信用卡诈骗罪主要是以非法占有为主要目的，利用虚假的信用卡或者其他与信用卡有关的方法，进行诈骗活动，数额较大的行为。[2]本罪的行为方式主要包括使用他人伪造的信用卡或者使用以虚假的身份证明骗领的信用卡，使用作废的信用卡，冒用他人的信用卡，恶意透支等。

（二）关于"冒用"他人信用卡的认定

我国《刑法》196 条对于信用卡诈骗罪进行了规定，其中对于恶意透支型的诈骗明确了"非法占有"的目的，但是对于其他几种形态的信用卡诈骗罪却没有明确表示是否是以"非法占有"为目的，因而在学术层面还存在一定的争议，主要有两种观念，一种认为应该将"非法占有"确定为信用卡诈骗罪所必需的主观要件，另一种认为没有必要将"非法占有"确定为信用卡诈骗罪中的必要主观要件。[3]信用卡诈骗罪是一种直接故意的犯罪，如果行为人主观上没有非法占有的目的，那就不会对他人财产的所有权造成实质性的侵犯，[4]就不可能构成实质性的信用卡诈骗罪，因而"非法占有"是构成

---

[1] 案例来自江西省景德镇市昌江区人民检察院（未起诉）。
[2] 《刑法学》编写组编：《刑法学》（下册·各论），高等教育出版社 2019 年版，第 89 页。
[3] 许其勇："金融诈骗罪的立法重构——从非法占有目的谈起"，载《中国刑事法杂志》2004 年第 3 期。
[4] 刘伟："恶意透支型信用卡诈骗罪非法占有目的司法认定的基本问题"，载《湖北社会科学》2011 年第 10 期。

信用卡财产诈骗罪的必要构成要件。

"冒用他人信用卡"是指以非法占有为目的，在未经合法持卡人允诺的情况下，非持卡人以合法持卡人的名义使用信用卡，将卡内财物据为己有或者将卡内财物进行消费的行为。"冒用他人信用卡"应由"冒充他人身份"及"使用他人信用卡"两部分组成。首先，"冒充他人身份"是指非持卡人冒充合法持卡人的身份，界定"冒用"的关键是冒用行为人本身是否使用或取得了持卡人的合法身份或授权。在目前的司法实践中，通常的情况表现为未经合法持卡人的通知或者同意，行为人以合法持卡、签名等形式的明示和默示的方法向他人表明自己已经是合法的持卡人。信用卡必须由合法持卡人本人持有和使用，这是信用卡的一项基本制度，《银行卡业务管理办法》第28条第3款明确规定："银行卡及其账户只限经发卡银行批准的持卡人本人使用，不得出租和转借。"在生活实践中，行为人拿他人信用卡消费时，营业员在不知道真相的前提下通常会认为持有人即为该卡的合法所有者。所以，行为人以非法占有他人财物为目的，在使用之前持有他人信用卡、冒充自己是真正的持卡人，这种默示的行为本身就是对合法持卡人身份的"冒用"。其次，意欲通过信用卡诈骗行为获取非法利益。行为人一般还需主动实施伪造身份证明、仿冒签名、输入密码等行为来向他人证明"自己"的身份，以明示的方法向他人表明自己是"合法"的持卡人，辅以顺利地帮助他人完成信用卡诈骗的行为。如果冒用行为人得到了合法持卡人的授权和同意，则其非法使用的行为没有产生侵犯他人的财产权益的直接结果，则不属于非法冒用他人信用卡的行为。[1]

四、案件分析结论

本案中，公安机关认定沈某的行为属于"冒用他人信用卡"，移送审查起诉的主要罪名是"信用卡诈骗罪"。最高人民法院、最高人民检察院《关于办理妨害信用卡管理刑事案件具体应用法律若干问题的解释》第5条第2款规定，"冒用他人信用卡"包括以下情形：①拾得他人的信用卡并非法使用；②骗取他人的信用卡并非法使用；③窃取、收买、骗取或者以其他非法的方式使用或者获取他人信用卡的信息或者资料，并通过其互联网、通讯电话终

---

[1] 涂远鹏、廖亮："信用卡诈骗罪中冒用行为的判断"，载《人民司法》2016年第35期。

端等非法使用；④其他非法冒用的情形。司法实践中，通常的情况表现为未经合法持卡人的通知或者同意，行为人以合法持卡、签名等明示和默示的方法向他人表明自己已经是合法的持卡人。本案中犯罪嫌疑人沈某以"养卡"为名取得被害人平安银行信用卡，以借卡资金周转为名取得被害人广发银行信用卡，两张信用卡的使用皆是获得了合法持有人的允诺，不符合上述司法解释中的"冒用"他人信用卡的行为。另外，2018年8月，沈某通过他们的朋友蔡某归还被害人赵某8000元，此后亦多次承诺还款，但由于种种主客观原因未能及时还款，因此可以认定沈某不具有非法占有目的。

综上，犯罪嫌疑人沈某的犯罪行为不符合"冒用他人信用卡"的犯罪特征，因此不构成信用卡诈骗罪。

（吴美玲供稿）

第十一节　保险诈骗罪

一、案例基本情况

被告人杨某因为长期对其弟弟杨某1（被害人，殁年38岁）的平日表现不满，于是驾车撞倒杨某1制造交通事故，事后向多家保险公司理赔。案发前的十余天，杨某在太平洋保险公司为自己的轿车投保了100万元的第三者责任险，又分别在安华保险、阳光保险、大地保险、平安保险、中国人寿保险公司为杨某1投保11份人身意外险，理赔总额度达91.2万元。2016年10月30日凌晨3时多，杨某以带杨某1去长春看病为由通过电话把杨某1约出，在双辽市兴隆镇庆丰村西侧的柏油路上，杨某驾驶自己的轿车将杨某1撞倒在地。经鉴定：杨某1的死亡原因是头部外伤致闭合性颅脑损伤、呼吸循环衰竭。事后，杨某让其子杨某瑞假装此次事故的主要制造者来掩盖自己的罪行，杨某瑞在明知是杨某制造犯罪事实的情况下，仍向侦查机关作了虚假证明来包庇杨某，谎称是因为自己驾车将杨某1撞倒而造成的事故。案发后，杨某向之前投保的保险公司进行报案理赔，因为杨某在案发前为杨某1投保了多份人身意外险，这一举动使保险公司对其是否存在骗保行为产生怀疑，最终经过调查保险理赔未能得逞。2017年7月1日，双辽市公安局将被告人杨某、杨某瑞抓获归案，一审判决后杨某不服提出上诉。

杨某称，他本来只是想通过以驾车撞倒的方式把杨某1撞成残疾，这样造成其行动不便其就不会再打骂父母，也可以避免其在外面继续惹是生非。侦查人员通过对村里街坊邻居的调查了解到，杨某1精神不太正常经常在外面惹事，很多人对他的评价较差。杨某指出其把杨某1撞残是为了让其母亲和杨某1的家人在杨某1残疾后有个经济保障，并不是为了骗取保险公司的高额保险金且其最终没有骗得保险公司的保险金，因此不构成保险诈骗罪。[1]

二、争议焦点

本案中的上诉人杨某故意伪造保险事故，之后向保险公司提出理赔，最终经过调查保险理赔未能得逞的行为是犯罪既遂还是未遂？

三、法理分析

(一) 保险诈骗罪概念

保险诈骗罪是指以非法占有为目的，利用虚假的保险事实进行诈骗的活动，骗取保险金，数额较大的行为。[2]本罪侵犯的是国家的保险制度和保险人的财产所有权。为维护和促进保险行业的健康有序发展，国家设立了相关法律法规，建立并完善了相关保险制度。

(二) 保险诈骗罪既遂标准

刑法理论界一直以来对于保险诈骗罪是否存在未遂状态存在争议。有的学者持否定态度。他们认为保险诈骗罪作为独特的金融诈骗犯罪，只有既遂形态，没有未遂形态，如果构成本罪，行为人不仅要实施保险诈骗行为，而且还要事实上骗取到数额较大的保险理赔金，否则就不能构成本罪。由此可以作出如下断定：判断保险诈骗罪与非罪的一个标准或界限，就是看行为人的实际行为是否达到了既遂状态，也就是说，行为人是否向保险公司实际骗取到了保险金。当行为人实施了《刑法》分则所规定的保险诈骗罪不同情形的行为，但是如果行为人的骗赔行为因为各种主客观因素而被揭穿或中止，行为人没有实际拿到保险金，那么其行为就仅仅是违反了保险法规的违法行

---

[1] 吉林省高级人民法院 [2018] 吉刑终197号刑事判决书。
[2] 《刑法学》编写组编：《刑法学》（下册·各论），高等教育出版社2019年版，第92页。

为，而不构成犯罪。[1]与之相反，另一部分学者持肯定意见。他们认为，我国刑法规定的保险诈骗罪是结果犯，其成立的标准在于是否具备了犯罪构成要件，即是否产生了某种程度的危害结果。在这种规定下，如果行为人实行了保险欺诈行为，但却由于各种原因没有获取保险金，那么行为人则当以犯罪未遂进行处理。

我国刑法理论通说认为，犯罪是否既遂，应以行为人的行为是否齐备了刑法所规定的犯罪构成基本要件为判定标准。如果行为人的犯罪要件齐备，那么即为既遂状态，否则为未遂状态。在实际情形中，还存在犯罪预备以及犯罪中止的可能性。从我国《刑法》第198条可以看出，我国刑法对保险诈骗罪的规定较为宽泛，并且在立法方面，是以结果犯的模式来设定保险诈骗罪。结果犯能够构成既遂状态，首先要求行为人实际上实施了齐备犯罪构成要件的行为，其次要求行为人的行为必须产生了危害性的结果。也就是说，以结果犯模式设定保险诈骗罪，其既遂状态的判定标准在于危害结果是否发生。保险诈骗罪以结果犯为设定模式，也就意味着，如果行为人只是实施了保险诈骗行为，比如制造保险事故，伪造保险标的等，那么这种行为还不能构成犯罪既遂。[2]行为人必须实际上骗取了保险公司理赔的保险金，保险诈骗的既遂才能够成立。而如何界定骗取了保险金？从犯罪行为人的角度来看，骗取保险金是指行为人控制了保险金，或者能够有效地支配保险金。从保险公司的角度来看，保险金的成功骗取在于保险方是否遭受了保险金的实际损失。假如行为人只是向保险公司提出了赔偿要求，但是并没有实际上拿到保险金，那么便不属于犯罪的既遂状态。保险诈骗罪是故意犯罪，既然是故意犯罪，那么就应存在未遂状态。只要行为人实施了向保险公司骗取保险金的行为，那么不论实际结果如何，不论其是否获得了保险金，情节严重的，都能够构成保险诈骗罪。一些学者认为保险诈骗罪没有未遂形态，其实是混淆了罪与非罪、既遂与未遂的标准，这种混淆会对司法实践及打击犯罪产生不良影响。

四、案件分析结论

本案中，杨某以带杨某1去长春看病为理由通过电话把杨某1约出，在

---

[1] 赵秉志：《犯罪未遂形态研究》（第2版），中国人民大学出版社2008年版，第237页。
[2] 冯军、肖中华主编：《刑法总论》，（第2版），中国人民大学出版社2011年版，第364页。

双辽市兴隆镇庆丰村西侧的柏油路上，杨某驾驶自己的轿车将杨某1撞倒在地致其死亡。案发后杨某向之前投保的保险公司进行报案理赔，因为杨某在案发前曾为杨某1投保了多份人身意外险，引起保险公司怀疑其可能存在骗保的嫌疑，最终经过调查保险理赔未能得逞。

《刑法》第198条规定，在实施保险诈骗罪时，如果手段行为独立成罪时，应以数罪并罚论处。确定本罪的未完成形态是否成立，是根据本罪目的行为的实行行为而定，不能将手段行为中的实行行为的未完成形态与目的行为的实行行为中的未完成形态混为一谈，这样势必会加重对行为人的刑罚，也不符合未完成形态的评判标准。本罪是结果犯，结果犯能够构成既遂状态，首先要求行为人实际上实施了齐备犯罪构成要件的行为，其次要求行为人的行为产生了危害性的结果。就保险诈骗行为来说，尚未造成本罪客体的侵害即银行财产的损失。从保险诈骗罪的概念对下面几个方面进行分析：一是本罪的主体应为特殊主体，只能由投保人、被保险人、受益人构成。本案主体符合本罪的构成要件。二是在行为上，杨某为达到获取保险金的目的，制造被保险人杨某1死亡的交通事故，符合《刑法》第198条第1款第5项规定的情形。三是行为人杨某客观上存在直接故意的行为。因此，杨某的行为构成了保险诈骗罪，但因为意志以外的原因未能获取数额较大的保险金，未能得逞，属于保险诈骗罪未遂。

（石婷婷供稿）

第十二节　逃税罪

一、案例基本情况

被告人张某兵，于2012年7月29日，因涉嫌虚开增值税专用发票，被武汉市公安局江汉分局汉口派出所逮捕。同月，他被息县公安局拘留。2012年9月6日，他因涉嫌偷税漏税，经息县人民检察院批准，同一天被息县公安局逮捕。

2012年7月6日，朱某友来到息县公安局经侦大队举报，张某兵在息县注册"息县昊天商贸有限公司"，虚开增值税专用发票2552万元。息县公安局经侦大队接到举报后，立即将该案向息县国税局反馈，委托息县国税局对该公司账务进行稽查。同时息县公安局立即组成专案组展开调查。经查，2011年7月8日，张某兵出资200万元，并通过其侄张某，索要胡某喜、赵某耀、赵某飞三人身份证复印件，冒用胡某喜、赵某飞的身份到息县工商局注册"息县昊天商贸有限公司"，法人代表胡某喜、股东胡某喜（占60%股权）、赵某飞（占40%股权），实际经营者是张某兵，聘用会计吕某军、开票人喻某。2011年7月12日，被告人张某兵在中国工商银行息县支行办理开户许可证，同年7月13日办理税务登记。喻某于2011年8月18日到8月20日在某税控培训部培训取得资格证书，但实际开票人是吕某军，各种手续办完后，被告人张某兵通过租赁正式成立办公地点。2011年7月13日，被告人张某兵冒用胡某喜名字虚假办理税务登记证，同年12月12日取得一般纳税人资格，该公司虚假运作不足一年，计缴纳税款128 886.29元。2012年7月17日，息县国税局对该公司账务进行稽查，2012年7月17日出具"息县昊天商贸有限公司"检查报告，8月1日出具了税务稽查报告，稽查报告认定该公司从2011年10月份共取得进项增值税专用发票195份，取得销项增值税专用发票256份，累计金额2552万元，逃避缴纳增值税4 541 248.13元。其中，2011年7月至12月逃避缴纳税款1 040 062.99元，2012年1月至5月逃避缴纳税款3 501 185.14元，均占应纳税款的90%以上，息县昊天商贸有限公司账目没有反映销售收入记录，无销售申报记录，无库存商品记录。[1]

二、争议焦点

1. 逃税案件没有经过税务机关行政处理，是否应当直接进入刑事追诉程序？

2. 《刑法》第201条第4款的规定是否为逃税罪的犯罪构成特征？被告人张某兵的行为是否符合逃税罪的构成特征？

三、法理分析

（一）逃税罪的概念

逃税罪，是指纳税人采取欺骗、隐瞒手段进行虚假纳税申报或者不申报，逃避缴纳税款数额较大并且占应纳税额10%以上的；或扣缴义务人采取前款

---

[1] 河南省息县人民法院［2014］息刑初字第39号刑事判决书。

所列手段，不缴或者少缴已扣、已收税款，数额较大的犯罪行为。本罪为数额犯，根据2010年最高人民检察院、公安部《关于公安机关管辖的刑事案件立案追诉标准的规定（二）》，对于纳税人而言，数额较大，是指逃税数额占应缴税额在5万元以上。多次逃税未经处理的，按照累计税额计算，其他严重情节是指因逃税被税务机关给予两次行政处罚又逃脱的。

（二）行政处理是否为刑事追诉程序的前置程序

从理论上讲，行政处罚作为刑事追诉的前置程序是指未经税务机关作出行政行为，案件不能直接进入刑事诉讼程序，而行政处罚前置只适用于《刑法》第201条第1款，即纳税人涉嫌逃税，应当首先受到行政机关的行政处罚，然后根据纳税人接受行政处罚，是否支付应交税金，支付滞纳金，考虑是否要调查其刑事责任的犯罪的行为。如果税务机关不能先行作出行政行为，《刑法》第201条第4款则是"纸上条文"，因为该款存在的意义就是给犯罪人一个回头是岸的机会，如果在犯罪人尚未被税务机关追缴而被公安立案直接进入诉讼阶段，则不能实现刑法的谦抑本质和保障机能。

（三）《刑法》第201条第4款是否为逃税罪犯罪构成特征

根据理论界通说，《刑法》第201条第4款的规定的是"处罚阻却事由"，即使行为人满足《刑法》第201条第1款的规定，构成犯罪的，如果他有缴纳应纳税额和滞纳金，并受到行政处罚，则不追究其刑事责任。但是《刑法修正案（七）》增加《刑法》第201条第4款的限制使用，规定"五年内因逃避缴纳税款受过刑事处罚或者被税务机关给予二次以上行政处罚的除外"。可见，该规定通过在犯罪时间和惩罚类型和次数上进行区别，以此来限制免责。如果满足这一条，那么即使行为人补缴了应纳税款、缴纳滞纳金，已经受到了行政处罚，仍要追究其刑事责任。

根据《刑法》第201条第4款的规定，该处罚阻却事由的待遇不适用于扣缴义务人的逃税行为。对于《刑法》第201条第4款是否为逃税罪的客观构成要件，通说采取否定说。其规定只是对于符合逃税罪构成要件的犯罪行为进行免责，系构成要件之外对于刑事责任的免除条款，是特殊条款，不包含于犯罪构成内。

四、案件分析结论

本案中，息县人民法院认为税务机关下达追缴通知是追究被告人逃税罪刑事责任的前置程序，本案不应该直接进入刑事追诉程序。但立案时该案不是税务部门立案查处的案件，而是公安局接到举报后以虚开增值税专用发票为由立案查处的，公安局在侦查中发现被告人张某兵有逃税的行为，便以涉嫌逃税为案由对其立案侦查，符合刑事立案的法律规定。

笔者认为这样做显然是不公平的，从立法目的上看，《刑法》新增条款的设立是为保证国家税收和实现"宽严相济"。从时效性来看，虽然《刑事诉讼法》第109条规定了公安立案标准，但《刑法修正案（七）》作为新法，根据"新法优于旧法"的时效性原则应当优先适用，根据"特别法优先于一般法"原则，且根据对于逃税罪的案件规定，该条款应当属于刑事程序适用的特殊性规定，应当因特殊性而优先适用。

"在行政处罚程序完成之前，是无法确定是否应该启动刑事诉讼程序追究其刑事责任的。"[1]《刑法》第201条第4款中的"已受行政处罚"应当理解为税务机关依法作出处理和处罚后，行为人补缴税款并缴纳滞纳金，接受行政处罚，才可不予发动刑罚权，且不进入刑诉阶段。本案中，息县国税局通过对该公司账务进行稽查，出具了检查报告以及税务稽查报告，认定该公司累计逃避缴纳增值税454万余元，但税务机关并未下达追缴通知。息县人民法院认为该逃税行为满足逃税罪构成要件，笔者认为这不符合《刑法》第201条第4款的规定。不论犯罪人是否存在《刑法》201条第4款的行为，其直接被纳入刑事追诉阶段不符合该款规定，且不满足该法立法初衷。公安机关因其虚开增值税专用发票立案并不当然受到逃税罪不予立案的影响，可正常进入虚开增值税专用发票罪的立案、侦查程序，而对于逃税罪则应当等待税务机关作出补缴通知等后处理。但如果行为人在规定的期限内不接受补缴应纳税款缴纳滞纳金或者不接受行政处罚，申请行政复议或者提出行政诉讼，则不符合《刑法》第201条第4款的规定，也即不构成处罚阻却事由。

综上，就本案而言，对《刑法》第201条第4款的理解应当采取"处罚阻却事由论"，其不是逃税罪的犯罪构成。需要注意的是，该款规定的关键是在于程序先后，即本罪应当由税务机关先行处理，并且，如果税务机关只作出行为人补缴税款、滞纳金而不进行行政处罚，也不应当进入刑事诉讼阶段，即特别提醒补缴应纳税款、缴纳滞纳金和接受行政处罚，三者为"或者"的

---

[1] 周治华："逃税罪处罚阻却事由的理解适用"，载《人民司法》2019年第17期，第44页。

关系。即如果税务机关处理不全面，只有一项或者两项处理，也不影响处罚阻却事由的成立。[1]

（武文迪供稿）

第十三节　假冒注册商标罪

一、案例基本情况

苹果公司向我国商标管理局提请注册了六项图形商标，[2]经查，该等注册商标尚处在法定保护期限内。2012年某月，被告人马某从市场上购置了部分手机零配件并自行组装了数条生产线，专门用于生产智能手机，其生产的智能手机外形与苹果公司生产的手机外形相似。数月之后东窗事发，被告人马某因被他人举报而被抓获，公安机关在其生产手机的场所查获了两千多部智能手机。对比马某生产的智能手机与苹果公司生产的苹果手机，可明显观察到以下几点：其一，此类手机采用的外观模型与苹果手机相同；其二，手机上用于直接退出已开程序并直接返还到手机桌面的按钮为黑色原型标志，并设置于手机的屏幕下方；其三，手机程序中用于提示相关用户下载应用软件的标识、提示用户进行手机设置的程序标识、用于储存手机联系人的程序标识均与苹果手机上相对应的程序标识相同。应当说，只要是曾用过苹果手机的用户抑或曾接触过苹果手机的用户，当面对此类软件程序时无需额外的提示便可使用自如。[3]

二、争议焦点

马某的行为是否属假冒注册商标罪的"使用"与他人注册商标相同的注

---

[1] 张明楷："逃税罪的处罚阻却事由"，载《法律适用》2011年第8期，第40页。
[2] 该等图形商标核定使用的商品类别为第9类，其中：1号图形商标核定使用的商品类别包括用于移动电话的计算机应用软件、手持式电脑等；2号图形商标核定使用的商品类别包含无线电接收器、移动电话机、影像、声音等；3号图形商标核定使用的商品类别包括浏览器上网软件等；4号图形商标核定使用的商品类别包括数字数据等手持移动数字电子设备以及电子邮件等；5号图形商标核定使用的商品类别涵盖用于信息管理等的计算机软件；6号图形商标核定使用的商品类别有用于管理用户安装和选择的系统软件等。
[3] 广东省深圳市宝安区人民法院［2013］深宝法知刑初字第23号刑事判决书。

册商标？

三、法理分析

根据《刑法》第 213 条的规定，假冒注册商标罪，是指行为人违反了国家注册商标管理的法规，未经注册商标所有人的许可，在同一种注册商品、服务上非法使用与其注册商标相同的注册商标，情节严重的犯罪行为。[1]所谓注册商标，是指任何自然人、法人或者其他社会组织对其生产、制造、加工、拣选或者对其经销的某种商品或者对其项目上提供的商品或者服务项目上采用的，由其文字、图形、字母、数字、三维图形标志和各种颜色或者其他的组合标志所构成的，能够将其作为某种商品或者服务提供的商品或服务与他人的在某种商品或者服务上提供的商品或服务区别开来的，具有显著特征的可视性标志。

《刑法》第 213 条规定，构成假冒注册商标罪的行为模式是在同一种商品或服务上"使用"与其注册商标相同的商标。关于"使用"的理解，理论上有狭义和广义之说。狭义论者认为，"商标的'使用'应当与商标紧密联系，仅限于贴附于商品的使用，表现形式既可以是将他人商标标识于商品的包装上，也可是标注在商品本身上"。[2]广义论者则认为，"'使用'不应仅指将注册商标用于商品、商品包装或外容器上，也应包括将商标附于商品交易文书上或者在展览、宣传以及其他的商务活动中"。[3]为消除分歧，最高人民法院、最高人民检察院在 2004 年发布的《关于办理侵犯知识产权刑事案件具体应用法律若干问题的解释》中对于假冒注册商标罪中的"使用"作了总结，即"刑法第二百一十三条规定的'使用'，是指将注册商标或者假冒的注册商标用于商品、商品包装或者容器以及产品说明书、商品交易文书，或者将注册商标或者假冒的注册商标用于广告宣传、展览以及其他商业活动等行为"。应当说，该解释基本采纳了广义论者的观点。

假冒注册商标罪的使用应为"商标性使用"。商标性使用又称商标性标识使用，亦可称为商标意义上的使用。他人对注册商标的使用只有在可能影响

---

[1]《刑法学》编写组编：《刑法学》（下册·各论），高等教育出版社 2019 年版，第 96 页。
[2] 张明楷：《刑法学》（第 4 版），法律出版社 2011 年版，第 650 页。但在第 6 版中改采广义说。
[3] 王作富主编：《刑法分则实务研究》（上），中国方正出版社 2001 年版，第 695 页。

商标发挥其最基本的区分来源的功能，从而影响到商标权利人的利益时才能被禁止。[1]商品提供者为了建立自己的市场信誉，将自己生产的商品与他人提供的同种或类似商品作出区别而使用其自身的商业标识。因此，"商标性使用"作为商标概念的延伸，其含义也应当紧扣这一概念。有论者对"商标性使用"作了如下定义："商标性使用，一般是指生产者为了将其生产的商品与他人生产的商品区分开来而将商业标识用于市场上的商业活动中，使得该等商业标识起到区分商品来源之作用，因此，若要构成'商标性使用'，其必须具有三个前提条件：（1）该等商业标识需是在市场上的商业活动中使用；（2）该等商业标识的使用的目的应是区别商品的来源；（3）通过该等商业标识的使用行为，必须达到能够使相关公众区分该等商品或服务之来源的目的。"[2]若无法符合以上三个前提条件，则不能认定行为人对商业标识的使用构成"商标性使用"。

四、案件分析结论

就民事法律而言，被告人马某生产类似"苹果手机"的智能手机的行为，并不会侵犯苹果公司核准申请的注册商标权，而刑事法律既为法律保障的最后一道防线，更不应该将其行为认定为犯罪。马某的行为也不符合上述商标性使用的三个前提条件，马某仅是在其生产的手机及其应用程序上使用了上述图形商标，其目的并不一定是混淆相关公众，也不一定是搭乘苹果公司业已建立的良好市场商业信誉，其目的亦可能仅是向购买该款手机的消费者昭示其操作方式，从而使得该款智能手机的设计功能得到体现，而非以商业标识的方式、在识别商品来源之意义上使用这部分图形，而且"法律对商标的保护是为了维护商标权人的商业信誉和防止生产者对消费者的欺骗，并不是为了让商标权人对相关商品进行垄断"。[3]消费者在购买该款手机时，在其将手机外包装拆除前，根本无法知晓其内部手机的外形如何，也就谈不上抢占苹果公司的销售资源和破坏苹果手机的市场信誉。

（仇向阳供稿）

---

[1] 王迁：《知识产权法教程》（第2版），中国人民大学出版社2009年版，第484页。

[2] 祝建军："判定商标侵权应以成立'商标性使用'为前提——苹果公司商标案引发的思考"，载《知识产权》2014年第1期。

[3] 王迁：《知识产权法教程》（第2版），中国人民大学出版社2009年版，第469页。

第三章 破坏社会主义市场经济秩序罪

第十四节 侵犯著作权罪

一、案例基本情况

2015年3月至2016年4月，被告人王某以营利为目的，在未经北京畅游时代数码技术有限公司授权或许可的情况下，租用服务器，设立私服网站，被告人在某热点网络技术发展有限公司和达州天极科技有限公司租用了10余台互联网服务器，从互联网上非法下载盗版《新天龙八部》游戏服务器端程序，对该游戏进行修改，并将修改完毕之后的网络游戏程序上传至租用的服务器上，开设了一个新的游戏网站"天龙传奇"，通过销售点卡的形式进行非法网络游戏经营活动。被告人非法运营该公司拥有著作权的《新天龙八部》网络游戏，非法经营数额共计80余万元，违法所得10万元。

案发后公安机关从王某处缴获18个硬盘，经公信扬知识产权司法鉴定所鉴定，所缴获硬盘中的软件与北京畅游时代数码技术有限公司独家经营的《新天龙八部》游戏软件存在部分复制关系。

上述事实有经一审庭审举证、质证并确认的《新天龙八部》软件著作权登记证书等书证；证人韩某鑫等人证言；被告人王某供述与辩解；福建中证司法鉴定中心制作的鉴定意见；徐州市公安局鼓楼分局制作的勘验笔录；银行交易明细电子数据；涉案硬盘等证据予以证实。

原审法院认为，被告人王某以营利为目的，未经著作权人许可，复制发行他人计算机软件，情节特别严重，其行为已经构成侵犯著作权罪。[1]

二、争议焦点

被告人王某以营利为目的，在未经北京畅游时代数码技术有限公司授权或许可的情况下，租用服务器，设立私服网站，以及进行"私服"架设行为是否属于刑法意义上的"复制发行"行为？

三、法理分析

侵犯著作权罪是指行为人以营利为目的，侵犯国家著作权管理法规，以

---

[1] 江苏省高级人民法院［2019］苏刑终253号刑事判决书。

及著作权人的著作权,违法数额较大或有其他严重情节的行为。[1]本罪的构成特征是:

(1) 本罪侵犯的是复杂客体,既侵犯了国家对著作权的管理制度,也侵犯了著作权人的著作权。著作权是作者(包括单位和个人)依法对文学、艺术和科学作品享有的专有权利,包括作品的发表权、署名权、修改权、保护作品的完整权以及使用权和获得报酬权。应该看到,著作权不仅与作者的人身和财产权利息息相关,保护制度的完善还对国家的技术发展和文化进步起到至关重要的作用。正因如此,我国相继颁布了相关法律,对著作权实行法律保护。

(2) 本罪在客观方面表现为侵犯他人著作权,违法所得数额较大或者有其他严重情节的行为。本罪的行为方式有以下几种:① 未经著作权人许可,复制发行、通过信息网络向公众传播其文字作品、音乐、美术、视听作品、计算机软件及法律、行政法规规定的其他作品的;② 出版他人享有专有出版权的图书的;③未经录音录像制作者许可,复制发行、通过信息网络向公众传播其制作的录音录像的;④未经表演者许可,复制发行录有其表演的录音录像制品,或者通过信息网络向公众传播其表演的;⑤ 制作、出售假冒他人署名的美术作品的;⑥未经著作权人或者与著作权有关的权利人许可,故意避开或者破坏权利人为其作品、录音录像制品等采取的保护著作权或者与著作权有关的权利的技术措施的。

侵犯著作权罪中的"复制发行"包括复制、发行中择一的行为,或者既复制又发行的行为。相关司法解释对"复制发行"的内容作出了规定。根据2005年最高人民法院、最高人民检察院《关于办理侵犯著作权刑事案件中涉及录音录像制品有关问题的批复》,未经录音录像制作者许可,通过信息网络传播其制作的录音录像制品的行为,应当视为《刑法》第217条第3项规定的"复制发行"。根据2007年最高人民法院、最高人民检察院《关于办理侵犯知识产权刑事案件具体应用法律若干问题的解释(二)》第2条的规定,侵权产品的持有人通过广告、征订等方式推销侵权产品的,属于《刑法》第217条规定的"发行"。根据最高人民法院、最高人民检察院、公安部《关于办理侵犯知识产权刑事案件适用法律若干问题的意见》第12条的规定,"发

---

[1]《刑法学》编写组编:《刑法学》(下册·各论),高等教育出版社2019年版,第98页。

行",包括总发行、批发、零售、通过信息网络传播以及出租、展销等活动。从这些规定来看,司法实务中大量出现的出租、展销复制的侵权复制品以及互联网中的"私服"等行为,理应认定为本罪中的"复制发行"。[1]

关于"复制"的含义界定,[2]我国《著作权法》第10条有明确的规定,但是这种规定属于狭义上的解释。根据理论界的观点,所谓"复制"就是借助一定的形式或途径将原作品予以再现,通过一定的载体让再现的原作品固定下来的一种行为。而网络空间中的"复制"是指通过网络服务器端将下载下来的软件存储到电脑硬盘里的活动。由此可知,"复制"的本质特征是将下载的原作品通过一定形式或载体固定下来,再现原作品。那么"私服"行为到底属不属于刑法意义上的"复制"行为?在目前的司法实践中,对于是否侵犯计算机软件通用的判断标准是"实质性相似"。我们知道,"私服"行为是将通过非法途径获得的计算机软件的相应程序进行一定程度的修改之后再"制出""私服"软件的。表面上看,"私服"行为对原作品进行修改似乎是一种"反向工程",没有让原作品予以再现,但是"私服"行为的这种修改仍是以原作品为依托的,并没有改变原作品的核心内容。换句话说,"私服"行为的这种所谓经过修改后形成的"私服"软件与原计算机元件是存在实质性相似的,并没有增添任何具有创新性的东西。因此,从这个层面上来讲,网络游戏"私服"的复制服务器端程序的行为属于刑法意义上的"复制"行为。

然后,我们需要进一步探究"私服"行为是否属于刑法意义上的"发行"行为。对于这个问题,学界有两种不同的看法。持反对意见的人认为根据《著作权法》第10条对"发行"含义的阐述,"发行"需要以转移计算机软件有形载体的形式向公众提供作品的原件或者复制件。然而,"私服"行为者仅仅是自己独享"私服"软件,架设"私服"服务器,向游戏玩家提供客户端服务,并没有向其提供游戏软件的原件以及"私服"软件。因此,他们认为"私服"行为不应该划归于刑法意义上的"发行"。持肯定态度的论者认为,《计算机软件保护条例》以及《著作权法》对"发行"含义的界定具

---

[1] 《刑法学》编写组编:《刑法学》(下册·各论),高等教育出版社2019年版,第99页。
[2] 王骐:"对侵犯著作权罪中网络型'复制发行'的再理解",载《赤峰学院学报(汉文哲学社会科学版)》2015年第3期,第71页。

有一定的局限性，显得有些狭窄。在"私服"的行为者借助网络平台向公众提供游戏软件的原件或者复制件的过程中，"私服"的运营者主要是向游戏玩家提供客户端程序的下载而进行游戏经营的，而客户端程序在架设运营"私服"中起着关键性作用。

因此，"私服"运营者发行客户端程序的行为实际上就是"私服"行为的发行。综合考虑以上两种意见，笔者倾向于第二种观点。虽然刑法对架设"私服"、传播网络游戏客户端程序的行为并没有作出相应的法律规定，但是"私服"行为者通过非法手段获取合法著作权人的服务器端程序，私自架设自己的服务器，然后向游戏玩家传播或提供客户端的下载，而游戏玩家参与游戏的关键途径就是客户端程序。由此可知，"私服"行为者在架设、运营服务器端的情况之下，其发行客户端程序实际上就是网络游戏"私服"的发行。

综上可知，网络游戏"私服"行为侵犯了合法游戏运营商的发行复制权。网络游戏"私服"行为不仅属于刑法意义上的"复制"行为，而且应该将其纳入刑法意义上的"发行"行为。

（3）本罪的主体是一般主体，既包括自然人，也包括单位。

（4）本罪的主观方面表现为故意，且行为人主观上必须具有营利目的。

四、案件分析结论

本案例中，王某以营利为目的，在未经北京畅游时代数码技术有限公司授权或许可的情况下，租用服务器，设立私服网站。其下载网络游戏服务端程序后，对其进行复制修改并向游戏玩家提供其制作的新的游戏软件的行为，侵犯了网络游戏运营商的游戏软件的知识产权。"私服"运营者的这种行为属于《刑法》第217条中的"复制发行"行为。同时，被告人非法经营数额共计80余万元，违法所得10万元符合《刑法》关于侵犯著作权罪所要求的违法所得数额巨大或者具有其他严重情节的规定。此外，王某以营利为目的，在未经北京畅游时代数码技术有限公司授权或许可的情况下，租用服务器，设立私服网站，在主观目的上也符合侵犯著作权的相关规定。因此，对于网络游戏"私服"行为应该定侵犯著作权罪。

（王雷供稿）

第十五节 侵犯商业秘密罪

一、案例基本情况

2015年,李某某因侵犯厦门百信公司商业秘密被提起公诉,一审判决后,李某某不服提出上诉,二审法院经过审查,于2014年12月3日作出〔2014〕厦刑终字第231号刑事裁定,撤销原判,发回一审法院重新审判。一审法院经过重新审理,于2015年9月22日作出〔2014〕思刑初字第1616号刑事判决,宣判后,原审被告人李某某在上诉期限内提出上诉。[1]

一审判决认定,李某某于2011年与百信公司签订《劳动合同》,合同明确规定,李某某在合同期内不得泄露、盗用公司商业秘密,否则应当承担赔偿责任。之后,李某某在2011年又与百信公司签订《经济责任合同书》,合同书"奖惩办法"第4点明文规定:"未经公司领导批准,各执行部门责任人不得卖单。"

2011年6月,李某某从百信公司辞职,百信公司因解除劳动关系、风险金与李某某发生劳动争议,向劳动争议仲裁委员会提起劳动仲裁申请,后李某某因劳动报酬、经济补偿提起反仲裁请求。

2011年7月20日,百信公司与李某某经协商,达成调解意见,李某某支付百信公司调解款项8万元,双方劳动关系于2011年6月9日解除。随后李某某私自将百信公司的七家客户介绍给其参股的伟联公司,使伟联公司非法获利456 410元。

一审法院根据《刑法》第219条以及最高人民检察院、公安部《关于经济犯罪案件追诉标准的规定》(以下简称《经济案件追诉标准》)第65条之规定,支持了公诉机关的主张,判定李某某构成侵犯商业秘密罪。

一审法院是通过利益损失额,即通过公司过往利润推定未来预期利润,以此作为损失数额来定罪量刑的。本案法院通过此方法最终确定损失数额为804 139.11元,构成重大损失,最终判处李某某构成侵犯商业秘密罪,以侵犯商业秘密罪论处。

---

[1] 福建省厦门市中级人民法院〔2015〕厦刑终字第590号刑事判决书。

李某某对一审判决不服，因而向二审法院提出上诉，二审法院对案件经过全面审查后认为，应当以李某某获得利润作为该案中厦门百信公司的实际损失数额，而这个数额为456 410元，并不符合法律规定的50万元的数额要求，最终二审法院以此认定李某某并不构成犯罪，改判其为无罪。

二、争议焦点

由一审、二审的不同判决可知，本案争议的焦点在于对损失数额的认定方法上，通过公司过往利润推定未来预期利润，以此作为损失数额来定罪量刑，厦门百信公司构成重大损失；以李某某获得利润作为该案中厦门百信公司的实际损失数额，并未达到法律规定的50万元的数额。数额的认定应当采取何种方式直接关系到行为人是否构成犯罪，然而实践中对此却无统一标准，罪与非罪的界限难以确定。

三、法理分析

（一）侵犯商业秘密罪的概念

侵犯商业秘密罪是指行为人违反商业秘密保护法规，采取不正当手段，侵犯他人商业秘密，给商业秘密的权利人造成重大损失的行为。[1]侵犯商业秘密罪中，犯罪行为所侵犯的犯罪对象是商业秘密，这里所谓的商业秘密是指经过经营者采取保密措施，并且不为公众知悉，能够为权利人带来经济利益的技术信息和经营信息。这种商业秘密的权利人对于商业秘密可以转让，许可他人使用，并不同于具有期限的专利权，商业秘密的权利人对于商业秘密享有无限期的权利。

（二）损失数额的认定

对于侵犯商业秘密的案件，损失认定模式的选择是影响当事人是否构成犯罪，应当判处何种刑罚的重要因素之一。造成这种争议的主要原因有两点：其一，《刑法》第219条本身只规定了给商业秘密权利人造成重大损失才构成犯罪，而至于重大损失应当如何认定、认定范围与标准、认定损失应采取何种模式都未加规定。其二，相关司法解释对于损失数额的认定过于精简与原则，而且各类有权解释之间并不统一、各有标准，导致各地法院在实际操作

---

[1]《刑法学》编写组编：《刑法学》（下册·各论），高等教育出版社2019年版，第100页。

中争议频出。如最高人民检察院、公安部《关于经济犯罪案件追诉标准的规定》（已失效，下同），最高人民法院、最高人民检察院《关于办理侵犯知识产权刑事案件具体应用法律若干问题的解释》（以下简称《知识产权解释》）以及最高人民检察院、公安部《关于公安机关管辖的刑事案件立案追诉标准的规定（二）》（已失效，下同）（以下简称《刑事案件追诉标准（二）》）等，都对重大损失和损失认定方式进行了进一步的解释说明，但并不统一。主要表现在：

1. 解释标准不一

定性加定量是我国现阶段采用的立法模式，[1]即在认定是否构成犯罪时不仅要对犯罪人是否符合犯罪构成以及犯罪行为手段进行评价，同时还要求所造成的结果符合数量的要求。但现存有效的司法解释却对该罪的"数量"要求表述不一。首先，《知识产权解释》第7条规定只有可以计算的损失，才能被认定为权利人的重大损失，而《关于经济犯罪案件追诉标准的规定》第65条和《刑事案件追诉标准（二）》第73条扩大了损失的外延，将不可计算的损失（如破产）也纳入其中。其次，《关于经济犯罪案件追诉标准的规定》第65条规定的重大损失仅指直接经济损失，而《知识产权解释》第7条和《刑事案件追诉标准（二）》第73条重新界定了损失的范围，不再限于直接经济损失。再次，审判人员为了准确定罪量刑，保护权利人的合法利益，必须查明权利人的具体损失数额，所以会"自然而然"地在刑事案件中直接援用民事领域的相关规定。[2]最后，在《知识产权解释》和《刑事案件追诉标准（二）》都有效的情况下，重大损失是否纳入不可计算的损失也有不少纷争。例如，《知识产权解释》只规定"造成损失数额在五十万元以上"这一单一的入罪标准，诸如破产等情形未作为构成犯罪的结果要件，而《刑事案件追诉标准（二）》第73条仅将"给商业秘密权利人造成重大损失"作为立案追诉标准之一，并没有规定为定罪标准。

2. 认定方式多样化

目前审判机关对于损失数额的认定，主要是参照民事法律规定，形成了

---

[1] 周铭川：《侵犯商业秘密罪研究》，武汉大学出版社2008年版，第546~547页。
[2] 杨帆："侵犯商业秘密罪'重大损失'司法认定的困境、成因及突破以'刑、民损失'认定区分为切入点"，载《政治与法律》2013年第6期。

以下四种不同的标准：给商业秘密权利人造成损失数额在 50 万元以上的；因侵犯商业秘密违法所得数额在 50 万元以上的；致使商业秘密权利人破产的；其他给商业秘密权利人造成重大损失的情形。四个标准分别为利益损失模式、商业秘密价值模式、非法获利模式、综合认定模式。

（1）利益损失模式，是指以所有人或使用人应得或可得利益的减少额来确定其利润被不法侵犯后所减少的数额。这种认定模式受到学者和审判人员的普遍认可，因为根据一般理论，权利人因违法行为所遭受的市场竞争利益的损失额，是对《刑法》第 219 条规定的"情节严重"的直接解读。这种模式能够直观地反映出权利人权利受损害的程度，故在能估算出具体损失数额时，应该优先考虑这种认定模式。

（2）商业秘密价值模式，是指以商业秘密在受侵犯时的市场评估值来确定"重大损失"的具体数额，以期尽可能准确地估算出权利人的损失数额。然而商业秘密的本质是无形资产，其在被非法获取、使用、披露后，对所有人或者使用人来说仍可能存在实用性，还没有完全失去应有的价值。所以，如果把商业秘密的价值与受害人的"重大损失"简单对应，显得过于粗糙，并且缺乏科学性。同样，简单地用商业秘密的价值来确定损失，不能真实地反映权利人的实际受损害程度，因为并不是每一个违法行为都会造成权利人的全部损失，极有可能仅造成部分损失，而此时的损失数额要远小于商业秘密的价值。

（3）非法获利模式，非法获利又被称作犯罪所得数额，是审判机关审理经济犯罪案件常用的评价标准。因涉及商业秘密的案件通常比较复杂，通过直接认定权利人损失来确定损失数额往往难度比较大。

（4）综合认定模式。"情节严重"的认定应该是一个动态的数量比例问题，任何一种以静态的认定模式来确定损失数额的做法都是不全面、狭隘的，所以有学者提出了"综合认定说"，并提出应该对权利人的实际损失、侵权人的侵权程度等予以量化评估后，构建一个权重系数，动态具体地考量重大损失的损失数额，认为在这种模式下，审判人员能够更好地发挥主观能动性，提高诉讼效率。[1]对于侵犯商业秘密案中损失数额的认定，应根据案件实际

---

[1] 沈玉忠："侵犯商业秘密罪中'重大损失'的司法判定——以 60 个案例为样本"，载《知识产权》2016 年第 1 期。

情况，按照相应的逻辑顺序，选用较为合理的计算方法，得出相对合理的损失额。[1]笔者认为，在秘密的所有人或者使用人利润额的减少能准确计算的情况下，应该对权利人的实际损失、侵权人的侵权程度等予以量化评估后，构建一个权重系数，具体动态地考量重大损失的损失数额。在不能够计算的情况下，则采取"非法获利模式"较为合理。

四、案件分析结论

本案争议的焦点在于对损失数额的认定方法上，适用的损失认定标准不同，最终认定的数额也有所差异，本案也由此原因产生了一审法院按"利益损失模式"认定构成犯罪，二审根据被告人"非法获利"来计算不足50万元不构成犯罪的冲突。笔者认为根据前两年的利润计算，不具有可靠性，前两年的平均利润率不足以说明2011年和2012年的盈利情况，并且李某某负责的客户众多，各家利润不一，把不相关的其他客户利润计入其中缺乏合理性。在秘密的所有人或者使用人利润额的减少能准确计算的情况下，应该对权利人的实际损失、侵权人的侵权程度等予以量化评估后，构建一个权重系数，动态具体地考量重大损失的损失数额；秘密的所有人或者使用人利润额的减少不能准确计算的，应根据被告人的"非法获利"来计算，以达到对被告人的罪刑相适应。因此，本案应根据"非法获利模式"计算较为公平合理，在此种模式下，被告人非法所得不足50万元，不构成侵犯商业秘密罪。

（邢晨光供稿）

第十六节 合同诈骗罪

一、案例基本情况

被告人王某，男，55岁，四川人，原系某公交公司职工，平时好吃懒做，且有赌博恶习，因此欠下大量赌债，为还清个人赌债，遂萌生了从汽车租赁公司租车，然后用所租赁车辆质押借款的念头。2010年5月25日，王某用自己的身份证和驾驶证等证件，以其妹妹儿子满月急需用车为名，以3500元押

---

[1] 参见吴允锋、刘水灵："侵犯商业秘密罪'重大损失'的认定研究"，载《法学杂志》2010年第9期。

金从甘肃省兰州市"永诚汽车租赁公司"租得甘 AKD×××越野车一辆（价值 206 788 元），后又伪造证件、冒充车主，将该车质押给李某，借款 15 万元，将该款用于偿还赌债。2010 年 6 月 21 日，王某又假借刘某民的驾驶证与身份证等证件，交押金 2000 元从兰州友和汽车租赁公司租走越野车一辆（价值 191 080 元），随后于同年 6 月 26 日伪造该车系自己所有的相关证件，以 12 万元抵给王某红，同时向王某红借款 12 万元。该借款随即被其挥霍一空。2011 年 3 月 7 日，王某再次用朱某正的驾驶证、吴某的身份证，以自己做担保的方式，在缴纳了 5000 元的押金后，冒用朱某正的名义从甘肃宝来汽车租赁有限公司租赁甘 AYS×××越野车一辆（价值 62 371 元），于同年 7 月 11 日以 3 万元将该车抵给张某。2011 年 8 月 4 日，王某用其身份证、驾驶证，在缴纳了押金 2000 元后，从甘肃众友汽车租赁有限公司租赁甘 J35×××轿车一辆（价值 55 200 元），后在 2011 年 11 月 2 日质押给了蔡某并向其借款 4 万元。

2010 年 5 月至 2011 年 8 月期间，王某数次利用亲戚朋友对他的关心与信任，冒用他们的驾驶证或身份证，在缴纳了小额押金后，在隐瞒了其租赁车辆的真实意图的情况下，诱使四家汽车租赁公司与其签订车辆租赁合同，租得汽车四辆（价值 515 439 元）。随后，其又编造各种急需资金的理由，伪造车主及车辆信息，让他人以为其对车辆有处分权，在此基础上，他将实际无处分权的车辆做质押，从他人处抵押借款，后将车辆抵押借款挥霍一空。

兰州市某区人民检察院经审查认为：王某以非法占有为目的，冒用他人名义或以小额履行合同为诱饵，骗租汽车公司汽车数台，后质押借款导致车辆无法追回，犯罪数额特别巨大，其行为符合我国《刑法》第 224 条关于合同诈骗罪的规定。在审理时，辩护人提出被告人不具有非法占有所租车辆的故意，其因为手头资金周转紧张，在租赁车辆时只是想临时借用车辆做借款担保物，在还清借款后就可以返还车辆，其无占用车辆不还的目的，只是由于行为人无法预知的客观因素的出现才使租赁车辆无法返还，给租赁公司的财产权利造成损害，其行为属于民法中的无权处分行为，应当以民事纠纷处理。[1]

---

[1] 朱瑞林："合同诈骗罪与民事欺诈界限案例分析"，兰州大学 2016 年硕士学位论文，第 2 页。

二、争议焦点

王某是否具有合同诈骗罪中的"非法占有他人财物之目的"?

三、法理分析

(一) 合同诈骗罪的概念

合同诈骗罪是指以他人非法占有为主要目的,在签订、履行合同的过程中,骗取对方财物,数额较大的行为。[1]本罪所侵犯的客体是复杂客体,既侵犯了合同另一方当事人的财产所有权,又侵犯了国家对经济合同的管理秩序。本罪有五种行为方式:①以虚构的单位或者冒用他人的名义签订合同的;② 以伪造、变造、作废的票据或者其他虚假的产权证明作担保的;③ 没有实际履行能力,以先履行小额合同或者部分履行合同的方法,诱骗对方当事人继续签订和履行合同的;④收受对方当事人给付的货物、货款、预付款或者担保财产后逃匿的;⑤以其他方法骗取对方当事人财物的。本罪中的"其他方法",是指在签订、履行经济合同过程中,除上述前四种方法以外的,以经济合同为手段、以骗取合同约定的由对方当事人交付的货物、预付款、货款、定金以及其他担保财物为目的的一切手段。

(二) 合同诈骗罪中"非法占有目的"的认定

把握合同诈骗罪的关键是如何正确界定合同诈骗罪中行为人是否具有非法占有公私财物之目的,在司法实践中如何判断行为人在犯罪时是否具有非法占有之目的一直是难点问题。

准确把握行为人在签订履行合同过程中的认识因素与意志因素是判断行为人是否具有非法占有之目的的关键。所谓认识因素,是指行为人在签订、履行合同过程中,对自己行为及其该行为所产生的后果的认识状态。所谓意志因素,是指行为人在认识到了其行为的社会危害性以后决定是否继续这种具有社会危害性行为的主观心理状态。是否具有非法占有公私财物的目的反映的是行为人的内在心理状态,行为人外在的客观行为在一定程度上会反映该心理活动,不论是从整体性角度,还是从局部的角度出发,都考察了行为

---

[1]《刑法学》编写组编:《刑法学》(下册·各论),高等教育出版社2019年版,第102页。

人在整个合同订立到履行过程中的客观方面表现。[1]

判断是否存在非法占有公私财物之目的，决定着行为人是否成立合同诈骗罪，主要应从以下几方面加以把握：

（1）合同签订前与履行过程中行为人有无虚构事实、隐瞒真相的欺骗行为。合同诈骗罪要求行为人使用虚构事实、隐瞒真相的方法，使当事人陷入认识错误，如果行为人在合同签订前或在合同的履行过程中使用了诸如：①虚假的主体与当事人签订合同的；②使用虚假的有价证券或产权做合同履行担保；③自己无履行合同的实际能力，采取部分履行或先履行小额合同的方式，诱骗对方当事人与其继续签订和履行合同的；④收取了对方当事人为全面履行合同而给付的合同价款和履行担保物后逃匿的；⑤使用其他欺骗手段骗取对方当事人交付财物的方法，则一般应推定行为人在主观上具有非法占有目的。此类虚构事实、隐瞒真相的欺骗行为是当事人陷入错误认识而与行为人签订合同的直接原因，行为人通过合同从而非法占有当事人财物。

（2）行为人在签订合同时有无履约能力。合同诈骗罪发生在签订、履行合同的过程中，因此行为人在签订合同前是否具有履行合同的能力，则在一定程度上成为认定行为人是否具有非法占有目的的重要参考标准之一。行为人在签订合同前的履行能力的状态可大体分为拥有完全的履行能力、部分履约能力和无履约能力三种状态，在认定行为人主观上是否具有非法占有目的时应当认真考虑行为人事前的履行能力属于哪种状态。首先，如果行为人在签订合同时具有良好的履行能力，合同签订后自己却没有履行合同的实际行为，而是欺骗对方当事人单方履行合同，利用该合同占有对方财物，则直接应认定为具有非法占有目的。如果行为人有完全履行合同的能力，其在履行了部分合同义务后，出于毁约或避免自身损失之目的或由不可避免之客观原因造成合同无法全部履行的，则宜认定为民事欺诈行为；如果行为人使用部分履行合同的手段诱骗对方继续履行合同，从而非法占有公私财物的，则应认定为行为人主观上具有非法占有目的，其行为构成合同诈骗罪。其次，如果行为人有部分履约能力，但其从未有过履约行为，而仅让对方当事人单方履行合同，从而占有对方财物，应认定为具有非法占有目的。最后，如果行为人在签订合同时没有履行合同的能力，并且在签订合同时隐瞒其无履约能

---

[1] 梁华仁、张光中：'略论合同诈骗罪的几个问题"，载《政法论坛》1999年第1期。

力的事实,甚至通过一系列行为虚构其有履约能力,从而使当事人以为其有履约能力与其签订合同,进而占有对方财物的,应认定为具有非法占有目的;如果行为人签订合同时不具备履约能力,但合同签订后,通过行为人的努力具备了履行合同的条件,并且积极地去履行合同的,则无论合同最后履行的结果如何,均只构成民事欺诈,而不能认定行为人具有非法占有目的而成立合同诈骗罪。

(3) 行为人在签订合同后有无履行合同的实际行为。一般而言,合同双方在签订合同后都会积极主动地去履行合同,从而通过合同的履行实现双方互利的合同利益,即使在出现了合同签订时无法预料的阻止合同继续履行的事由从而导致合同无法继续履行时,行为人都会按照合同的约定和相关法律规定承担相应的违约责任并采取相应的措施,将合同无法履行造成的损失降到最低。在合同诈骗中,行为人基本上不会有真正履行合同的行为,即便是先部分履行合同或履行小额合同也只是其骗取对方财物的方法,行为人虚假地、象征性地履行部分合同,或者根本不去履行合同,完全可以推定行为人无履行合同的诚意,其通过合同非法占有他人财物的目的非常明显。

(4) 行为人对取得财物的处置情况。利用合同进行诈骗的人,由于其签订合同的目的就是利用合同来骗取公私财物而不是通过合同的履行来实现自己的经济利益,所以签订合同只是其骗取对方财物的手段,故其在签订合同时根本没有履约诚意,签订合同后基本无履约行为。行为人在利用合同骗取公私财物后会将取得的财物全部或大部分用于挥霍,或者从事非法活动、偿还他人债务、逃匿等行为而非履行合同,从行为人对取得财物的处置情况来看,其将财物非法处分后,丧失了继续履行合同或者承担违约责任的可能,可以推定其不具有继续履行合同的诚意和能力,从而可以认定行为人具有非法占有目的。综上所述,认定行为人是否具有"非法占有目的",是否构成合同诈骗罪在个案中应当做到在法律框架内具体问题具体分析。"非法占有目的"是辨别合同诈骗与民事欺诈的关键界限,故对于非法占有目的的认定对于区分罪与非罪意义重大,在认定行为人是否具有"非法占有目的"时,要坚持主客观相一致的原则,避免单纯地主观归罪或客观归罪,从而做到不枉不纵。

四、案件分析结论

合同诈骗罪是指在主观方面以非法占有公私财物为目的，通过虚构事实与隐瞒真相等手段，诱使对方与行为人签订、履行合同，进而利用双方签订的合同为幌子，骗取对方当事人财物，数额较大的行为。分析以上合同诈骗罪的基本特征可得出，本罪的行为人在犯罪主观方面是积极追求犯罪结果的发生即具有直接故意，且以非法占有公私财物为其犯罪目的。本案中：其一，被告人王某在合同签订前与履行过程中有虚构事实、隐瞒真相的欺骗行为，合同诈骗罪要求行为人使用虚构事实、隐瞒真相的方法，使对方当事人陷入认识错误；其二，在签订合同时王某已经负债累累无履约能力；其三，在签订合同后王某未积极主动地去履行合同，在出现了合同签订时无法预料的阻止合同继续履行的事由从而导致合同无法继续履行时，并未按照相关法律规定承担相应的违约责任并采取相应的措施，将合同无法履行造成的损失降到最低；其四，王某签订合同只是其骗取对方财物的手段，故其在签订合同时根本没有履约诚意，签订合同后基本无履约行为。综上，王某以骗取他人财物为其主观之目的，在客观上根本没有履行合同的能力和行动，符合我国刑法规定的有关合同诈骗的主观构成要件，其行为不但侵犯了租赁公司对租赁车辆的所有权，同时也破坏了正常的车辆租赁交易秩序，构成合同诈骗罪。

(吕春花供稿)

第十七节 组织、领导传销活动罪

一、案例基本情况

被告人叶某生，男，1975年12月出生，原系上海宝乔网络科技有限公司（以下简称"宝乔公司"）总经理。被告人叶某松，男，1973年10月出生，原系宝乔公司浙江省区域总代理。2011年6月，被告人叶某生等人成立宝乔公司，先后开发"经销商管理系统网站""金乔网商城网站"（以下简称"金乔网"），以网络为平台，或通过招商会、论坛等形式，宣传、推广金乔网的经营模式。

金乔网的经营模式是：①经上线经销商会员推荐并缴纳保证金成为经销商会员，无需购买商品，只需发展下线经销商，根据直接或者间接发展下线人数获得推荐奖金，晋升级别成为股权会员，享受股权分红。②经销商会员或消费者在金乔网经销商会员处购物消费满120元以上，向宝乔公司支付消费金额10%的现金，即可注册成为返利会员参与消费额双倍返利，可获一倍现金返利和一倍的金乔币（虚拟电子货币）返利。③金乔网在全国各地设立省、地区、县（市、区）三级区域运营中心，各运营中心设区域代理，由经销商会员负责本区域会员的发展和管理，享受区域范围内不同种类业绩一定比例的提成奖励。

2011年11月，被告人叶某松经他人推荐加入金乔网，缴纳三份保证金并注册了三个经销商会员号。因发展会员积极，经金乔网审批成为浙江省区域总代理，负责金乔网在浙江省的推广和发展。

截至案发，金乔网注册会员3万余人，其中注册经销商会员1.8万余人。在全国各地发展省、地区、县三级区域代理300余家，涉案金额1.5亿余元。其中，叶某松直接或间接发展下线经销商会员1886人，收取浙江省区域会员保证金、参与返利的消费额10%现金、区域代理费等共计3000余万元，通过银行转汇给叶某生。叶某松通过抽取保证金推荐奖金、股权分红、消费返利等提成的方式非法获利70余万元。[1]

法庭辩论阶段，公诉人发表公诉意见，指出金乔网所涉的人、财物及主要活动目的，在于引诱消费者缴纳保证金、消费款，并从中非法牟利。其实质是借助公司的合法形式，打着电子商务旗号进行网络传销。同时阐述了这种新型传销活动的本质和社会危害。

辩护人提出：金乔网没有入门费，所有人员都可以在金乔网注册，不缴纳费用也可以成为金乔网的会员。金乔网没有设层级，经销商、会员、区域代理之间不存在层级关系，没有证据证实存在层级获利。金乔网没有拉人头，没有以发展人员的数量作为计酬或返利依据。直接推荐才有奖金，间接推荐没有奖金，没有骗取财物，不符合组织、领导传销活动罪的特征。

公诉人答辩：金乔网缴纳保证金和消费款才能获得推荐佣金和返利的资

---

[1] 浙江省衢州市中级人民法院［2015］浙衢刑执字第7307号刑事判决书。

格，本质系入门费。上线会员可以通过发展下线人员获取收益，并组成会员、股权会员、区域代理等层级，本质为设层级。以推荐的人数作为发放佣金的依据系直接以发展的人员数量作为计酬依据，区域业绩及返利资金主要取决于参加人数的多少，实质属于以发展人员的数量作为提成奖励及返利的依据，本质为拉人头。金乔网缺乏实质的经营活动，不产生利润，以后期收到的保证金、消费款支付前期的推荐佣金、返利，与所有的传销活动一样，人员不可能无限增加，资金链必然断裂。传销组织人员不断增加的过程实际也是风险不断积累和放大的过程。金乔网的所谓经营活动本质是从被发展人员缴纳的费用中非法牟利，具有骗取财物的特征。

二、争议焦点

叶某松是否构成组织、领导传销活动罪；本案中经销商会员或消费者在金乔网经销商会员处购物消费满120元以上，向宝乔公司支付消费金额10%的现金，即可注册成为返利会员参与消费额双倍返利，可获一倍现金返利和一倍的金乔币是否属于骗取钱财，骗取钱财是否属于组织、领导传销活动罪的构成要件。

三、法理分析

（一）组织、领导传销活动罪概念

组织、领导传销活动罪是指行为人组织、领导以推销商品、提供服务等经营活动为名，要求参加者以缴纳费用或者购买商品、服务等方式获得加入资格，并按照一定顺序组成层级，直接或者间接发展人员的数量作为计酬或者返利依据，引诱、胁迫参加者继续发展他人参加，骗取财物，扰乱社会经济秩序的传销活动。[1]根据国务院于2005年8月23日颁布的《禁止传销条例》的有关规定，传销活动的三种主要表现形式为：①"拉人头"，以发展下线的数量为依据计提报酬的传销行为；②"入门费"，直接收取或者以认购商品等方式间接收取加入费的传销行为；③"团队计酬"，以发展的下线的推销业绩为依据计算报酬的传销行为。

---

[1]《刑法学》编写组编：《刑法学》（下册·各论），高等教育出版社2019年版，第104页。

(二) 关于骗取财物的性质

关于骗取财物的行为，我国学者曲新久指出"所谓骗取财物，是说由于传销行为属于非法，所以通过传销活动取得的返利、报酬等任何财产，均属于骗取财物。至于传销活动的组织、领导者实际上是否骗取了财物，不影响本罪的构成"。也就是说，组织、领导传销活动罪不以骗取财物为必要。所以"骗取财物"属于本罪可有可无的概念。

张明楷教授认为"组织、领导传销活动罪的骗取财物是对诈骗型传销组织（或者活动）的描述，亦即，只有当行为人组织、领导的传销活动具有'骗取财物'的性质时，才成立组织、领导传销活动罪。作为显示诈骗型传销组织特征的'骗取财物'不以客观上已经骗了他人财物为前提"。这种观点肯定了采取拉人头、收取入门费的手段组织、领导传销活动行为本身具有诈骗财物的性质，即承认组织、领导传销活动罪的诈骗财物与诈骗之间的同一性，同时也认为本罪的行为是组织、领导传销活动，骗取财物并不是独立行为，只是组织领导实施传销犯罪行为的性质。

陈兴良教授认为："首先，不是因为传销活动非法，所以通过传销活动取得的财产属于骗取的财物。而是因为拉人头、收取入门费等方法进行传销活动，本身就属于诈骗，因而其所得财物才是骗取的财物。其次，组织、领导传销活动罪当然以骗取财物为其构成要件，如果没有骗取财物的，就不能构成本罪。当然，考虑到组织、领导传销活动罪的特殊性，本罪不以骗取的数额作为定罪量刑的依据，而是以发展传销人员的人数和层级作为定罪量刑的依据。再次，对于组织、领导传销活动罪来说，骗取财物并不是一个可有可无的概念，而是不可或缺的内容。如根据最高人民法院、最高人民检察院、公安部《关于办理组织、领导传销活动刑事案件适用法律若干问题的意见》，"传销活动的组织者、领导者采取编造、歪曲国家政策，虚构、夸大经营、投资、服务项目及盈利前景，掩饰计酬、返利真实来源或者其他欺诈手段，实施刑法第二百二十四条之一规定的行为，从参与传销活动人员缴纳的费用或者购买商品、服务的费用中非法获利的，应当认定为骗取财物"。参与传销活动的人员，是否认定为诈骗，不影响骗取财物的认定。该罪将行为表述为组织、领导以拉人头、收取入门费作为形式，骗取财物，扰乱社会经济秩序的传销活动。最后，骗取财物不是与组织、领导传销活动相并列的行为要素，而是用来界定传销活动的形容词语。尽管如此，本罪的构成要件依然应是：

组织、领导传销活动，骗取财物。因此，骗取财物并不仅仅是组织、领导传销活动行为的性质，而是本罪独立的客观要素。因为诈骗犯罪在构成要件上具有其特殊性，不仅要有被告人的欺骗行为，而且包含了被害人因欺骗产生错误认识，基于这种认识错误而交付财物的行为，这才是对诈骗型传销犯罪构成要件的完整表述。"[1]

笔者支持陈兴良教授的观点，认为对于本罪中的"骗取财物"不应该从字面上理解，传销活动本身作为一个违法犯罪活动，其通过拉人头、收取入门费等方法进行传销活动，本身就属于诈骗，因而其所得的财物就是骗取的财物。另外，组织、领导传销活动罪当然以骗取财物为其构成要件，骗取财物并不是可有可无的，而是不可或缺的内容。

四、案件分析结论

随着互联网技术的广泛应用，微信、语音视频聊天室等社交平台作为新的营销方式被广泛运用。传销组织在手段上借助互联网不断翻新，打着"金融创新"的旗号，以"资本运作""消费投资""网络理财""众筹""慈善互助"等为名从事传销活动。常见的表现形式有：组织者、经营者注册成立电子商务企业，以此名义建立电子商务网站。以网络营销、网络直销等名义，变相收取入门费，设置各种返利机制，激励会员发展下线，上线从直接或者间接发展的下线的销售业绩中计酬，或以直接或者间接发展的人员数量为依据计酬或者返利。这些行为，不管其手段如何翻新，只要符合传销组织骗取财物、扰乱市场经济秩序本质特征的，均应以组织、领导传销活动罪论处。

（闫晓亮供稿）

第十八节 非法经营罪

一、案例基本情况

王某军，出生于内蒙古巴彦淖尔临河区，是一名普普通通的农民。王家

---

[1] 陈兴良："组织、领导传销活动罪：性质与界限"，载《政法论坛》2016年第2期。

本就不富裕，2014 年的家庭经济状况更是糟糕。儿子还在当学徒，学习美容美发，挣不了多少钱；女儿又在外地念大学，每月还需要一大笔生活费，王某军感到肩上的担子十分沉重。巴彦淖尔临河区地处素有"塞上江南"美称的河套平原，地势平坦、水分充足、光照适宜，因此盛产甜玉米。但是和全国大部分农业地区一样，薄弱的本地工业无法满足大量的青壮年劳动力，不论是工作岗位还是工资待遇。大量的青壮年背井离乡，前往大城市打工挣钱，留下老弱在家里务农。本地农业劳动力严重不足，很多家庭在收获自家地里的玉米后，无力再运输到几十里外的粮站。王某军敏锐地察觉到了商机，便于 2014 年 11 月在临河区白脑包镇附近村组里做起了玉米收购的生意。他以较低的价格从老乡手里收购玉米，再集中运输到巴彦淖尔市，卖给粮油公司杭锦后旗蛮会分库，赚取差价。截至 2015 年 1 月 20 日，王某军通过这种低买高卖的方式收入 218 288.6 元，其中纯获利 6000 元。[1] 而后，他被当地工商部门查处。工商部门经调查后认为王某军无证收购玉米构成犯罪，欲将其移交公安机关予以处理。王某军在巨大的压力面前，于 2015 年 3 月 27 日主动到巴彦淖尔市临河区公安局经侦大队投案自首。[2]

二、争议焦点

1. 王某军以较低的价格从老乡手里收购玉米，再集中运输到巴彦淖尔市，卖给粮油公司杭锦后旗蛮会分库，赚取差价的行为是否违反国家规定，具体而言是否违法，是否构成犯罪？

2. 王某军的行为是否属于《刑法》第 225 条第 4 项规定的"其他严重扰乱市场秩序的非法经营行为"？

三、法理分析

（一）非法经营罪的概念

非法经营罪，是指行为人违反国家的法律、法规规定，非法进行经营活动，扰乱市场秩序，情节严重的行为。本罪的具体行为形式有四种：①未经

---

[1] 陈兴良："刑法的明确性问题：以《刑法》第 225 条第 4 项为例的分析"，载《中国法学》2011 年第 4 期。

[2] 内蒙古自治区巴彦淖尔市中级人民法院［2017］内 08 刑再 1 号刑事判决书。

许可，经营法律、行政法规规定的专营、专卖物品或者其他限制买卖的物品的行为；②买卖进出口许可证、进出口原产地证明以及其他法律、行政法规规定的经营许可证或者批准文件的行为；③未经国家有关主管部门批准非法经营证券、期货或者保险业务，或者非法从事资金支付结算业务的行为；④其他严重扰乱市场秩序的非法经营行为。

(二) 非法经营罪中对"违反国家规定"的理解

在讨论经营者的行为属于哪种非法经营行为时，需要回答该罪的前提——是否违反国家规定。未判断一个人的行为是否与国家规定相违背，就谈不上其是否属于非法经营，这是从正常经营行为到非法经营行为的"入场券"。我国《刑法》关于非法经营的描述主要在第225条，其中前三项描写得比较详细。第1项禁止经营专卖、专营、限制买卖的物品；第2项禁止买卖进出口文件等；第3项禁止经营证券类业务，这三种禁止针对的都是没有获得国家许可的经营者。如果经营者获得了国家许可，非法经营也就毫无疑问地不成立了；如果经营者的行为仅符合国家规定，那么其行为自然也构成不了非法经营罪。我国《刑法》第96条明文规定，"本法所称违反国家规定，是指违反全国人民代表大会及其常务委员会制定的法律和决定，国务院制定的行政法规、规定的行政措施、发布的决定和命令"。如果仅仅以全国人大、全国人大常委会和国务院这三个机关制定的较高位阶的法律法规来限度非法经营的范围，就不可避免地把非法经营罪口袋化了，因为这三个机关制定的法律法规覆盖面较广，规制较粗，弹性较大。

如果经营者的行为并没有违反高位阶的国家规定，仅仅是违反低位阶的部门规章、地方性法规，则当然不构成犯罪。我国目前市场经济高度发达，多种所有制经济共同发展，经营的内容既有实物也有虚拟概念。非法经营罪的目的就是要保护市场的正常秩序，所以要避免刑法适用的随意，必须坚持刑法的补充性，行政法规就可以规制的行为，不要随意动用最后的刑法保障手段来加以调整。

如果经营者的行为违反了国家规定，但法律未将该行为明确解释为非法经营罪的行为方式，不是该罪的客观方面，不属于市场准入秩序规制的范围，也当然不构成非法经营罪。

如果经营者的行为虽然违反了国家规定，但尚未严重扰乱市场秩序，不应当被认定为非法经营罪。"违反国家规定"只是该罪的前提条件，不能简单地把前提条件当作某一行为的定罪标准。

依照前文所讲,应按照罪刑法定原则严格适用"违反国家规定"这一前提,但在非法经营罪的司法解释和司法实务中,存在以下问题:司法解释扩大了"违反国家规定"的内涵。其一,司法解释参考法律法规的范围扩大,如参考了低位阶的部门规章。其二,司法解释没有参照国家规定,创设了刑罚。

(三) 非法经营罪兜底条款的分析

兜底条款是法律文本中常见的法律表述,属于立法技术。兜底条款通过使条文具有弹性和灵活性,弥补刑法因其固有的稳定性带来的僵化滞后的缺陷。这种条款仿佛一个大布兜,将立法时因社会的发展阶段预测不到的或其他条款难以归纳列举没有规制的都装在里面。刑法中的兜底性条款主要分三种形式:一是犯罪客观方面的兜底性条款;[1]二是刑罚的兜底性条款;[2]三是相对的兜底罪名。非法经营罪的兜底性条款属于第一种,是典型的犯罪客观方面的兜底性条款。

必须慎重对待兜底条款,避免其被滥用,否则就会形成新的口袋罪,使得司法适用混乱导致纠纷发生,给执法、司法、守法增加难度,严重情况下还会导致法官滥用自由裁量权、司法腐败等现象的出现。张明楷教授将《刑法》第225条第4项称为"几乎汇集了所有与刑法明确性相悖的立法方式"。[3]之所以这么说是因为该条第4项同时存在着难以把握轻重程度的罪量要素、限制范围不明确的空白罪状以及容易扩张适用的兜底规定。非法经营罪兜底条款的分析适用范围以立法和司法解释为限,这一适用原则源自2011年4月8日最高人民法院《关于准确理解和适用刑法中"国家规定"的有关问题的通知》第3条的规定:对被告人的行为是否属于《刑法》第225条第4项规定,有关司法解释未作明确规定的,应当作为法律适用问题,逐级向最高人民法院请示。[4]

---

[1] 王作富、刘树德:"非法经营罪调控范围的再思考——以《行政许可法》若干条款为基准",载《中国法学》2005年第6期,第16页。

[2] 葛恒浩:"非法经营罪口袋化的成因与出路",载《当代法学》2016年第4期,第24页。

[3] 张明楷:"避免将行政违法认定为刑事犯罪:理念、方法与路径",载《中国检察官》2017年第19期,第9页。

[4] 华肖:"非法经营罪中'严重扰乱市场秩序'行为的界定",载《法学》2018年第1期,第44页。

四、案件分析结论

（1）王某军的行为不属于违反"国家规定"。临河区人民法院一审判决王某军犯有非法经营罪，给出的依据是国务院于 2016 年 2 月修订的《粮食流通管理条例》。该条例规定，从事粮食收购活动，经营者需要依照《公司登记管理条例》等规定办理登记，以取得粮食收购资格。临河区人民法院以该条例合理推定个人收购粮食也需要资格。但是在同一年的 9 月 14 日国家粮食局颁布的《粮食收购资格审核管理办法》（已失效）第 3 条规定：农民、粮食经纪人、农贸市场粮食交易者等从事粮食收购活动，无需办理粮食收购资格。况且改革开放以后，为了增加收入来源，有很大一部分农民在丰收的季节到附近收粮再卖给粮站。这批人不能简单地被定义为粮食收购商：其一，他们自己本身就是农民，在自己地里还种粮；其二，这是间歇性的收购活动，仅仅是在一年中丰收的几个月，其收购行为不具有持续性；其三，这些农民无论是收购规模还是收购价格都不能与职业粮食收购商相提并论。所以，王某军收购玉米的行为不但无法严重扰乱粮食市场的正常秩序，还对我国的农产品交易起到了促进作用。王某军家附近村镇缺乏青壮年劳动力，村里的老人需要王某军这样的中介收购他们的粮食，再用卡车将粮食集中运输到粮站。从字面上理解，国务院的规定并没有限制个人收购粮食的行为。而且，国家的政策一直是鼓励各类市场主体自主入市收购。因而，王某军收购玉米的行为完全符合国家的政策，完全可以用民事或行政手段解决此案，显然不宜用刑事手段解决。

（2）无论王某军是否违反《粮食流通管理条例》，他都是无罪的。非法经营罪脱胎于投机倒把罪，特别是《刑法》规定的"其他严重扰乱市场秩序的非法经营行为"在很长一段时间内没有得到很好限缩，使该罪一度扩张为口袋罪。为了更好地把握非法经营罪的适用，2011 年，最高人民法院制定了《关于准确理解和适用刑法中"国家规定"的有关问题的通知》。该通知第 3 条专门规定，各级人民法院审理非法经营犯罪案件，对被告人的行为是否属于《刑法》第 225 条第 1 款第 4 项规定的"其他严重扰乱市场秩序的非法经营行为"，有关司法解释未作明确规定的，应当作为法律适用问题，逐级向最高人民法院请示。也就是说，使用非法经营罪的兜底性条款时，该行为必须既违反国家规定，同时法院又能依据司法解释把这种违反规定的行为认定为犯罪，否则就不是犯罪。最高人民法院有较多司法解释规定了"其他严重扰乱市场秩序的非法经营行为"，如非法经营麻醉药品、伪基站、国家禁止使用的非食品原料等。显然，玉米与这些物品不同。最高人民法院没有把农民收购玉米规定为犯罪。

（刘录供稿）

第四章
侵犯公民人身权利、民主权利罪

第一节 故意杀人罪

一、案例基本情况

杨某因本案于2016年10月11日被A县公安局刑事拘留,同年10月25日经A县人民检察院批准逮捕,同日由A县公安局执行逮捕,羁押于A县看守所。杨某与邱某于2015年结婚,婚后常因家庭琐事发生争吵,杨某还多次殴打邱某。为此,邱某于2016年7月向A县人民法院起诉离婚。法院定于2016年10月9日开庭审理双方离婚一案。为参加法院开庭,2016年10月9日5时20分许,邱某与其舅舅刘某到达A县火车站,后打车前往A县黎山宾馆。6时许,杨某在黎山宾馆殴打刘某,刘某被打后离开黎山宾馆。随后,杨某用刀威胁邱某坐上赣D×××××面包车的后排座位,并驾车向B县方向行驶。驶至A县市场监督管理局东面105国道路段时,邱某从面包车上跳下致头部受伤晕倒在105国道上。杨某见状将邱某抱上车,放到副驾驶位的座椅上继续向B县方向行驶。行至A县金川镇大古山路口,杨某驾车离开105国道往山里开,在上圩岭村熊某猪场旁一土坡路段,杨某将邱某从车上抱下放到路上,并用一根约60厘米长的手机充电器线缠在邱某脖子处,先后两次用力勒邱某脖子,邱某被勒时双手抽搐。后杨某把邱某放到面包车后排座位座椅下,用婴儿车压在邱某身上。因车子陷在泥土里无法前行,杨某打电话叫人拖车。9时30分许,车子被拖出,杨某驾车来到中圩岭村"石头边"山时,见车内有很多血,杨某将邱某抱下车放到路边草丛里,并用毛巾擦洗车内血迹。后继续驾车在山里转,12时许驶上105国道,13时许进入C市市区时,杨某发现邱某已经死亡。19时许,杨某将邱某尸体扔在C市小港镇小港闸水坝内,后驾车到B县躲藏。10月11日,杨某向公安机关投案。经鉴定:不排除死者邱某颅脑损伤并失血性休克死亡的可能。[1]

二、争议焦点

杨某是否构成故意杀人罪？

三、法理分析

故意杀人罪是指故意非法剥夺他人生命的行为。本罪侵犯的客体是他人的生命权。行为人主观上必须有非法剥夺他人生命的故意，包括直接故意和间接故意。实施非法剥夺他人生命的行为。所谓非法，是指没有任何合法化事由。剥夺他人生命，是指结束他人生命的行为，包括提前结束他人生命或不延长他人生命两种情况。一般提前结束他人生命的行为多采用作为方式达成，而不延长他人生命则多采用不作为方式达成。不作为方式故意杀人的主体负有法定救助义务。[2]

故意杀人罪与故意伤害（致死）罪都导致被害人死亡的犯罪结果，但因犯罪人的主观方面不同而分属不同罪名。故意杀人罪的犯罪人对死亡结果持故意心态，而故意伤害罪的犯罪人则对他人死亡结果持过失心态。有学者认为，想要区分这两个罪名只需判断行为人的故意内容即可。从主观故意的内容来看，两者在伤害他人时，是希望还是不希望他人死亡，由此可判断行为是杀害行为还是伤害行为，因故意伤害导致他人死亡与故意杀人相比，在本质上有很大区别。对两罪的甄别可以通过分析案发原因、犯罪人动机、犯罪的手段、工具，打击部位和强度，犯罪的时间，地点、环境与条件，犯罪人犯罪前后的表现，犯罪人与被害人之间的关系等方面，来判断行为人对被害人死亡结果是出于故意的心态还是过失的心态。故意杀人罪的既遂需以造成被害人的死亡结果为构成要件，前提是有确凿的证据证明被告人的行为对于被害人的死亡结果之间有因果关系，如此才可以认定行为人对于死亡结果负有罪责。

---

[1] 江西省高级人民法院［2017］赣刑终 244 号刑事判决书。
[2] 《刑法学》编写组编：《刑法学》（下册·各论），高等教育出版社 2019 年版，第 112~113 页。

四、案件分析结论

杨某构成故意杀人罪，具有自首情节，依法可以从轻处罚。

本案中，被告人多次对被害人实施伤害行为，对这些行为逐个分析才可避免遗漏评价。首先，被告人持刀威胁其坐上面包车后排座位，邱某从面包车上跳下致头部受伤晕倒。根据鉴定意见，此时被害人的跳车行为对死亡结果可能产生主要影响，即该被害人自陷风险行为与最终死亡是存在因果关系的。但是，杨某具有法律规定的夫妻间的救助义务，且如果及时救助可能避免邱某死亡，而其拒绝救助，加速了邱某死亡结果的发生。被告人此时对被害人邱某可能死亡的结果持放任心态，应当认定为不作为的故意杀人。其次，被告人用一根约60厘米长的手机充电器线缠在邱某脖子处，先后两次用力勒邱某脖子至其双手抽搐，而后用手机充电线缠绕此时已经因为跳车受伤的被害人的脖颈，根据被告人选择的工具，实施侵害的部位、手段和力度，应当认为被告人杨某对被害人死亡结果的发生至少在主观上持放任态度，其行为应当评价为故意杀人行为。后杨某把邱某放到车后排座位座椅下并且利用婴儿车进行压制和隐藏。根据相关法律规定，直接故意只要求认识到犯罪事实即犯罪构成要件的客观事实即可，不要求行为人认识到自己行为的违法性，其中的因果关系不是犯罪所要认识的要素。

本案中，被告人在客观行为上实施的是故意杀人行为，主观上具有非法剥夺他人生命的故意，包括直接故意和间接故意。对于有观点认为被告人行为性质是故意伤害行为，且多次因生活琐事而临时起意，但伤害行为过失导致被害人死亡的评价不符合其客观上的表现，故意伤害罪不足以评价其恶劣的对被害人生命权法益的恶劣侵害。对于本案中被害人死亡结果的因果关系认定，虽然有证据证明被害人死亡的主要原因是其跳车导致脑部受伤，但被告人杨某威胁其上车是先因，且在其跳车后没有履行法定的救助义务，此义务来源于夫妻间的救助义务和先行行为产生的救助义务。死亡结果由多种原因造成，被告人剥夺其存活的机会且已然进行杀害行为，其后的故意杀人行为属于基于同一犯罪故意下侵害同一客体的重复侵害行为，定故意杀人罪一罪。杨某向公安机关投案，具有自首情节，依法可以从轻处罚。

（钟文婷供稿）

第二节　过失致人死亡罪

一、案例基本情况

自 2017 年开始至案发时，顾某与碎石供应商王某达成口头协议，由顾某驾驶其本人的货车将碎石运到各施工工地。2018 年 9 月 7 日，顾某按照王某的要求，将碎石运到在建的 A 县工业园技研新阳电子科技园。当日 17 时 50 分许，顾某在运输第三车碎石时，在园内第十九号建筑工地旁的马路驾驶车辆倒车准备卸货时，未注意到车后方有人，导致该车的右后轮胎撞倒吕某，事故发生后顾某拨打了报警电话并在现场等候处理，后吕某经抢救无效死亡。

经 A 县公安司法鉴定中心鉴定，被害人吕某腹盆部及下肢被碾压致大面积擦伤、多处撕裂创、多处骨折及腹盆腔内脏器损伤等，最终造成创伤性休克经抢救无效死亡。[1]

二、争议焦点

如何认定本罪中的过失？

三、法理分析

过失致人死亡罪，是指过失致人死亡的行为。行为人实施行为时应该预见自己的行为可能导致他人死亡的危害结果发生，但因为疏忽大意而没有预见，或者已经预见而轻信能够避免他人死亡的结果，但该死亡结果最后仍然发生的行为。[2] 本罪的认定过程为：首先，行为人的行为本身具有造成他人死亡的可能性。其次，行为人的行为客观上必须产生了致人死亡的结果，行为人的过失行为与被害人死亡结果之间有因果关系。如果行为人的行为和他人的死亡结果不存在引起与被引起的关系，那么他人死亡结果就不应认定为行为人行为所导致。最后，行为人的行为在构成要件范围内导致了他人死亡的结果。如果造成他人死亡结果不是在过失致人死亡罪的犯罪构成内实现的，

---

[1] 江西省赣州市中级人民法院［2019］赣 07 刑终 751 号刑事判决书。
[2]《刑法学》编写组编：《刑法学》（下册·各论），高等教育出版社 2019 年版，第 116 页。

也不能将他人死亡的结果归责于行为人的行为本身。[1]

注意义务和注意能力是是否构成本罪的重要因素。过失犯罪若要成立，必须关注的判断标准是行为人是否在具备注意能力的前提下违反注意义务，并导致危害结果的发生。注意义务是法律隐含的对任何具备刑事责任能力的行为人预先设定的一般的、客观的法律义务，在行为人实施具体行为前就客观存在。注意能力是注意义务的前提，过失犯罪中的行为人只有在具备注意能力的前提下才有履行注意义务的可能性，故对于行为人的行为是否构成过失犯罪要结合以下条件加以认定：

第一，行为人是否具备注意能力。注意能力是指行为人是否具备认识到自己的行为可能造成危害社会的结果的预见能力，以及认识到自己能否采取措施，应采取什么样的措施以避免危害结果发生的选择能力。在此基础上判定行为人是否具备注意能力，要结合行为人行为时的认知能力和环境条件综合判断，需要考虑的因素主要包括：行为人的行为能力、工作经验、身体素质、认知水平，当时的客观环境比如光线、视线角度、路况等。

第二，行为人是否具有注意义务。注意义务是义务主体谨慎地为一切行为（包括作为和不作为）的法律义务。也就是说，注意义务是法律义务而非道德义务。如果没有履行注意义务是导致危害结果发生的直接原因，行为人需对出于本人意识状态下的行为负责。

注意义务包含两部分内容，分别为行为致害后果的预见义务和行为致害后果的避免义务。根据行为人认识能力和应否采取措施的不同，注意义务分为结果预见义务和结果避免义务。注意义务框定了行为人在法律上进行选择的行为模式，是关于行为人过失的判定依据。按照旧过失论的观点，一旦行为导致了实害结果，一般都可以认定为过失犯罪。新过失论在结果预见可能性基础上增补了结果回避义务作为对结果预见义务的修正和限制。何为结果回避义务？结果回避义务是指要求行为人在已经履行了结果预见义务后，应当集中注意力、保持意识的紧张并采取积极有效的措施（作为或者不作为的方式），防止、避免危害结果发生的义务。法律之所以要求行为人履行"结果回避义务"，其目的就在于要求行为人有效地防止、避免已经预见到的危害结果的发生，从而消除其行为以及结果的社会危害性。要认定行为人是否违反

---

[1]《刑法学》编写组编：《刑法学》（下册·各论），高等教育出版社2019年版，第116页。

结果回避义务，应注意以下几方面：

第一，要看行为人是否违反了"保持谨慎的态度义务"，即是否遵守了对已经预见的严重危害结果持紧张和集中的意识与意志。

第二，是否违反了"采取措施避免结果发生的义务"，在能够避免结果发生却没有采取有效措施避免结果发生时，就认为违反了结果回避义务，就认定存在过失。在实务中应当注意区分把握预防规则与致害结果的联系，并非每一个预防规则都会产生结果回避义务。

第三，危害结果是否发生。该危害结果应该是行为人行为制造的危害相当性的实现。所谓相当性的实现，是指行为制造的危险与实害结果具有很高程度的因果关系，并且没有被其他因素中断该因果流程。如果介入因素对结果的发生只起到催化作用，不具有独立的重要作用，则表明导致结果发生的主要原因力是先前的实行行为。反之则表明导致结果发生的主要原因力是介入因素，而非先前行为。[1]

四、案件分析结论

本案中，被告人顾某应当以过失致人死亡罪定罪处罚。

具体理由如下：被告人具有导致他人死亡的行为，二者具有刑法上的因果关系。本案的尸体鉴定意见表明，被害人吕某死亡的原因是腹盆部及下肢被碾压致大面积擦伤、多处撕裂创、多处骨折及腹盆腔内脏器损伤等，引起创伤性休克经抢救无效死亡。由该鉴定意见可知，本案被害人的死亡属于一因一果不具争议情形。

被告人顾某对被害人死亡的结果存在疏忽大意的过失。具体理由如下：在一般交通肇事过程中，行为人实施驾车至危险地带行为属于带有加害风险的行为，伴有导致死亡的可能，因此必然要求行为人承担在驾驶行为中行至危险地点而导致对方处于死亡威胁状态的注意义务，一旦使对方发生危害结果，行为人就可能因应履行注意义务而未履行注意义务而构成过失犯罪。结合本案情况来看，被告人顾某驾驶其货车将碎石运到各施工工地，应当预见施工工地可能存在有随处走动的施工工人，且有致人被碾压的危险。因为发

---

[1] 陆平："基于注意能力和注意义务视角下的犯罪过失相关问题探究"，载《牡丹江大学学报》2019年第9期。

生致人伤亡的地点是工业园内第十九号建筑工地旁的马路,驾驶车辆倒车准备卸货,不属于交通肇事罪构成要件之"实行公共交通管理的道路上"和"道路交通运输中",但其由于疏忽大意没有预见,最终导致被害人抢救无效死亡,故被告人应当承担过失致人死亡的责任。

综上所述,行为人构成过失致人死亡罪,事发后其主动报警并在原地等待,具有自首情节,依法可以从轻处罚。根据2020年最高人民法院《关于审理道路交通事故损害赔偿案件适用法律若干问题的解释》第25条之规定,本案民事赔偿可以参照适用道路交通事故损害赔偿案件的相关规定。赔偿范围可依据《民法典》及最高人民法院《关于适用〈中华人民共和国刑事诉讼法〉的解释》的相关规定予以确定。

(刘淑娟供稿)

第三节　故意伤害罪

一、案例基本情况

2014年1月,李某根据传销组织的上线领导安排,作为该传销窝点的负责人,来到A县梅林镇双龙村老屋下组,租下侯某海自建房三楼西室作为传销窝点,非法开展传销活动。2014年3月8日,潘某某通过网络联系,将被害人潘某骗至A县传销窝点。潘某某等人将被害人潘某的手机拿走,暴力限制被害人潘某的出入自由,断绝其与外界的联系,将其关在固定地点。期间一直迫使被害人潘某加入其组织,但被被害人潘某拒绝。2014年3月9日至11日,李某先后安排宋某、甘某、龙某、李某1看守潘某,不让潘某睡觉,劝说潘某加入传销组织,遭到潘某的反对。2014年3月12日,李某从其他传销窝点叫来严某,安排严某、龙某、吴某三人轮流对潘某进行体罚殴打,但潘某仍不愿意加入传销组织。

2014年3月13日下午,李某叫来被告人吴某对潘某进行体罚。吴某在传销窝点的房间内对潘某进行体罚殴打,吴某多次从后面将潘某绊倒摔在地上,见潘某仍然不听话,又多次将潘某抱起,用膝盖顶其腰部,然后直接放手将其摔在地上,致使潘某昏迷,吴某见状,便逃离现场。李某从电话中得知潘某昏迷,认为潘某系假装,未予理会。当天20时许,龙某发现潘某手脚僵硬，呼吸微弱。李某从外赶回传销窝点后，伙同李某1、唐某三人乘坐出租车将潘某送至附近的某医院后，借故逃离现场。就诊医生对潘某进行检查，发现潘某已无生命体征，便向公安机关报警。被告人吴某于2018年9月8日至B市公安局C区分局古楼派出所投案自首。

在诊疗过程中，医院相关人员发现被害人已经丧失意识、双侧瞳孔散大、右侧颈部存在多处淤青、无呼吸和心跳，已没有任何生命特征。后经现场医院相关人员进行紧急手术心肺复苏、吸氧、心电监护等措施后，也未能检测到被害人的意识、心跳和呼吸，医院相关人员确认被害人已死亡。公诉机关提交了司法鉴定意见：死者潘某系外力致严重颅脑损伤死亡。[1]

二、争议焦点

1. 如何认定故意的内容？
2. 如何评价死亡结果？

三、法理分析

故意伤害罪，是指故意非法损害他人身体健康的行为。[2]

1. 如何认定故意的内容

本案中，被告人吴某听从安排，故意对被害人潘某进行体罚。听从"领导"安排，能够清楚认识到对被害人潘某实施人身健康损害的行为，构成伤害的故意内容，对此被告人吴某只需认识到自己对被害人实施的侵害行为违反相关法律规定，是法律禁止的行为即可，不必认识到其行为是否与其犯罪之间存在必要联系。本案中，被告人吴某显然已经意识到是在对被害人潘某的身体健康进行伤害。听从上级进行体罚的目的，是使被害人屈服而加入传销组织，缺少杀人动机，而且吴某多次从后面将被害人潘某绊倒摔在地上，又多次将潘某抱起，用膝盖顶其腰部，然后直接放手将其摔在地上，根据伤害的部位和手段，一般不会致人死亡。故可认定本案中的被告人吴某应当具有伤害之故意，未有杀人之故意。

---

〔1〕 江西省赣州市中级人民法院［2019］赣07刑初19号刑事判决书。
〔2〕《刑法学》编写组编：《刑法学》（下册·各论），高等教育出版社2019年版，第117页。

2. 如何评价死亡结果

故意伤害（致死）罪要求行为人在主观上有对他人身体健康进行伤害的故意，对于他人死亡的结果则是过于自信或疏忽大意的过失。[1]

故意杀人罪是指行为人以故意杀人之故意采取一定手段及方法致使他人死亡。故意杀人罪的犯罪过程中无论从犯罪的经过和结果，所使用的犯罪手段、工具，打击部位和强度，犯罪的时间、地点、所处的条件、行为人与被害人之间的关系等各方面的全部案件发生事实和情况，都可明显地看出是以剥夺他人生命为故意。

两者最明显的区别：一是犯罪客体不同。前者侵犯的是他人的身体健康；后者侵犯的是他人的生命权。二是对他人死亡结果的主观方面不同。前者对该结果没有期待，甚至是不期待；后者是有直接期待性。

过失致人死亡，是指行为人没有伤害他人身体健康，甚至生命的故意，是因疏忽大意或过于自信致他人死亡的行为。侵犯了他人的生命权利的，从一般情况或者行为人自身智商、能力等情况综合判断，行为人没有伤害他人生命的故意，表现的是过失致人死亡的行为。

故意伤害致人死亡与过失致人死亡两者最大的区别就是犯罪主观上对被害人生命的态度。故意伤害导致被害人死亡的，行为人具有伤害的故意，但对死亡的结果没有期待性。过失致人死亡罪对死亡结果有过失的心理态度，主观上没有非法剥夺他人生命的故意，甚至也没有故意伤害他人身体的故意。

四、案件分析结论

吴某应构成故意伤害（致死）罪，且具有自首之情节，考虑其人身危险性和社会危害性，依法可以从轻处罚。

本案中被告人吴某侵犯的是特定人潘某的身体健康，潘某丧失生命，确是被告人吴某的行为所导致，存在直接因果关系。本案被告人吴某在传销窝点的某个房间，且房间里没有第三人救助的情况下，不存在随机客体的情况，死者潘某系外力致严重颅脑损伤死亡，应是被告人摔落所致。从被害人倒地不起并且昏迷，被告人逃离现场并且给李某打电话报告的情况，可以推定被告人对死亡结果应是过失。本案中，被告人吴某具有自首之情节，考虑其人

---

[1] 徐光华编著：《刑法专题讲座》，中国石化出版社2020年版，第265页。

身危险性和社会危害性，依法可以从轻处罚。

综上所述，被告人吴某应构成故意伤害（致死）罪，可以从轻处罚。

（曾湘婷供稿）

第四节　强奸罪

一、案例基本情况

2017年3月份，被告人陈某、刘某与林某、严某一起到A县一KTV歌厅唱歌。期间，林某的男朋友杨某准备将林某接走，被陈某、刘某暴力阻止后离开。后陈某以杨某的到来为由，强迫林某、严某喝酒，致使林某酒醉。后刘某与严某入住B镇上一宾馆，刘某欲与严某发生性关系被拒绝。后陈某来到该房间，刘某返回陈某车上照顾酒醉的林某，陈某强行与严某发生了性关系。次日，陈某将林某带至A县C镇某处陈某卧室内，将醉酒中无任何反抗能力的林某强奸。

2017年4月16日，被告人陈某叫林某约徐某一起玩，被告人陈某、刘某伙同林某，以林某过生日为由，将被害人徐某（女，2002年9月4日出生）骗至A县某KTV唱歌，陈某、刘某、林某采用玩转盘的游戏方式将徐某灌醉，后陈某将被害人徐某带至A县C镇某处陈某卧室内对其实施了强奸。

2017年5月2日下午，被告人陈某、刘某、张某邀请被害人朱某（女，2002年6月27日出生）一起去A县城某火锅店吃饭，张某按照陈某、刘某的授意，将朱某灌醉。当晚9时许，陈某、刘某将朱某带至A县C镇某处陈某卧室内。后陈某将醉酒的朱某强奸。

2017年5月4日晚，被告人陈某电话邀约被害人黄某（女，生于2004年6月4日）一起玩耍，黄某约上被害人刘某1（女，生于2004年7月18日）。刘某等人根据陈某的授意将黄某、刘某1灌醉，陈某、刘某分别将黄某、刘某1带至A县C镇某处各自卧室内。陈某将醉酒的黄某强奸，刘某强行与刘某1发生两次性关系。[1]

---

[1]　云南省高级人民法院［2018］云刑终1259号刑事判决书。

二、争议焦点

1. 如何认定本罪中的强制行为？
2. 如何认定奸淫幼女型强奸罪中的明知？

三、法理分析

强奸罪是指强奸妇女或者奸淫幼女的行为。

强奸妇女侵犯的客体是妇女的性自决权，但由于幼女身体与心理尚未发育成熟，思想上不了解性行为的意义及其后果，因此对奸淫幼女侵犯的客体，不能理解为幼女的性自决权，而应当确定为幼女的身心健康权。[1]

1. 如何认定本罪中的强制行为

违背妇女意志说是我国刑法理论界目前比较通行的观点。[2]违背妇女意志，就是妇女的真实意思是不愿与行为人发生性交行为，而性侵是在违反妇女真实意思的情况下发生的，因此行为人通常会使用一定的强制手段来强迫与妇女发生性关系。

我国理论界目前关于强奸罪特征的学说主要有：违背妇女意志说、犯罪行为说和强制手段说。以下是对这几种主要学说进行的简要分析：

第一，支持违背妇女意志说的学者认为，不管行为人采用胁迫手段或暴力手段达到什么样的强度，只要结合当时的客观情况，认为性交行为是违背妇女意志的，就应当以强奸罪论。[3]有学者认为，发生性交行为是违背了妇女意志侵害妇女性自主权利的特征。所以，性交行为应当是认定强奸罪成立与否的关键。[4]

第二，犯罪行为说认为犯罪行为应当是犯罪分子的行为，而且应该结合犯罪分子的主观和客观方面综合判断。[5]不应当将被害人的主观意愿作为行为人是否构成犯罪的主线。因此，犯罪行为人实施的违背妇女意志的犯罪行

---

[1]《刑法学》编写组编：《刑法学》（下册·各论），高等教育出版社2019年版，第123页。

[2] 高铭暄、马克昌主编：《刑法学》（第4版），北京大学出版社、高等教育出版社2010年版，第521页。

[3] 王文生：《强奸罪判解研究》，人民法院出版社2005年版，第151页。

[4] 胡东飞、秦红："违背妇女意志是强奸罪的本质特征——兼与谢慧教授商榷"，载《政治与法律》2008年第3期，第135页。

[5] 周光权：《刑法各论讲义》，清华大学出版社2003年版，第20~21页。

为才是强奸罪的本质特征。

第三,我国刑法学界的传统观点支持强制手段说。支持强制手段说的学者认为,强奸罪的本质特征应当是手段的强制性。是否采用了强制手段,应当考察客观事实。如果行为人在强奸被害人之前,使用了胁迫暴力或者其他方法,迫使被害人妥协,才应当认定行为人是违反妇女意志的。反之,如果行为人没有使用暴力或胁迫的手段,即使违背了妇女意志,也不应当以强奸罪论。而且,是否违背妇女意志的标准在于,妇女是否反抗。如果妇女没有反抗,甚至为行为人实施性侵害行为提供了便利条件,则不应当认定为违背了妇女意志。当然,也不能以强奸罪论。[1]

2. 如何认定奸淫幼女型强奸罪中的明知

通说认为,与年龄不满 14 周岁的幼女发生性行为,应当明知被害人是幼女,即已经知道或者应当知道被害人不满 14 周岁。我国刑法坚持主客观相一致的原则,要成立奸淫幼女型强奸,则必须是行为人认识到其奸淫对象是幼女或者可能是幼女。根据最高人民法院、最高人民检察院、公安部、司法部 2013 年 10 月 23 日发布的《关于依法惩治性侵害未成年人犯罪的意见》之精神,对于不满 12 周岁的被害人实施奸淫等性侵害行为的,应当认定行为人"明知"对方是幼女。对于已满 12 周岁不满 14 周岁的被害人,从其身体发育状况、言谈举止、衣着特征、生活作息规律等观察可能是"幼女"的而实施奸淫等性侵害的,应当认定行为人"明知"对方是幼女。

四、案件分析结论

陈某构成强奸罪,依法从重处罚;刘某构成强奸罪;张某构成强奸罪,具有从犯情节。

本案中被害人处于醉酒状态,应当认定为是犯罪人采取了饮酒灌醉的其他强制手段。对于被害人处于醉酒状态,应当认为被害人年龄较小,涉世未深,对于哄骗行为没有清醒的认识,以至于饮酒时尚不能预知危险性的存在。被害人徐某以为玩游戏愿赌服输喝酒是正常的规则,所以在喝酒时其主观心理是没有反抗的,但玩游戏应当是被告人为诱骗所采取的手段,只是被害人没有分辨能力。根据被告人实施的客观行为综合分析,应当认定被告人实施

---

[1] 王文生:《强奸罪判解研究》,人民法院出版社 2005 年版,第 151 页。

了强制手段，符合强奸罪的客观方面构成要件。在对被告人是否明知是幼女的认定方面存在着争议，应当结合被告人的供述、证据证言、其他证据综合判断。从本案的事实分析，被告人在实施强奸的准备阶段，都是引诱其他被害人将另一被害人约出，各被害人之间是相互认识的，因此应当认定被告人有理由知晓被害人两人均未满14周岁，且根据被害人供述，其在QQ聊天时已经告知其真实年龄，因此对于被害人年龄应当认为陈某、刘某为明知，因此两人构成奸淫幼女型强奸。

综上所述，陈某违背他人意志，强奸四人、幼女一人，其行为已构成强奸罪，罪行严重，社会影响恶劣，归案后拒不承认罪行，应依法从重处罚。刘某奸淫幼女一人，帮助陈某强奸五人，其行为构成强奸罪；因其具有自首情节，在共同犯罪中是从犯，可以从轻处罚；又因其系累犯，应当从重处罚。张某帮助陈某强奸幼女一人，构成强奸罪的帮助犯，可以从轻或者减轻处罚，因构成奸淫幼女型强奸罪，依法应当从重处罚。

（何娜娜供稿）

第五节　非法拘禁罪

一、案例基本情况

吴某等原与被害人李某合谋，通过劫持、拘禁等犯罪手段向他人勒索钱财（另案处理）。期间，吴某等人约定由李某出面接收所勒索的全部钱款，再以"安家费"等名目分给吴某等人。因李某私自扣留部分赃款，引发吴某不满，吴某等人遂以"讨债"的名义，纠集朱某等人，商定通过暴力劫持并拘禁李某的手段"讨债"500万元。2017年10月14日，吴某等四人携带匕首、辣椒水、电击棍等工具，至李某居住的小区地下车库守候，拟控制李某后将其带至事先确定的偏僻地点拘禁"讨债"。后因李某反抗、呼救惊动他人，吴某等人看到被人发现，就放开了李某，停止了恐吓行为，向外面逃跑而去，在整个"讨债"期间，未造成任何人员受伤。[1]

---

[1] 黄威："以非法拘禁手段索取违法债务该如何处理"，载《检察日报》2019年6月21日。

二、争议焦点

1. 本罪的追诉标准是什么？
2. 如何定性"为索取债务"之"债"？

三、法理分析

非法拘禁罪是指故意非法剥夺他人行动自由的行为。

本罪侵犯的是他人的人身自由权。人身自由权是个人按照自己的意志自由支配自己身体活动的权利，是公民的一项基本权利。本罪要求实施了非法拘禁他人或者以其他方法剥夺他人行动自由的行为。首先，行为人的行为必须是非法的；其次，行为人的行动自由只能在法律允许的范围内享有；最后，行为人实施了将他人限制在一定的空间以内，使其不能自行离开空间的行为。瞬间的不法拘禁行为的社会危害性尚达不到犯罪所要求的程度，当然，非法剥夺他人行动自由时间的长短属于量刑情节。[1]

1. 本罪的追诉标准是什么

在认定是否符合追诉标准时，应当综合考虑拘禁行为的时间、后果是否剥夺了人身自由、殴打侮辱的情节严重程度等特点来判断是否具有社会危害性。

非法拘禁行为成立犯罪的重要条件之一是拘禁他人人身活动自由的时间长短。最高人民法院、最高人民检察院、公安部、司法部于2019年4月9日施行的《关于办理实施"软暴力"的刑事案件若干问题的意见》第6条规定，在行为人不具备其他情节的情况下，非法拘禁行为超过24小时是评价行为人是否构成犯罪的时间标准，这就使非法拘禁罪出现了时间犯。国家机关工作人员利用职权实施非法拘禁罪的时间要求为24小时以上，[2]黑恶势力利用软暴力实施非法拘禁罪的时间要求为12小时以上，普通人实施非法拘禁罪时间参照以上执行。但这一时间标准并不是绝对的，特别对于普通人实施的非法拘禁罪，因为只是参照执行，所以如果其他情节特别轻微或有正当理由，拘禁时间超过12小时甚至24小时，也要谨慎入罪。

---

[1]《刑法学》编写组编：《刑法学》（下册·各论），高等教育出版社2019年版，第128页。
[2] 周洁："索债型非法拘禁罪的行为构成"，载《人民司法》2018年第5期，第22~25页。

判断拘禁行为是否剥夺了被害人的身体活动的自由，首先要判断拘禁行为是否具有合法性，[1]其次要判断非法的拘禁行为是否侵害到了相对人的人身活动自由的权利。许多非暴力的行为方式，例如拿走正在洗浴之人的衣物，使其不敢从浴室出来等，也达到了侵犯相对人身体活动的自由的程度，也是非法拘禁罪中的拘禁行为。

认定一个行为后果的严重性，可以通过很多的角度来考量，具体到非法拘禁罪中，首先可以从行为人暴力的角度来考量，其次可以从被害人所受损失的程度来考量，对于犯罪的处罚不仅仅是为了维护社会的秩序，也在于对被害人予以补偿。最后从社会角度来考量，通过对社会的危害程度来判断该行为人的行为的危害程度。

2. 如何定性"为索取债务"之"债"

对于认定索债型的非法拘禁罪首先要认定债务的存在，债务可分为合法债务和不合法债务即法律不予保护的债务，在刑法中不合法债务又可细分为非法之债和违法之债，前者指的是债权人系采用法律法规禁止的手段促使债务产生的"债"，其产生基于违法行为，如高利贷、赌债等；后者产生于刑法禁止的犯罪行为所得。有观点认为，"法律不予保护的债务"应指与高利贷、赌债相当的"非法之债"，不包括基于犯罪行为产生的"违法之债"。[2]

"法律不予保护的债务"着重点在于"债"是否存在而非债的性质、名称或起因，并不必然排斥基于不法行为而产生的"非法之债"，也就可能包括"分赃之债"。从条文本意上看，"法律不予保护"当然包括但不限于所列的赌债、高利贷这些仅仅是违反规定，但不一定会被判处刑罚的"非法之债"，也包括因犯罪而产生的"违法之债"。同时，索债型非法拘禁之所以定非法拘禁而非绑架等罪名是因为该行为的主观目的是索债，并不具有非法占有他人财物的目的，而法律考虑的重点是有无债务事实状态而并不是权利性质如何。从行为侵害的法益上看，为索取合法债务和索取非法债务非法拘禁他人，侵害法益并无二致。因此，区分是否为索债型非法拘禁应把握行为人与被控制人之间是否存在债权债务关系，至于债权债务关系是否明确，债务是否合法，不是区分的关键，所以本案中的分赃之债也属于非法拘禁罪中的债务。

---

[1] 罗艳娟："绑架罪与非法拘禁罪的区别"，华侨大学2013年硕士学位论文，第8页。

[2] 陈欣："索债型非法拘禁犯罪认定研究"，华东政法大学2015年硕士学位论文。

四、案件分析结论

吴某等人构成非法拘禁罪未遂,可以从轻或减轻处罚。

本案中,吴某等人以拘禁手段索要的是犯罪分赃款,吴某从动机和主观恶性上较一般拘禁起因更为恶劣,具有更大的人身危险性和社会危害性。除此以外,一是吴某等人准备绳索、手铐等,共谋使用捆绑等手段,符合"使用械具或者捆绑等恶劣手段"的要件;二是吴某等具有准备拘禁其两日的犯罪故意;三是吴某等人准备刀具、电击棒、辣椒水等拘禁工具,包含了实施殴打的故意内容,极大可能导致轻伤等后果。综上,吴某已经符合了非法拘禁罪的犯罪构成,达到了以非法拘禁罪起诉的标准。

综上根据本案中各类证据,可以认定债的存在。吴某因分赃问题与李某形成了债权债务关系,并产生了"违法之债"。如果不将该"违法之债"纳入"法律不予保护的债务"的范围内,那么行为人采取暴力手段索取赃款的行为就应当认定为绑架罪或者抢劫罪,那么必然会导致这笔赃款在刑法中被评价了两次。因此,"法律不予保护的债务"包括"违法之债"可以严格遵守禁止刑法上重复评价原则。最后,"法律不予保护之债"要求的是债务存在,只要被告人与被害人之间的债务是真实存在的即可,而债务的性质究竟是非法还是违法均不影响债务的存在。因此,"法律不予保护之债"应当包括"违法之债"。所以,不管是从法理上分析,还是从案件事实上分析,本案中的分赃之债都属于非法拘禁罪中的债务。

(马百回供稿)

第六节 绑架罪

一、案例基本情况

2000年1月31日,黄某在向其上线蒋某交纳3900元后,加入了以"加盟连锁""网络营销"为名的非法传销组织,取得业务员资格,与其他加入传销组织的人员聚集在A市一带接受传销培训。同年4月2日晚,黄某与其他传销人员参加"成功人士分享会"时,传销人员黄某1、王某、陈某突然走进会场,称传销是一场骗局,若想回家就去找上线把本钱拿回来。当晚8时许，黄某与携带凶器的陈某、黄某1、王某、苏某、张某、唐某（均在逃）等人一起到海甸岛海景花园G栋304房，向传销人员邹某（系蒋某的堂妹蒋某1之夫）索要6万元，并带邹某离开海景花园，邹某叫朋友李某跟随。在海景花园围墙外的草地，邹某被迫给其妻蒋某1打电话，要蒋某1立即筹集6万元现金来赎人。随后，黄某和陈某等6人押着邹某、李某往北国城方向走。途中，张某离去，另一传销人员姜某（在逃）又赶来一起挟持邹某。一行人边走边与蒋某1电话联系交钱的地点，商定在和平大道最北端的草地处交钱放人。黄某和陈某等6人将邹某、李某押到商定的地点，让李某去找蒋某1取钱，不见李返回。当他们一边看押着邹某，一边继续用手机与蒋某1交涉时，发现公安人员赶来，于是四散逃跑。被害人邹某也乘乱跑开，黑暗中背部被人用菜刀砍破，致轻伤。公安人员解救了邹某后，于次日在黄某的租住处将其抓获。

另查明，被告人黄某及在逃的陈某、黄某1、王某、苏某、唐某、姜某等人，均是蒋某从事非法传销发展的下线人员，蒋某的上线是其堂妹蒋某1。[1]

二、争议焦点

1. 如何区分索取债务与勒索财物？
2. 本罪的既遂标准是什么？

三、法理分析

绑架罪，是指行为人以勒索财物为目的绑架他人或绑架他人作为人质的行为。[2]绑架罪既侵犯了被绑架人的人身自由，同时又侵犯了其他人的财产权或者其他权益。

1. 如何区分索取债务与勒索财物

绑架罪是短缩的二行为犯，其需要具有勒索财物即非法占有他人财物的目的或者其他政治性目的等不正当目的，而非法拘禁罪主观目的只是故意拘禁他人，我国刑法规定了索债型非法拘禁，其主观目的是索取债务。两罪的区别在于：以取得财物为目的的绑架罪勒索的财物为他人所有，通常为被害

---

[1] 参见"黄某柱非法拘禁案"，载《中华人民共和国最高人民法院公报》2001年第6期。
[2] 《刑法学》编写组编：《刑法学》（下册·各论），高等教育出版社2019年版，第131页。

人及其亲属所有；犯罪人在实施犯罪行为前，一般与被害人或者其亲属不存在财物往来的关系。非法拘禁罪索取的债务，通常是被害人或者其亲属所欠犯罪人的债务；犯罪人在实施犯罪行为前，与被害人或者其亲属存在着债权债务关系。

2. 本罪的既遂标准是什么

行为人的犯罪行为，符合刑法规定的具体犯罪构成的全部要件即为犯罪既遂。在司法实践当中，有观点认为只要行为人实施完成了绑架的行为，即构成犯罪既遂，也有观点支持应当以行为人是否取得了财物，或者达到了他想得到的要求，以此为判断绑架罪是否既遂的标准更为合理。[1] 笔者认为，绑架罪是否既遂不能机械分裂地对应绑架罪的客观行为，而是应该将绑架罪的客观行为视为单一的行为，而并非双重性之行为，即行为人如果已经控制了被绑架人，并且将被绑架人置于自己的控制之下，绑架罪就已经既遂；如果行为人仅仅是对被害人实施了某种胁迫、暴力，没有取得对于被绑架人的人身实际控制，则可能构成其他罪，但是不构成绑架罪既遂。若认为行为人取得财物或其他利益就为绑架罪既遂的，是片面的结果论。

关于绑架罪的既遂标准，刑法理论界的意见并不统一，其区别在于主张绑架罪构成要件的实行行为是单一行为还是复合行为。主张单一行为者认为，绑架罪的既遂应当着重于被害人人身自由是否被剥夺，即主张实际控制他人剥夺他人人身自由时绑架罪既遂。而主张复合行为者认为，绑架罪的实行行为包括绑架行为也包括勒索财物的行为，因此两行为都实施才构成该罪的既遂。笔者认为，绑架罪是短缩的二行为犯，其首先建立在是行为犯的基础上。而由于该罪设立在侵犯公民人身权利、民主权利罪一章，说明该罪着重侵犯的法益应当是他人的人身权利，因此剥夺他人人身自由之行为完成则应当是既遂的标准。但是这里需要说明的是，绑架他人时具有勒索财物的目的才符合该罪所侵犯的法益中的对他人财产法益之侵害的构成要件。综上所述，绑架罪的既遂标准应当是绑架他人行为完成，而其需要具有勒索财物之目的。当然如果是为了其他政治目的等劫持人质的，则绑架行为完成则即为既遂。

---

[1] 周铭川："绑架罪情节加重犯研究"，载《上海交通大学学报（哲学社会科学版）》2017年第2期，第58页。

四、案件分析结论

本案中,判断被告人黄某行为所构之罪的关键在于判断被告人索取财物是否具有正当性的目的。根据本案情节,加入该传销组织的入会费通常是3900元,其参与索要入会费用劫持被害人的共有8人,那么涉及索要债务的金额应当为3万余元,而根据案情中的证据显示,其需要索要的金额还算上了该同伙的下线其他人的入会费用。再加上涉案人员都是蒋某等人骗来海南参加传销组织的,往返路费以及培训数个月花费的生活费用,每人应当索取的债务远远超过3900元。因此,索要款物不应当认定为是勒索财物的非法占有目的,且其拘禁的对象系债主之妹夫,该对象与要债的对象具有亲属关系,但实际索要的是蒋某1的钱。虽然该费用本是用来加入非法传销组织的,由于传销组织本不受法律保护,由其产生的债权债务也不受到法律保护,但是根据最高人民法院《关于对为索取法律不予保护的债务非法拘禁他人行为如何定罪问题的解释》的规定,行为人为索取高利贷、赌债等法律不予保护的债务,非法扣押、拘禁他人的,依照《刑法》第238条规定的非法拘禁罪定罪处罚。而本案中参加非法传销组织所产生的债,应当与高利贷等法律不予保护之债相当。是否存在债务是区别绑架罪与非法拘禁罪的一个重要界限,并不在于该债是否合法。综上所述,黄某应当构成非法拘禁罪。

(武文迪供稿)

第七节 拐卖妇女、儿童罪

一、案例基本情况

某日,徐某来到之前打工的朱某经营的星星理发店,将其怀孕且处于生活所迫无能力抚养子女的情况告诉朱某,并让朱某联系将孩子送与他人抚养,恰逢木某也来到该店内联系婚介,朱某便将此事告诉木某,见到徐某怀孕,木某想到其亲戚岳某想收养孩子,便将此消息告诉了朱某,朱某提出以6万元价格将孩子卖与岳某,让木某电话联系收买人岳某,岳某最终以孩子还未出生及6万元价格太高为由放弃收买。此后,徐某产下一女婴,遂让朱某联系收买人岳某,经朱某、木某与收买人岳某讨价还价,最终以3万元价格达成一致。朱某、木某与收买人岳某、陈某夫妇约定好在星星理发店内进行交易，朱某在其店内收到岳某3万元后，徐某将女婴交与岳某夫妇，随后木某与岳某、陈某夫妇离开。朱某将3万元存于自己的银行卡内，徐某、木某均未获赃款。案发后，赃款已被公安机关追缴。[1]

二、争议焦点

1. 如何认定"拐卖"？
2. 如何认定"以出卖为目的"？

三、法理分析

拐卖妇女、儿童罪是指以出卖为目的，实施拐骗、绑架、收买、贩卖、接送、中转妇女、儿童的行为之一以及实施偷盗婴幼儿的行为。[2]

1. 如何认定"拐卖"

拐卖妇女儿童罪的实行行为包括拐骗、绑架、收买、贩卖、接送、中转妇女、儿童的行为。所谓拐骗，是指行为人以利诱、欺骗等非暴力手段方法诱使妇女、儿童脱离家庭或监护人并为自己所控制的行为；所谓绑架，是指行为人以暴力、胁迫、麻醉等让被害人不能反抗的暴力手段方法将被害儿童劫离家庭和监护人、把持控制被害人的一种犯罪行为；所谓收买，是指行为人出于转手出卖的目的而从拐卖妇女、儿童的犯罪分子手中将被拐骗妇女、儿童买来的行为；所谓贩卖，是指行为人将自己买来的被人所拐的妇女、儿童再次转手交易出卖给他人的一种犯罪行为；所谓接送、中转，是指对被拐骗的妇女、儿童进行接应、藏匿、转送、接转的行为。以上行为都属于正犯行为，行为人只要实施了上述五种行为中的任意一种，即可成立本罪。如果一个行为人同时实施了上述的多种行为，或者既实施了拐卖妇女行为又同时实施了拐卖儿童行为的，也只按照一个拐卖妇女、儿童罪定罪处罚，不实行数罪并罚。

另外，除了上述五种行为外，如果是将捡拾的婴儿、儿童用以出卖的，

---

[1] 参见陕西省咸阳市中级人民法院［2016］陕04刑终73号刑事判决书。
[2]《刑法学》编写组编：《刑法学》（下册·各论），高等教育出版社2019年版，第131、134页。

或者对自己"收养"的子女进行出卖的,以及将未成年亲生子女当作商品出卖的,都可能构成拐卖妇女、儿童罪。

关于拐卖妇女、儿童罪既遂的判定,通常分两种情况:一是对于以出卖为目的,实施拐骗、绑架、收买、接送、中转妇女、儿童以及偷盗婴幼儿行为的,只要被害人转移至行为人或第三人的实际支配之下,就能够成立该罪的既遂,而并非一定要达到行为人期待的实际卖出的结果。二是对于出卖亲生子女,出卖捡拾的婴儿、儿童,或者收买了被拐卖妇女、儿童后才产生出卖犯意进而出卖的,因被害人早已经被行为人实际控制或在其支配范围内,此种情况则需要行为人实际卖出被害人后才构成既遂。

2. 如何认定"以出卖为目的"

2010年最高人民法院、最高人民检察院、公安部、司法部《关于依法惩治拐卖妇女儿童犯罪的意见》(本节以下简称《意见》)指出要严格区分借送养之名出卖亲生子女与民间送养行为的界限。《意见》规定:出卖亲生子女并以非法获利为目的的,应当以拐卖妇女、儿童罪论处;对私自送养导致子女身心健康受到严重损害,或者具有其他恶劣情节,符合遗弃罪特征的,可以遗弃罪论处。可见,父母出卖亲生子女还必须以获利为目的,如果父母不具有出卖获利的目的,则其行为有可能是民间送养行为,从而不能认定为犯罪。《意见》第17条专门列出了四种应当被认定为是出卖亲生子女的行为:①将生育作为一种获利的手段,以出卖为目的,生育后就将子女出卖的;②将子女送给不是出于抚养目的而领养孩子的人的,或者行为人对于他人领养孩子的根本目的根本不在乎,只是为了用子女换取一定的金钱对价的;③将自己的孩子送与他人,但主观上是为了收取巨额钱财,且收取的金额明显超过了"感谢费""营养费"的范畴的;④其他一些目前我国法律没有涵盖、规定到的足以反映出行为人的"送养"行为是以非法获利为目的而为的行为。

判断出卖亲生子女行为人的主观目的可从以下方面进行考量:其一,审查行为人将子女"送"人的背景和原因,民间送养行为往往受到多种因素的影响。例如,有些人受到封建落后观念的影响,还有一些人因没有结婚、未婚先孕导致抚养孩子不便等。其二,从行为人是否对收养方家庭条件、收养的目的进行了了解去判断。一般情况下,行为人都希望自己的孩子能够在更加优越的家庭环境中成长,接触到更好的资源,因此收养者的经济和素质等会成为收养的关键点。其三,结合收养人的经济状况判断行为人收取的补偿数额是否合理。在正常情况下，收养人通常会善意地向行为人提供合理数额的补偿，以此补偿行为人对孩子的付出与辛苦或给予孩子母亲产后补充营养，如若送养方家庭方面有困难，收养人给予送养方一定的人道资助。但是，值得注意的是，这些"补偿"往往是由收养者主动提出的，一般来说，数额较少。其四，从行为人接受补偿后的使用用途去判别。在正常情况下，送养人在得到补偿之后，行为可分为两大类：一是将这笔钱用于孩子母亲住院，补充孩子母亲的营养，或补贴家庭；二是用于高消费支出、娱乐、赌博等。前者是合乎情理的，后者则违背了民间送养行为中不以获利为目的的要求。

四、案件分析结论

徐某的行为不构成拐卖妇女、儿童罪，应当认定为民间送养。

在上述案例中，徐某怀孕且生活所迫无力抚养子女，所以想将孩子送与他人抚养，本无获利目的。后徐某委托之人朱某与木某联系其亲戚岳某夫妇抱养孩子，开始因双方对于收买金额未达成一致意见而中止，后徐某生产后又委托朱某联系岳某抱养，最终朱某、木某与岳某以3万元"营养费"达成一致意见，虽获得了3万元资金，但因其不具有获利和出卖的目的，不符合拐卖妇女、儿童罪的构成要件，且3万元由朱某存入自己银行卡内，徐某并未获得该钱款，所以徐某的行为不构成拐卖妇女、儿童罪，应当认定为是民间送养。

（刘芳供稿）

第八节　诬告陷害罪

一、案例基本情况

1998年6月2日，某村的北门桥饭店转型为股份责任制企业，村委会与股份制企业签订了《资产移交情况说明》（以下简称《说明》），一式两份，双方各留存一份。《说明》写明：转型时的报表以1998年5月26日的财务报表为准。由当时村里会计吴某华负责保管该《说明》。北门桥饭店会计郭某梅分别在1998年5月26日和6月9日把一份饭店财务情况报表和一份股份责任制企业调账的报表给吴某华，但后一份报表的资产负债表（一）、资产负债表

(二) 的日期是5月31日，流动资产盘存表日期为5月25日。吴某华收到报表后将资产负债表（一）（二）的日期改为5月26日，并在表上备注"转型前"。随后，其将修改后的报表，散发给村民，造成饭店经理郑某忠侵吞转型前集体货币资金的假象，并进一步煽动村民，把这份修改后的报表当作郑某忠职务侵占的证据之一提供给村主任和检察机关、公安机关等相关部门。1999年12月15日，乐山市市中区农村合作经济审计站对该企业转型及账务进行审计，审计结果为饭店转型时，共有货币资金27 833.09元，转型后企业的货币资金为291 833元。吴某华知道是自己改动报表日期导致的审计结果，不向村民说清情况，让村民继续到监察部门举报上访，要求相关监察部门严格查处郑某忠的侵占行为。农村合作经济审计站、纪律检查委员会、资产清理审查组、村务调查小组、公安分局等单位和部门遂针对村民上访事件进行调查，但吴某华还是隐瞒真相。2001年8月10日，村民向公安局举报，该局经济犯罪侦查支队受理并立案侦查，但一直到11月26日都没有发现郑某忠有任何的违法犯罪事实。[1]

二、争议焦点

1. 如何认定"捏造犯罪事实"？
2. 如何认定"告发"行为？

三、法理分析

诬告陷害罪是指捏造犯罪事实向国家机关或有关单位作虚假告发，意图使他人受刑事追究，情节严重的行为。[2]捏造犯罪事实和进行告发，是构成诬告陷害行为的两个重要组成部分。

1. 如何认定"捏造犯罪事实"

构成本罪必须有捏造他人犯罪事实的行为。

捏造，是指制造或虚构出他人不存在的犯罪事实。捏造的犯罪事实可以是全部的内容是虚构的，也可以是部分是虚构的，只要是故意歪曲事实的行为，都算是捏造行为。如将他人一般的违法行为故意加以歪曲，予以严重化

---

[1] 四川省乐山市市中区人民法［2001］乐中刑初字第147号刑事判决书。
[2] 《刑法学》编写组：《刑法学》（下册·各论），高等教育出版社2019年版，第138页。

甚至犯罪化，或者在陈述部分事实时，又故意编造其他一些严重事实，意图加重他人责任的行为，都应当算作捏造事实的行为。如果告发的事实查证属实，虽然在告发时扩充了事实范围，应当属于检举失实，而不是诬告陷害的行为。

诬告陷害他人捏造的必须是"犯罪事实"。有学者认为："如果行为人故意捏造的犯罪事实或者其进行举报的方式足以引起司法机关的查探，就算是情节严重的情形；而不足以引起司法机关追究活动的诬告，属于情节轻微的情形，不是犯罪行为。"对于"情节严重"，不能仅限于考查行为人捏造的是否为犯罪事实，而要综合考查案件的全面情况。正如该学者所言："情节严重"中的情节，不是指特定的一种情节，而是指所有可能发生的情节，只要其中一种情节是严重的，那么他的行为就具有社会危害性，就达到了需要追究刑事责任的程度，就是犯罪行为。捏造犯罪事实作为成立诬告陷害罪的充分条件，仅仅属于其中一种情节严重情形。如果行为人自认为捏造了犯罪事实，想通过司法机关来达到诬告陷害他人的目的，当案件达到情节严重时，其行为是构成犯罪的，如果捏造的是他人的生活隐私等事实，达到情节严重可能触犯诽谤罪。

2. 如何认定"告发"行为

诬告陷害他人必须有告发的行为。告发的接受单位包括司法机关、被诬告者所在单位或其他有义务向司法机关转送告发内容的机关、机构。关于告发的形式，有主动告发与主、被动告发之争。主、被动告发论者认为告发的形式无论是主动还是被动，都不影响诬告陷害罪的成立。

主动告发论者则认为只有主动告发才构成本罪，主动告发需要行为人自己捏造事实，积极主动，为达目的将捏造的事实进行扩散，希望被诬告者被司法机关进行追究。如果行为人是以证人的身份在接受调查时诬陷他人，此时行为人构成伪证罪而不是本罪。此外，王作富教授认为，当一个人在刑讯逼供的情况下，为了减少痛苦胡乱诬告他人，让他人受到错误的处罚，这种情况不能认定为诬告陷害罪。因为此时行为人的这种行为是受到外界压迫，被迫告发的行为。在被迫的情况下，行为人身不由己，其主观上并无假司法机关之手陷害他人的故意。

四、案件分析结论

吴某华的行为构成诬告陷害罪。

本案中，吴某华将报表日期改为转制前日期，加注"转制前"，该行为制造了郑某忠犯罪的证据，营造了饭店经理郑某忠构成职务侵占罪的假象，并主动散播信息、欺骗村民，煽动村民以此为证向检察机关、公安机关举报。在有关单位、部门作出回复后仍对群众隐瞒真相，直接侵犯郑某忠的人格权和名誉权，使其人格遭到贬低，名誉受到损害。被告人吴某华继续与村民一起上访、上告，其行为已构成诬告陷害罪，严重影响了公安机关的正常工作秩序，导致侦查支队做出了错误的侦查行为，属于诬告陷害罪中的"情节严重"。

综上所述，吴某华的行为构成犯罪，应当按照诬告陷害罪定罪处罚。

（钟丽供稿）

第九节　诽谤罪

一、案例基本情况

2004年，金鑫苑业主委员会（以下简称"业委会"）经市房管局批准成立，由朱某兵担任第一届业委会主任。2007年10月，业委会换届，袁某明、焦某祝分别担任第二届业委会主任、副主任。因朱某兵未及时移交其任期内的财务凭证、账册，同年12月，业委会起诉朱某兵，要求其移交有关材料。该案经一审、二审、重审，最终由法院于2009年5月组织双方达成调解协议，朱某兵才向业委会移交了上述材料。2009年5月16日，第二届业委会集体讨论决定成立以焦某祝为组长的查账小组，对原业委会及其主任朱某兵任期内的小区维修资金使用及财务管理收支等情况进行检查。同年6月，查账小组作出《查账报告》并向业委会提交，焦某祝在查账报告上签字。《查账报告》对朱某兵任期内虚报物业用房维修费等13个问题以及财经纪律执行情况进行了详细列明。同年7月，业委会作出《批准查账报告的决定》，主要内容为：①同意查账小组《查账报告》的内容及对存在问题的处理建议；②将《查账报告》向全体业主公布；③将《查账报告》送达朱某兵，要求其按照《查账报告》的处理建议完成移交工作等；④将《查账报告》送达市公安局等行政部门,请求有关部门协助解决朱某兵任期中维修资金管理和使用中存在的问题,最大化保护业主的利益。因朱某兵对《查账报告》不予认可,业委会经集体讨论决定,由小区保安于2009年7月至2013年5月多次将《查账报告》等材料张贴在小区宣传栏内,称朱某兵虚报冒领小区维修资金。焦某祝参与张贴部分材料。朱某兵以袁某明、焦某祝故意捏造并散布自己虚报冒领小区维修资金的事实,造成其身患抑郁症的后果,情节严重,请求法院以诽谤罪追究两被告人的刑事责任。[1]

二、争议焦点

1. 如何认定捏造并散布虚假事实的行为?
2. 诽谤罪与民事侵权的界限?

三、法理分析

诽谤罪是指故意捏造并散布虚构的事实,损害他人人格和名誉,情节严重的行为。[2]本罪侵犯的是他人的人格尊严和名誉权,构成本罪需要有损害他人人格、名誉的故意,以及实施捏造、散布虚假事实的行为。

1. 如何认定捏造并散布虚假事实的行为

首先,诽谤罪的实行行为必须捏造了损害他人人格、名誉的虚假事实。所谓捏造,是指虚构不符合真相或者并不存在的事实,属于凭空编造、无中生有,如果不是编造虚假事实而是在没有法律依据的情况下将损害他人人格、名誉的真实情况公之于众,不成立诽谤罪。单纯针对事实发表意见或者关于价值判断的陈述则不能构成诽谤罪。对客观存在的事实进行评价或价值判断,即使其内容是负面的,对被评论人的名誉会产生不良影响,也并没有侵犯其名誉权,因为对名誉形成不利影响的基础和关键是事实本身,而不是各种不同的评价。而且,这里捏造的事实必须关系到特定人的人格、名誉,且足以以假乱真,对不特定的人编造不足以令人相信的侮辱人格、名誉的事实而大肆扩散的,不能认为是诽谤行为。

---

〔1〕参见南通市港闸区人民法院〔2013〕港刑初字第0062号刑事附带民事判决书、南通市中级人民法院〔2014〕通中刑终字第0007号刑事裁定书。
〔2〕《刑法学》编写组编:《刑法学》(下册·各论),高等教育出版社2019年版,第139页。

其次，必须实施了将捏造的事实进行散布的行为。所谓散布，就是向社会扩散。散布的方式是多种多样的，既可以是口头的，也可以是书面的；既可以是公开的，也可以是通过小道消息秘密地散布；既可以是利用大字报、小字报，以及出版物、广播电台、电视台等传统媒介，也可以是利用互联网等新型媒介散布；既可以向不特定的对象散布，也可以向特定的多数人散布等。总之，本罪需要使不特定人或者多数人知悉或可能知悉行为人所捏造的虚构事实，行为人单纯捏造事实而没有扩散出去，不成立诽谤罪。[1]

2. 诽谤罪与民事侵权的界限

诽谤罪要求情节严重，与一般侵权行为存在程度上的区分，情节不能达到情节严重标准的一般的损害他人人格和名誉的虚假信息散播，属于一般侵权行为。所谓情节严重，是指多次捏造事实诽谤他人，捏造事实造成他人人格、名誉严重受损，捏造事实诽谤他人造成恶劣影响或者诽谤他人致其精神失常或导致被害人自杀等情形。认定行为是否情节严重，还应当结合案件的具体情况进行综合分析，在不同的地域、时期，捏造、散布同样的事实，对被害人人格、名誉造成的侵害程度可能不尽相同。

四、案件分析结论

焦某祝、袁某明不构成诽谤罪。

焦某祝、袁某明不存在捏造并散布虚假事实的行为。本案中，被告人焦某祝、袁某明于2009年7月31日至2013年5月30日期间在金鑫苑的宣传栏内张贴《查账报告》《关于批准查账报告的决定》等材料，核心材料《查账报告》《关于批准查账报告的决定》均是经过合法选举产生，由业委会集体讨论决定查账并通过相应的查账结论且同意按照相应的查账结论开展维护集体利益的下一步工作的。该《查账报告》与《关于批准查账报告的决定》所陈述的事实不应当被认定为是虚假材料，所公布的事实皆为查清的结论，不存在捏造虚假之说，散布也就无从谈起。

焦某祝、袁某明无贬损的主观目的。作为金鑫苑第二届业委会的主任和副主任，就案涉事实而言，其实是为金鑫苑全体业主代言，无论是决定开展对自诉人的调查，还是出具《查账报告》《关于批准查账报告的决定》等行

---

[1]《刑法学》编写组编：《刑法学》（下册·各论），高等教育出版社2019年版，第140页。

为都是为集体站台,并未夹杂私人立场,所查及的事实材料在小区宣传栏内张贴的本意是让朱某兵知晓并接收该调查结论及其结论下的处置方式,张贴的行为实为向自诉人通知、送达的行为。此外,本案中,焦某祝、袁某明在小区宣传栏内披露《查账报告》《关于批准查账报告的决定》等行为并未给朱某兵造成名誉和人格的实质损害,在张贴上述材料之前,小区业委会与自诉人曾进行过多场诉讼较量,且都涉及小区第一届业委会财务管理问题,与两材料所含内容并无二致,若说对朱某兵的名誉有贬损,那么在收到前次民事诉讼判决时即已有贬损,且该民事判决文书均符合在网上公布的标准,理当公布。

综上所述,焦某祝、袁某明不构成诽谤罪。

(刘献飞供稿)

第十节 刑讯逼供罪

一、案例基本情况

2013年1月26日,甘某等人通过技侦手段将盗窃耕牛的犯罪嫌疑人李某某抓获并带回公安局。为逼取口供,被告人甘某采用拳打脚踢的方式,对犯罪嫌疑人李某某进行殴打。2013年1月28日中午12点左右,甘某等人将抓获的盗窃耕牛的犯罪嫌疑人龚某某带至公安局刑侦大队后,将龚某某戴上手铐、脚镣留置在该局刑侦大队办公室进行审讯。为逼取口供,甘某采取甩耳光、拳打脚踢等方式,分别在当天中午、下午、晚饭后对龚某某进行殴打,要求其交代犯罪事实,龚某某在讯问过程中一直戴着手铐和脚镣。当日晚上8点多钟,龚某某突然口吐白沫斜倒在座椅上,被告人甘某见状才交代其他民警将龚某某的手铐、脚镣解下,并拨打"120"急救电话,"120"急救医生到达后确认龚某某死亡。甘某见此情况仍要求"120"急救车将龚某某送至人民医院抢救,后龚某某在该医院再次被宣布死亡。[1]

---

[1] 新余市渝水区人民法院[2013]渝刑初字第00400号刑事判决书;新余市中级人民法院[2014]余刑一终字第21号刑事裁定书;新余市渝水区人民法院[2014]渝刑重字第00004号刑事判决书;新余市中级人民法院[2015]余刑一终字第24号刑事判决书。

二、争议焦点

1. 如何认定肉刑与变相肉刑？
2. 如何评价死亡结果？

三、法理分析

刑讯逼供罪，是指司法工作人员对犯罪嫌疑人、被告人适用肉刑或变相肉刑，逼取口供的行为。[1]本罪的主体是特殊主体，即只能由司法工作人员构成。

1. 如何认定肉刑与变相肉刑

刑讯逼供罪的客观方面主要体现在两个层面，其一为肉刑，其二为变相肉刑。所谓"肉刑"，是指司法工作人员在案件侦破过程中采取一定的暴力手段对犯罪嫌疑人、被告人的身体进行折磨和打击，进而使其在身体和精神上产生痛苦的一种手段和方式。所谓暴力，根据权威的《布莱克法律词典》的解释，是指"为伤害他人而对其身体施加的强力"。结合刑讯逼供罪的犯罪目的——迫使被害人做出或者改变供述，该罪中的暴力并不等同于单纯地击打、捆绑，在程度上其必须能够给被害人造成难以容忍的痛苦，从而对其产生精神强制，被迫作出或者改变供述。理解刑讯逼供罪中的"肉刑"，应当以科学揭示"暴力"的规范本质为前提：攻击行为是外在手段，肉体痛苦是直接后果，精神强制则是最终目的。因而，一些非典型性的暴力行为，如侦查人员使用烟头烫被害人皮肤，致使其轻微伤的，同样应当被认定为"肉刑"。[2]

"变相肉刑"是指对被害人使用非暴力的摧残和折磨，如冻、饿、烤、晒等。无论是使用肉刑还是变相肉刑，均可成立本罪。除了"肉刑"和"变相肉刑"这两个客观层面，司法实践中，司法工作人员往往还会采取其他类型的手段和方式来获取犯罪嫌疑人、被告人的供述，诸如威胁、引诱、欺骗等，抑或实施肉刑或者变相肉刑但不是用来逼取口供的，这些均不成立本罪。[3]

2. 如何评价死亡结果

刑讯逼供罪所造成的结果不包括致使他人死亡之结果。根据我国《刑法》

---

[1]《刑法学》编写组编：《刑法学》（下册·各论），高等教育出版社2019年版，第142页。
[2] 张明楷：《刑法学》（第4版），法律出版社2011年版，第813页。
[3]《刑法学》编写组编：《刑法学》（下册·各论），高等教育出版社2019年版，第143页。

第247条的规定，使用暴力致使他人伤残、死亡的，依照故意伤害罪和故意杀人罪定罪处罚。刑讯过程中故意剥夺他人生命的，行为人刑讯的目的就包含了致人死亡，而不再只是为了逼问口供，此时应当以故意杀人罪定罪并从重处罚。

行为人对"致人死亡"结果的主观罪过不同，其应承担的刑事责任也应当有所区别。张明楷教授认为，我国《刑法》第247条对于刑讯逼供罪致人死亡的规定属于法律拟制，行为人对于"致人死亡"的危害结果，其主观心理为过失时，构成刑讯逼供罪的转化犯，转化为故意杀人罪。如果行为人在刑讯逼供过程中，使用暴力造成被害人死亡的，亦应当以故意杀人罪定罪并从重处罚。[1]刑讯逼供罪中行为人的主观目的必须是为逼取口供而实施了肉刑等手段，由于其以逼供为故意内容，可以包含致人轻伤的后果但不应当包含故意致人重伤或者死亡的结果。当采取的手段、打击的部位等属于明显为伤害或杀害被逼供人时，应当同时成立故意杀人罪或故意伤害罪，进而与刑讯逼供罪属于想象竞合犯，从一重罪处罚，即定故意杀人罪或故意伤害罪。对于重伤、死亡结果行为人持过失心理的，则应当在刑讯逼供罪的基础上作为加重情节。这样既不会遗漏对犯罪客体的评价，也符合罪刑相适应原则。

四、案件分析结论

甘某构成刑讯逼供罪，本案有致人死亡的情形，应作为刑讯逼供罪的加重情节处理。

关于被告人甘某长期对被害人使用械具的行为认定，《人民警察使用警械和武器条例》规定：人民警察在审讯时，"遇有违法犯罪分子可能脱逃、行凶、自杀、自伤或者有其他危险行为的，可以使用手铐、脚镣、警绳等约束性警械"。而在本案中，龚某某被抓获时没有反抗，在审讯过程中也没有出现自杀、自伤或其他危险行为，只是拒不承认其盗窃事实，在这种情况下，甘某仍然指示其他民警让龚某某一直戴着手铐和脚镣进行审讯，显然违反了相关法律规定，因此应当认定为违法使用械具等恶劣手段逼取口供，手段属于变相肉刑。

从常理看，司法工作人员对犯罪嫌疑人、被告人实施刑讯的目的是获取口供，如果犯罪嫌疑人、被告人死亡，其口供将"死无对证"，无法作为证据予

---

[1]《刑法学》编写组编：《刑法学》（下册·各论），高等教育出版社2019年版，第144页。

以采信。换言之,"既然行为人主观上是为了逼取口供,就不可能具有杀人故意"。[1]因此,造成犯罪嫌疑人、被告人死亡不属于司法工作人员刑讯逼供行为的主观罪过内容,对其追究致人死亡的法律责任在于其具有对可能造成死亡后果的"认识可能性",但在"意志因素"方面,则与故意杀人中的"追求或放任"有异。

综上,甘某构成刑讯逼供罪,本案有致人死亡的情形,应作为刑讯逼供罪的加重情节处理。

(刘娇珍供稿)

第十一节　破坏选举罪

一、案例基本情况

1994年8月中旬,岑某作得知小镇将于同年9月13日补选镇长后,遂产生用贿赂镇人大代表的方法当选镇长的念头。尔后,岑某作串通岑某柏,先后多次纠集岑某良、岑某灵、岑某亨、岑某慈、张某联5人到小镇海景舫酒家和岑某作家中,密谋策划贿赂小镇第11届人大代表,让代表选举岑某作当镇长一事。岑某作表示愿意出钱贿赂镇人大代表,岑某柏表示愿意积极帮助岑某作分别贿赂东区、西区、中区、锦江糖厂等单位的镇人大代表,并商定小镇47名人大代表中必须贿赂半数以上,以确保岑某作当上镇长。同年9月10日,两人通知岑某良等5人到岑某作家中,将岑某作预先准备好的各内装有人民币1000元的22个信封袋交给岑某良等5人。随后,岑某良等5人分头贿赂各自联系的镇人大代表,并要求代表选举岑某作当镇长。岑某作还亲自贿赂了6人。合计行贿金额34 500元。9月13日,小镇召开第11届人大第3次会议补选镇长,选举结果是:47名代表投票,镇长候选人岑某远得23票,岑某作得15票,无效票6票也写上"岑某作"姓名,弃权2票。由于岑某作、岑某柏的贿选行为,致使镇长选举无法依法进行。破案后,追缴回贿赂赃款24 700元。[2]

---

〔1〕张明楷:《刑法分则的解释原理》(第2版)(下),中国人民大学出版社2011年版,第648~649页。

〔2〕"岑某作、岑某柏破坏选举案",载《中华人民共和国最高人民法院公报》1995年第4期。

二、争议焦点

1. 如何认定"贿选"？
2. 参与贿选的人大代表和村民行为又当如何定性？

三、法理分析

破坏选举罪，是指在选举各级人民代表大会代表和国家机关领导人员时，以暴力、威胁、欺骗、贿赂、伪造选举文件、虚报选举票数或者编造选举结果等手段破坏选举或者妨害选民和代表自由行使选举权和被选举权，情节严重的行为。[1]

1. 如何认定"贿选"

基于选票攫取的动机以及选举利益的期待，候选人或者其代理人往往会选择通过贿赂手段来试图影响或者改变选举，以期使选举结果能够符合其设定的目标。《中华人民共和国村民委员会组织法释义》将破坏选举的"贿赂"解释为"用金钱或其他物质利益收买选民、候选人、选举工作人员，使之违反自己的意愿参加选举或者在选举工作中进行舞弊活动"。

贿选的实质是权钱交易，就是用金钱、财物或其他手段购买选票、换取权力，通过收买选民或人大代表的选票来获得代表证或官位。贿选在内容上的主要表现应当是给予他人财物以谋取自身利益，但不能仅限于财物；在数量上应当有个标准，这个标准在不同情况下有所不同，且不能以钱财的数量作为唯一标准；关键是要看情节，在情节上应有认定标准，既考虑实际作为又考虑实际后果，因为违法不等于犯罪，但犯罪必然是违法，这在处理上是不同的。

破坏选举罪属于情节犯范畴，以贿赂手段破坏选举的行为，只有"情节严重"时才构成犯罪。所谓情节严重，一般是指使多数选民或者代表不能行使选举权和被选举权，或者致使选举结果严重违背民意，或者破坏选举造成重大不良社会、政治影响的情形。[2]2006年最高人民检察院《关于渎职侵权

---

〔1〕《刑法学》编写组编：《刑法学》（下册·各论），高等教育出版社2019年版，第144页。

〔2〕王芳："破坏选举罪中'贿选'若干法律问题探讨"，载《中国刑事法杂志》2014年第6期，第45页。

犯罪案件立案标准的规定》规定，国家机关工作人员利用职权破坏选举，以贿赂手段妨害选民、各级人民代表大会代表自由行使选举权，致使选举无法正常进行，或者选举无效，或者选举结果不真实的，应予立案。亦即，贿选行为如若能够构成破坏选举犯罪，不仅要求存在以贿赂手段破坏选举的客观行为，而且要求存在导致选举无法正常进行，或者选举无效，或者选举结果不真实等危害后果。

2. 参与贿选的人大代表和村民行为又当如何定性

代表和选民受贿的行为有着极大的社会危害性；同时，只对行贿者进行处罚，而放任受贿的一方，也不利于遏制贿选行为的发生。事实上，不少国家和地区的刑法，在规定破坏选举罪名时，对有投票权者收受贿赂的行为均有规制。

人大代表收受贿赂、数额较大的，不符合受贿罪的犯罪主体范围，不能构成受贿罪。[1]根据《监察法》和《监察法实施条例》的规定，国家机关工作人员利用职权实施破坏选举案由监察机关管辖。立法采取"主体+公务"的模式，即除了要求犯罪主体需要具备国家机关工作人员这一身份，还要求破坏选举的行为系利用职权实施。实践中，属于国家机关工作人员的代表候选人进行贿选时往往并非利用职权，或者仅仅只是利用职务形成的便利条件，如果严格依照法律关于破坏选举案职能管辖的相关规定，一般应由监察机关管辖。而对于非国家机关工作人员破坏选举的贿选案，由于主体身份并不适格，其并不在监察机关的管辖范围之内。

四、案件分析结论

岑某作、岑某柏构成破坏选举罪，岑某作是本案的主犯，应从重处罚，岑某柏是本案的从犯，应比照主犯从轻处罚。

岑某作、岑某柏无视国家法律，违反选举法的规定，为了使岑某作当选镇长，采取用金钱贿赂镇人大代表的非法手段破坏选举，妨害选民自由行使选举权和被选举权，造成小镇第11届人大第3次会议无法选举产生镇长的严重后果，社会危害性大，其行为已构成《刑法》第142条规定的破坏选举罪。依照《刑法》第25条的规定，岑某作、岑某柏的行为构成共同故意犯罪。在

---

[1] 赵炜："同样贿赂选举定性为何不一——评析破坏选举罪与侵犯选举权、表决权违纪构成之区别"，载《先锋队》2004年第14期，第61页。

共同犯罪中，岑某作起组织策划作用，出资贿赂人大代表，依照《刑法》第26条的规定，是本案的主犯；岑某柏参与策划，并积极帮助岑某作实施犯罪，依照《刑法》第27条的规定，是本案的从犯，应从轻、减轻处罚。

（陈诗卉供稿）

第十二节　虐待罪

一、案例基本情况

2016年8月至11月期间，张某霞在北京市朝阳区××室，持续、多次对女儿刘某（又名刘某1，殁年4岁）进行殴打，导致刘某的头部、面部、躯干部分以及四肢可见挫裂创、瘢痕、皮下出血等多种损伤。张某霞在对刘某持续殴打期间，采用暴力手段故意伤害刘某身体，致其头部等新鲜损伤与陈旧损伤同时存在。后张某霞拨打"120"急救电话，医生到达后立即对刘某进行了抢救。刘某经过抢救无效后死亡，经过鉴定，刘某属于头部遭受钝性外力作用，最终因闭合性脑损伤死亡。事后张某霞曾拨打"110"电话报警，民警到达现场后将张某霞抓获，经讯问后，张某霞对虐待刘某的犯罪事实供认不讳。[1]

二、争议焦点

1. 如何认定"虐待"？
2. 如何认定"暴力导致其死亡"？

三、法理分析

虐待罪，是指以打骂、冻饿、禁闭、强迫过度劳动、有病不给治疗等方法，对共同生活的家庭成员从肉体上、精神上肆意摧残、折磨，情节恶劣的行为。[2]本罪的犯罪主体是特殊的犯罪主体，即必须是与被害人共同生活的同一家庭成员。

---

[1] 北京市第三中级人民法院［2017］京03刑初127号刑事判决书；北京市高级人民法院［2018］京刑终9号刑事判决书。
[2] 《刑法学》编写组编：《刑法学》（下册·各论），高等教育出版社2019年版，第146页。

1. 如何认定"虐待"

由于刑法中未对虐待罪中的虐待之定义作明确规定，需要援引其他法律法规中相关联的定义。例如，最高人民法院《关于适用〈中华人民共和国婚姻法〉若干问题的解释（一）》（已失效）第1条规定："家庭暴力"，是指行为人以殴打、捆绑、残害、强行限制人身自由或者其他手段，给其家庭成员的身体、精神等方面造成一定伤害后果的行为。持续性、经常性的家庭暴力，构成虐待。其行为特征如下：

一是虐待的手段具有多样性、残忍性和不确定性。二是虐待的行为是一种具有持续性、长期性的行为。施虐者对于受害人的虐待行为常常持续了较长的一段时间，有的虐待行为从开始实施到被发现或制止已经经过了一年或者几年的时间，甚至十几年的时间。而且在这期间，施虐者持续不断地对受虐者实施了各种各样不同的虐待行为，常常是受虐者即便满足了施虐者的一些无理要求也无法摆脱施虐者的虐待行为。虐待行为必须具有一段时间的持续性才能构成虐待罪，而对于那些仅仅只实施了一次虐待行为的，构不成犯罪。

虐待行为分为两类：一是肉体摧残，如殴打、冻饿、禁闭、捆绑、有病不给治疗、强迫过度劳动等；二是精神折磨，如侮辱、咒骂、讽刺、凌辱人格、限制行动自由、不让参与社会活动等。虐待行为的方式既可以表现为作为，也可以表现为不作为。构成本罪还必须是虐待行为情节恶劣。这也是与一般"家庭暴力"相区分的关键点。对情节恶劣的认定一般从虐待手段、持续时间、对象的情况以及造成的后果等方面进行综合判断。根据司法实践经验，虐待持续时间较长、次数较多，虐待手段较残忍，对象为儿童、老弱病残、孕妇或哺乳期妇女，实施较为严重的虐待以及造成严重后果的，属于情节恶劣的虐待行为。

2. 如何认定"暴力导致其死亡"

我国《刑法》第260条规定：虐待家庭成员，"情节恶劣"的才能构成虐待罪。这体现了刑法对虐待罪与一般虐待行为的区别规定。对于不是出于虐待的故意对被害人进行肉体和精神上的摧残和折磨，而是在教育家庭成员或处理家庭纠纷时方法简单粗暴，动辄打骂的一般不应以虐待罪论处。

行为人对家庭成员实施暴力过程中导致被害人重伤或死亡结果发生的，应根据其结果及行为人对结果的心态分别认定为故意伤害罪（过失重伤）或者故意杀人罪或者过失致人死亡罪。对于长期虐待造成被虐待人身患严重疾病或者健康状况恶化，最终导致被害人重伤或者死亡或者不堪重负自伤、自杀的，应当认定为虐待行为所致，是虐待罪致人重伤、死亡的情况。对于以禁闭方式虐待家庭成员（不包括对患精神病等的家庭成员采取的限制行动措施）的，应认定虐待罪与非法拘禁罪的想象竞合犯而从一重罪处罚。[1]

四、案件分析结论

本案中张某霞在抚养未成年女儿刘某期间，长期、多次对刘某进行殴打，致其头面部、躯干及四肢可见挫裂创、瘢痕、皮下出血等多种损伤，情节恶劣。张某霞非但没有对哭闹的孩子进行安抚，反而扇耳光，后又将其扔在床上，双手拽住刘某的双脚用力甩，直至其口吐白沫，手段极其残忍。相关证据显示，张某霞对刘某的虐待行为具有长期性、持续性。被告人张某霞具有对被害人刘某实施虐待行为的故意，殴打理由多为生活琐事，其行为已构成虐待罪，依法应予惩处。

对于张某霞对被害人故意实施暴力行为，使其头部等处遭受重伤，致其因闭合性脑损伤死亡，根据伤害的力度、手段和部位等，应当认定为是在故意伤害内容下的偶然性地发生，所以该行为不属于虐待罪的范畴，张某霞的主观目的已经超过了虐待家庭成员的范围，其对被害人系故意伤害并且放任出现轻伤以上后果，因此应当认定为故意伤害罪。张某霞作为一名具有完全刑事责任能力的成年人，应当知道其暴力行为可能导致幼童身体受伤的后果，但仍实施暴力，故意非法损害孩子的身体健康，并造成刘某死亡。行为人以虐待故意心态实施虐待行为，其是在偶然情况下以故意伤害的内容对其实施重伤行为，而后从其立刻拨打急救电话的行为来看，对于孩子死亡结果的发生其应当被认定为是持过失心理，因而将其评价为故意伤害（致死）罪更加全面，符合罪责刑相适应原则。

综上所述，张某霞应当构成虐待罪和故意伤害罪两罪，数罪并罚。其后自动拨打110投案自首并积极救助被害人，可以从轻处罚。

（徐宁供稿）

---

[1]《刑法学》编写组编：《刑法学》（下册·各论），高等教育出版社2019年版，第147页。

第五章
侵犯财产罪

第一节 抢劫罪

一、案例基本情况

被告人罗某强、岑某共谋盗窃货车燃油,并准备刀具用于威吓他人,防止被抓。2016年4月20日晚,二人驾驶改装的套牌川AW××××白色面包车沿G5京昆高速往广元方向行驶,伺机寻找作案目标。次日凌晨1时二人行至江油市贯山收费站入口处时,发现被害人徐某某停靠于高速路段的川H0××××重型货车,罗某强二人遂驾车并排停靠于该车旁,岑某用自制钥匙打开油箱盖,利用电泵抽取货车柴油至面包车内摆放的自制长方形铁皮油箱内。二人得手后继续驾车沿高速公路寻找作案目标,1时18分许,罗某强驾车进入新安服务区,停靠在陕F2××××重型半挂牵引车旁准备实施盗窃时,正在执行查缉任务的高速交警冷某、向某驾驶川A××××警制式警车驶入服务区,从面包车右侧行至车头挡住面包车的前进方向,岑某发现警车并提示罗某强,罗某强立即倒车欲逃离现场,冷某、向某驾驶警车进行拦截,面包车被逼停后,罗某强持长刀下车并砍中警车车身,岑某持长刀下车,二人趁警车后退时弃车逃离现场。经现场勘验,涉案面包车除驾驶位一排座位保留,后方座位全部被拆除,安放了2个长方形铁皮油箱,经测量,被盗柴油370升,价值1891元。[1]

---

[1] 来源于中国裁判文书网,案号:[2016]川0781刑初404号、[2016]川07刑终455号、[2017]川0781刑初21号、[2017]川07刑终289号。

二、争议焦点

1. 盗窃罪的未完成形态可否成为转化型抢劫罪的前提条件？
2. 如何评价被告人罗某强、岑某的两次盗窃行为？

三、法理分析

抢劫罪，是指以非法占有为目的，以暴力、胁迫或者其他令被害人不能抗拒的方法，当场强行劫取公私财物的行为。[1]本罪的客体为复杂客体，侵犯的是公私财产所有权和人身权。构成抢劫罪需要行为人以非法占有为目的，对公私财物所有人、保管人、看护人或者持有人当场使用暴力、胁迫或者其他方法，迫使其立即交出财物或者将财物抢走的行为。

转化型抢劫，理论上也称这一规定为"准抢劫"，是指犯盗窃、诈骗、抢夺罪，为窝藏赃物、抗拒抓捕或者毁灭罪证而当场使用暴力或者以暴力相威胁的，依照抢劫罪定罪处罚。

1. 盗窃罪的未完成形态可否成为转化型抢劫罪的前提条件

盗窃罪的客体是刑法上所保护的财产法益，可分为三档：第一种是价值数额较大的；第二种是价值极其微薄的，即便前罪实行了侵害行为且后面也符合转化型抢劫的构成要件，也不纳入刑法保护范围，例如一块钱、一根葱等；第三种是价值不大但需要保护的，例如借条、欠条、信用卡等，在抢劫罪或者其他特殊犯罪中应当根据侵犯此类法益的程度大小来进行不同的量刑。而此时在转化型抢劫中，如果上游犯罪的对象是此类财物，尽管当上游犯罪处于未遂状态时，最终可认定为符合"情节显著轻微、危害不大"而出罪，也不应当影响下游实施暴力而最终构成转化型抢劫。

对于盗窃罪而言，多次盗窃、入户盗窃、携带凶器盗窃与扒窃这四种类型成立盗窃罪，不以盗窃数额较大为前提，只要盗窃行为满足现行刑法规定的盗窃罪的构成条件，即使在盗窃未遂的情况下也依然构罪，不影响成为转化型抢劫罪的前提条件。而对于上述第三类价值不大但需要保护的财产法益，其盗窃既遂与否不影响转化型抢劫的构成。对于盗窃罪中数额较大的这一类型，最高人民法院《关于审理抢劫、抢夺刑事案件适用法律若干问题的意见》

---

[1]《刑法学》编写组编：《刑法学》（下册·各论），高等教育出版社 2019 年版，第 150 页。

第5条规定，实施盗窃行为未达到"数额较大"，为窝藏赃物、抗拒抓捕或者毁灭罪证当场使用暴力或者以暴力相威胁，情节较轻、危害不大的，一般不以犯罪论处，不构成转化型抢劫，但具有所列举的五种情节之一的除外。

2. 如何理解转化型抢劫罪中的"当场"？

所谓"当场"，是指犯罪分子实施犯罪的现场，或者刚一离开现场即被他人发现并抓捕的过程。如果在盗窃、诈骗、抢夺犯罪完成以后隔了一段时间，在其他地方被发现，当对其进行抓捕时，犯罪分子行凶抗拒，不成立转化型抢劫罪。其暴力行为构成犯罪的，应实行数罪并罚。

四、案件分析结论

本案被告人罗某强、岑某在实施盗窃行为前就准备了长刀，并将长刀放置于面包车内，长刀属于管制刀具等国家禁止个人携带的器械，符合"携带凶器盗窃"，满足最高人民法院《关于审理抢劫、抢夺刑事案件适用法律问题的意见》第5条所列举的"使用凶器或以凶器相威胁"的情节，可成立转化型抢劫罪。转化型抢劫抗拒抓捕、毁灭罪证、窝藏证据的行为应当与上游犯罪存在时间和空间上的连续性，本案中罗某强、岑某二人第一次作案成功窃取货车柴油后又过了一段时间，二人选择继续寻找作案目标实施第二次犯罪行为，可见第一次犯罪行为不满足"当场"这一情形，则第一次行为应当单独评价，二人第一次行为符合盗窃罪的构成要件且系共同犯罪，成立盗窃罪共犯。二人在第二次盗窃过程中被交警发现后未窃得财物，由于盗窃罪的既遂采取"实际控制说"，二人实施第二次盗窃并未实际占有财物，故认定为盗窃罪未遂。之后为逃避抓捕当场对交警使用暴力相威胁，但未造成任何人身伤害，对二人的第二次行为应当认定为转化型抢劫罪（未遂），因为盗窃罪未遂不影响成为转化型抢劫罪的前提条件。

综上所述，本案中被告人罗某强、岑某犯盗窃罪和抢劫罪（未遂），两罪数罪并罚，且二人系共同犯罪。

（黄雪凡供稿）

第二节 盗窃罪

一、案例基本情况

2017年2月至3月间,被告人邹某敏先后多次到石狮市沃尔玛商场门口脆皮玉米店、世茂摩天城商场可可柠檬奶茶店、石狮市湖东菜市场等处,将被害人郑某、王某等人店里的微信二维码调换为自己的微信二维码,骗取到店消费顾客本应转账至被害人微信账号的钱款共计人民币6983.03元。公诉机关指控上述事实的证据有被害人陈述、书证及被告人的供述和辩解等。公诉机关认为,被告人邹某敏的行为已构成诈骗罪,提请依照《刑法》第266条的规定判处。

经审理查明,2017年2月至3月间,被告人邹某敏先后到石狮市沃尔玛商场门口脆皮玉米店、章鱼小丸子店、世茂摩天城商场可可柠檬奶茶店、石狮市湖东菜市场、长福菜市场、五星菜市场、洋下菜市场,以及晋江市青阳街道等地的店铺、摊位,乘无人注意之机,将上述店铺、摊位上的微信收款二维码调换(覆盖)为自己的微信二维码,从而获取顾客通过微信扫描支付给上述商家的钱款。经查,被告人邹某敏获取被害人郑某、王某等人的钱款共计人民币6983.03元。案发后,赃款均未追回。法庭上,被告人邹某敏对公诉机关指控的事实不持异议,表示自愿认罪。[1]

二、争议焦点

1. 本案中的受害人是商家还是顾客?
2. 本案中被告人构成盗窃罪还是诈骗罪?

三、法理分析

盗窃罪,是指以非法占有为目的,秘密盗窃公私财物,数额较大的,或者多次盗窃、入户盗窃、携带凶器盗窃、扒窃的行为。[2]本罪侵犯的是公私财产所有权,犯罪对象一般是动产,即可以被转移到行为人手中的财物。构

---

[1] 福建省石狮市人民法院[2017]闽0581刑初1070号刑事判决书。
[2]《刑法学》编写组编:《刑法学》(下册·各论),高等教育出版社2019年版,第157页。

成本罪的，主观上具有非法占有公私财物的目的，客观方面要求行为人实施了破坏主人占有从而建立自己占有的行为，其行为手段通常具有秘密性、平和性，同时盗窃行为也并未侵夺受害人转移财产的占有意思，因其并不考虑财物控制人的意思。如果是未经物主同意而临时擅自借用其物，或者私自挪用代人保管的钱物，因不是以非法占有为目的，不构成盗窃罪。

诈骗罪，是指以非法占有为目的，用虚构事实或者隐瞒真相的方法，骗取公私财物，数额较大的行为。本罪的客体是公私财物的所有权，其中，公私财物既可以是有形财物，也可以是无形财物，既包括动产也包括不动产。凡是有价值或有效用的财物，甚至是财产性利益都可以作为诈骗罪的对象。[1]本罪在客观方面表现为行为人以非法占有为目的，实施了虚构事实或隐瞒真相的行为，受害人因此产生错误认识，"自觉地"将自己所有或持有的财物交付给行为人或对财产、财产权利进行处分，使得行为人财产增加，受害人财产减少。特别需要说明的是，行为人虚构事实或隐瞒真相的行为与受害人陷入错误认识之间要有因果关系，而且行为人是利用受害人的瑕疵意思而取得其财物的。[2]只有受害人的处分意思存在瑕疵时，才会在瑕疵意思上进行处分行为，这里的处分意思必须是受害人把自己控制的财物转移给行为人占有。

1. 本案中的受害人是商家还是顾客

本案中的受害人是商家而不是顾客。根据犯罪学对受害人的定义，受害人是指犯罪行为所造成的损失或损害即危害结果的担受者。顾客基于同等的对价取走了商品，只是给付错了对象，但顾客是基于商家的明示或者默示的付款方式支付价款，其取得商品的权利没有遭到破坏，因此顾客没有遭受损失，其还是可以基于其等价付款行为拿走商品。但是商家卖出去商品后却没有得到相应的价款，存在经济损失，因此商家才是本案的受害人。

2. 本案中被告人构成盗窃罪还是诈骗罪

二维码系已有、默认的一种扫码支付方式，通常为静态的二维码。本案中被告人的关键行为就是调换静态的二维码，即被告人将商家提前准备好的收款二维码进行调换或者将其覆盖成自己的收款二维码，从而使得消费者将本该转入商家账户的钱款转入到被告人的账户里，对该行为如何认定有两种

---

[1] 高铭暄、马克昌主编：《刑法学》，中国法制出版社2007年版，第602页。
[2] 刘明祥：《财产罪比较研究》，中国政法大学出版社2001年版，第232页。

不同的观点。

有观点认为被告人构成盗窃罪。本案中，顾客是基于结清货款转账给商家，商家也没有指示顾客将财产转给被告人，因此顾客与商家都没有"将自己所占有的财物处分给被告人占有"的意识，商家财产的损失是由被告人偷换二维码这一秘密窃取行为造成的，即被告人偷换二维码，致使本该属于商家的货款由被告人占有。本案中被告人破坏了商家对该货款的占有，建立了自己的占有，符合盗窃罪的构成要件。

有观点认为，被告人构成诈骗罪。本案中，尽管被告人没有以言语的方式来欺骗商家或顾客，但是，其更换二维码的事实正是使商家陷入错误的主要因素。这一观点否认构成盗窃罪的理由是，构成的盗窃罪需要"转移占有"，而在此案中，在顾客扫码支付之前，商品本身是顾客占有的，而在顾客扫码之后行为人占有了商品价款，商家在这个过程中根本就不曾占有扫码支付的财产性利益，因此更谈不上转移占有。

四、案件分析结论

本案中被告人构成盗窃罪。对受害人来说，诈骗罪与盗窃罪的界限在于，前者要求受害人具备因行为人的欺诈而产生有瑕疵的处分意思，并基于该处分意思而转移占有，后者则是违反被害人的意志而转移占有。[1]根据取财手法是基于欺骗被害人、利用被害人瑕疵取得财产还是通过对财物采取秘密窃取手段而取得财产，即可区分盗窃与诈骗。

本案中被告人调换二维码的行为，从表面上看似乎是商家和顾客基于对二维码被调换这一事实被欺骗，而使得顾客将价款转到被告人的账户里，但实际上，这是被告人的"盗窃"手段，而非使商家陷入错误的认识，因为商家根本没有意识到自己有处分价款的行为，不具有处分意识，所以不构成诈骗而是构成盗窃，在实务中类似情况也正是以盗窃罪处理的。

（刘丽霞供稿）

---

[1] 王立志："认定诈骗罪必需'处分意识'——以'不知情交付'类型的欺诈性取财案件为例"，载《政法论坛》2015年第1期。

第三节 诈骗罪

一、案例基本情况

2017年12月,被告人吴某昌偶遇被告人肖某金,吴某昌让肖某金去物色一个有钱且好赌的老板,打算在向老板介绍售猪生意时,引诱其赌博,约定若赢钱则由参与者平分。后被告人吴某昌找到同村的被告人许某添,并将实情告知许某添,让许某添去联系受害人许某。许某添将肖某金手里有猪出售这一信息及其联系电话告知许某。在联系过程中,肖某金谎称仙师有猪出售,引诱许某来此地看猪。后许某赴约后嫌弃猪个头太小,双方未能达成交易。随后被告人肖某金邀请许某一起吃饭,饭后,被告人赖某何邀请许某打麻将赌博,因许某当天有事未果。饭间,被告人赖某何虚构了其叔叔被长汀某养猪场老板拖欠饲料款项一事,叫被告人肖某金陪同许某一起去长汀看生猪,诱骗许某到长汀。同月18日,被告人赖某何找到被告人邓某露,并告知邓某露许某明天会到长汀看猪,到时会赌钱,赌完后将会分成给邓某露。2018年1月19日,许某与被告人肖某金、赖某何等人到达长汀后,在被告人邓某露、钟某英的带领下到某猪场看生猪,因生猪还小,许某仍未购买。后被告人邓某露、钟某英邀请许某等人一起到长汀县城某咖啡厅包厢吃饭喝酒。饭后被告人肖某金等人邀许某以扑克牌"斗牛"的方式进行赌博,由被告人钟某英提供扑克等赌具,并诱导许某和被告人邓某露共同坐庄。在赌博过程中,被告人赖某何、钟某英采取先压小的策略,后乘被告人邓某露故意与许某亲昵之机偷看牌,若牌大就加注,牌小则不加注,其他参赌人员随即跟从,进行合伙诈赌。至15时45分许,许某和被告人邓某露合伙坐庄共输人民币56万元。当晚,几名被告人商议好如何分赃。

2018年1月20日,上述被告人又诱使许某再次进行"斗牛"赌博,并引诱许某继续坐庄,在赌博过程中又采取同样的方法实施合伙诈赌。经两次赌博,上述被告人共合伙骗取许某60余万元。在搜查过程中,龙岩市公安局民警在钟某英的白色汽车上扣押一整箱涉嫌用于赌博的涉案物品,里面有用于赌博的骰子作弊设备一套(由三块磁铁、一个圆形黑色塑料圈及两个骰子组成)、锂电池八块、扑克牌作弊设备三套,戴上隐形眼镜并配合充电宝等电子产品使用，就可以透视看到牌面的大小和花色。[1]

二、争议焦点

1. 本罪中的欺骗行为如何理解？
2. 如何认定"基于错误认识而处分财物"？

三、法理分析

诈骗罪，是指以非法占有为目的，通过虚构事实或者隐瞒真相的方法，骗取公私财物，数额较大的行为。[2]

1. 本罪中的欺骗行为如何理解

通常诈骗手段可概括为两种：一是虚构事实，即编造某种根本不存在的或者不可能发生的，足以使他人受蒙蔽的事实骗取他人财物。二隐瞒真相，即客观上隐瞒存在的事实情况，既可以是隐瞒部分事实真相，也可以是隐瞒全部事实真相。

在设局诱骗他人参赌案件中，行为人实施了欺骗行为，但是这种欺骗行为的目的是使他人相信参与赌博的胜算比较大，值得一试，最终的输赢仍然是由偶然事实来决定的。换言之，行为人的目的也是营利，但是这种营利最终能否实现并非由行为人能够左右，因为赌博本身就是高风险活动，即并未使被害人陷入认识错误。而诈骗罪的行为人在主观方面是以非法占有为目的，具有欺诈他人之故意，意图是让他人基于有瑕疵的认识错误而将财物处分给自己。

本案中的被告人通过合谋设计，以合法交易活动为名，将被害人骗来参加赌博，然后采用作弊道具和偷看手牌的方式，得以有效控制结果，显著提高胜利概率。当赌博活动一方的胜利概率显著大于另一方时，经过多次赌博后，胜率大的一方将必然获利。嫌疑人用此种将本应该具有偶然性和概率性的赌博活动转化为了必然使对方财产受到损失而己方因此获利的活动，实际是以非法占有为目的。

2. 如何认定"基于错误认识而处分财物"

大陆法系国家的刑法理论与审判实践普遍认为，除了行为对象与行为人

---

[1] 福建省龙岩市中级人民法院［2019］闽08刑终249号刑事判决书。
[2]《刑法学》编写组编：《刑法学》（下册·各论），高等教育出版社2019年版，第162页。

的故意与目的之外，诈骗罪（既遂）在客观上必须表现为一个特定的行为发展过程：行为人实施欺骗行为—对方陷入或者继续维持认识错误—对方基于认识错误处分（或交付）财产—行为人取得或者使第三者取得财产—被害人遭受财产损失。

被害人基于认识错误处分财物包含两个要件：一是客观上有处分行为，二是主观上有处分意识。而其处分意识上具有瑕疵必须与行为人的欺诈行为具有因果关系，欺诈的对象既可以是受害者本人，也可以是其他财产的处分人。受骗人对于事实没有错误认识只是单纯被骗的情形，不是诈骗罪规定的犯罪行为。

本案中行为人在设局圈钱的目的下，对被害人进行引诱，使其误认为加入的是赌博活动，并且在其第一次输钱时行为人仍然维持其对该局事实上的错误认识，设局不断让被害人将自己的财产处分给"赢家"们。被害人在此过程中误以为是因参与赌局赌输而自愿交付财物，满足所需的主客观要件。

四、案件分析结论

赖某何、肖某金等人的行为应当认定为诈骗罪，而不构成赌博罪，理由如下：

首先，被告人肖某金、吴某昌、许某添等人以看生猪为由引诱被害人许某参与赌博，在引诱受害人加入赌博以前就已经明知自己具有绝对赢的把握。

其次，被告人肖某金、赖某何、邓某露、钟某英等人在"赌博"的过程中合伙作弊，通过相互配合掩护，整体上控制赌博输赢，虚构赌博事实，让被害人许某误以为是赌输了所以自愿交付财物。

最后，各个参与人按在"赌博"中所起的作用分配所赢的赃款，包括与被害人最后输钱的上诉人邓某露、钟某英，根据证据，其最终不仅未输钱还参与了分赃。被告人之间是按固定的比例共同瓜分被害人所输的钱财，与赌博罪中按具体输赢分配赌资的方式不同。

上述被告人出于非法占有他人财产的目的，采取虚构事实、隐瞒真相、设置圈套的方法诱使他人参加赌博，并以欺诈手段控制赌局的输赢结果，从而骗取他人财物，数额较大，构成诈骗罪，应当按照《刑法》第266条的规定定罪处罚。本案中，根据在犯罪中的作用的不同将其分为主犯与从犯，并根据我国《刑法》第25条、第26条和第27条量刑。

（张清桐供稿）

第五章　侵犯财产罪

第四节　抢夺罪

一、案例基本情况

2011年12月13日5时许，李某峰经预谋，驾驶牌号豫PC-5×××、挂豫PC-×××的集装箱卡车，至上海市宝山区宝杨路3076号上海华迪加油站加入323升0号柴油后，为逃避支付油费，乘工作人员不备，高速驾车驶离加油站。经鉴定，涉案的柴油价值2354.67元。此外，李某峰还采用相同手法在其他三个加油站分别加入0号柴油257.07升、308.64升、297.26升。经鉴定，价值分别为1866.75元、2249.99元、2167.03元。

2012年2月7日4时许，被告人李某峰经预谋，驾驶牌号为豫PC-5×××、挂豫PC-×××的集装箱卡车，至上海市宝山区沪太路5688号上海宝山宝刘加油站加入291.4升0号柴油后，为逃避支付加油费，驾车驶离加油站。该加油站工作人员经某抓住其驾驶室门进行阻拦，李某峰便加大油门，迫使其放手后驶离加油站。经鉴定，涉案柴油价值人民币2124.31元。

2012年2月20日12时许，李某峰经预谋，驾驶牌号为豫PC-5×××、挂豫PC-×××的集装箱卡车，至上海市浦东新区杨高北路3000号上海杨园加油站加入234.68升0号柴油后，为逃避支付加油费，驾车驶离加油站。该加油站工作人员傅某东抓住其驾驶室门及座椅阻拦，李某峰行驶十余米后，强行扯开傅某东的手后驾车逃离，并致使傅倒地受伤。经鉴定，涉案柴油价值1710.82元。

2012年2月28日，李某峰接到公安机关电话通知后主动投案，如实供述了上述抢劫事实和在华迪加油站的抢夺事实，其后又如实供述了其他三起抢夺事实。案发后，李某峰在家属的帮助下向被害单位退赔了涉案全部油款。[1]

二、争议焦点

1. 李某锋的行为是否"违反财物处分人的意志"？
2. "秘密性"是盗窃罪的必备要件吗？

---

〔1〕参见"指导案例：抢劫、抢夺案（第868号）——'加霸王油'的行为"，载http://lawyers.66law.cn/s2d08346160c14_ i285368.aspx，最后访问日期：2020年6月12日。

3. 如何区分"秘密窃取"与"乘人不备,公然夺取"?

三、法理分析

诈骗罪,是指以非法占有为目的,行为人实施欺诈行为,使得财产处分人陷入错误认识,基于有瑕疵的处分意思处分财产,从而使受害人财产减少,犯罪人财产增加的行为。

盗窃罪,是指以非法占有为目的,盗窃公私财物数额较大或者多次盗窃、入户盗窃、携带凶器盗窃、扒窃公私财物的行为。关于盗窃罪的认定,理论界主要有两种观点:一种认为,盗窃具有"秘密性",是指秘密窃取行为;另一种认为,盗窃行为并不局限于秘密窃取,公开窃取行为也可以构成盗窃罪。"秘密性"是通常状态,因此应当承认盗窃行为可以"公开"。持后一观点者认为,盗窃罪的主要特征是,行为人通过破坏他人对物的占有,建立自己的占有,而手段通常是平和的,包括对占有人"平和"、对犯罪对象"平和"。

抢夺罪,是指以非法占有为目的,公然夺取公私财物数额较大或者多次抢夺的行为。[1]犯罪对象只能是动产,而且是有形物。公然夺取,是指行为人当着公私财物所有人、管理人或者其他人的面,乘人不防备,将公私财物据为己有或者给第三人所有;也有的采取可能使被害人立即发现的方式,公然把财物抢走,但不使用暴力或者以暴力相威胁。

1. 李某锋的行为是否"违反财物处分人的意志"

盗窃罪、诈骗罪、抢夺罪等侵财犯罪的界限首先在于是否违反财产处分人的意志,诈骗罪通过利用处分人具有瑕疵的意志非法占有公私财产,而盗窃罪和抢夺罪则是违反处分人的意志。

诈骗罪要求行为人实施一种欺骗行为,即事实层面上的欺骗,这可以是作为的虚构事实,也可以是不作为的隐瞒真相,而使得处分人产生、维持错误认识。在基于瑕疵的处分意思上对财物进行处分,这要求有处分意识和处分行为。而本案中,一是行为人主观上具有不付钱的意思,但是其并不具有需要将此意思表示作出之义务,也就是说,行为人"不付钱"的想法不能认为是虚构事实或者隐瞒真相,其只是一种主观意图,并不涉及事实层面。二是加油站的工作人员是加油时具有占有事实,而在加油时并没有将油处分给

---

[1] 《刑法学》编写组编:《刑法学》(下册·各论),高等教育出版社2019年版,第165页。

被害人占有的处分意思，因为被害人没有放弃财物的意思表示，即使已经给行为人加了油，根据商业惯例，如果行为人不支付对价，工作人员仍然可以进行索要并且恢复对财物的占有状态。由于其并未丧失对财物的控制和支配力，因此不能认为已经转移给行为人占有。此外，行为人最终财产增加的原因是驾车逃离，即此时才破坏加油站对"油"的控制和占有事实，因此其增加财产的原因不是让工作人员受骗，而是在于其加油后躲避抓捕。其"驾车逃离"的同时伴随着"占有发生转移"，而这时的转移明显违反了加油站工作人员的意志。

2. "秘密性"是盗窃罪的必备要件吗

我国在实务中仍认为盗窃罪具有"秘密性"的特征。从司法实践中总结，区分盗窃罪和抢夺罪的关键在于是秘密窃取还是公开夺取。秘密性作为盗窃罪的必备要件，存在两个认定标准：一是客观标准，即盗窃行为在客观上具有不为他人发觉的可能性，这主要是针对被害人而言的。行为人采取被害人及周围其他人都难以发觉的方式取得财物是秘密窃取，行为人采取被害人难以发觉而周围其他人能够发觉的方式取得财物也是秘密窃取。二是主观标准，盗窃行为人在主观上具有不为他人发觉的意思，即自认为其盗窃行为是秘密进行的。行为人采取自认为被害人不能发觉的方式取得财物，即使实际上被害人已经发觉，只要该行为客观上存在被害人难以发觉的可能性，该行为仍然不丧失秘密性。

3. 如何区分"秘密窃取"与"乘人不备，公然夺取"

盗窃是以非法占有为目的，以秘密手段破坏他人对财物的占有，建立自己对财物的占有。在实务中，盗窃要求"秘密窃取"：主观上，行为人有不为他人发觉的意思；客观上，要求转移财物占有时手段"平和"，对实际控制人的人身不存在威胁。

而抢夺罪的客观表现形式为"乘人不备，公然夺取"。即主观上往往明知在行为时他人会发觉或者已发觉，客观上公然对抢夺对象采取暴力夺取的手段，没有对人进行暴力压制，但可能会侵犯到持有者或管理者的人身安全。

四、案件分析结论

首先，本案中李某峰"加霸王油""非法改变财物合法占有状态的行为"不是被害单位为李某峰加油的行为，而是李某峰乘被害单位员工不备驾车驶离加油站的行为，不属于"被害人因错误认识而处分对财物的占有"的情形，因而不构成诈骗罪。

其次，盗窃罪主要是将他人对财物的占有移转为自己占有，采取的是较为"平和"的手段。而本案中，李某峰多次乘工作人员不备，高速驾车驶离加油站。这是一种公然夺取已加入其车内的柴油的行为，属于对物暴力，且有威胁到工作人员人身安全的可能性，其符合抢夺罪"公然夺取"和"乘人不备"之犯罪特征，符合抢夺罪的客观要件。

最后，2012年2月7日与2月20日，李某峰实施抢夺行为后，在加油站工作人员抓住其驾驶室门或者座椅进行阻拦时，驾车加速行驶以迫使工作人员放手，尤其是2012年2月20日，在工作人员抓住其驾驶室门后，李某峰驾车开出十余米见其还不松手，强行扯开工作人员的手后驾车逃离，并致使其倒地受伤。此时李某峰的行为性质发生了转化。根据《刑法》第269条的规定，犯盗窃、诈骗、抢夺罪，为窝藏赃物、抗拒抓捕或者毁灭罪证而当场使用暴力或者以暴力相威胁的，依照《刑法》第263条（抢劫罪）的规定定罪处罚。因此，李某峰犯抢夺罪，为抗拒抓捕而当场使用暴力的犯罪行为，应当依照抢劫罪定罪处罚，其中多次抢夺和抢劫金额应当分别在各罪范围内累加，其具有自首情节，且在案发后积极退赔涉案全部油款，可以从轻、减轻处罚。

（武文迪供稿）

第五节　侵占罪

一、案例基本情况

被告人曹某洋，2012年4月因涉嫌盗窃罪被逮捕。随后山东省淄博市张店区人民检察院以被告人曹某洋犯盗窃罪，向当地人民法院提起公诉。

2011年10月，张某找到其邻居曹某洋及其家人并与其协定，商定借用以曹某洋及其家人的身份证办理的招商银行卡，并且给予其每张卡200元的好处费。办好银行卡后，张某设定好密码并取走银行卡使用。2012年2月，曹某洋不愿意将其母杨某梅名下的招商银行卡继续给张某使用，于是与其母到招商银行淄博分行挂失其母的银行卡并冻结卡内余额，在此过程中得知卡内余额还有 50 万元人民币，就起了占为己有的念头。而后张某因银行卡不能使用得知银行卡被挂失，曾找到曹某洋协商愿意给好处费请求其取消挂失，但遭到拒绝，协商无果。2 月 9 日，曹某洋与其母在淄博分行补办新的银行卡并设置新密码。而后又通过转账将卡余额转入其在招商银行内办理的新的银行卡内。[1]

二、争议焦点

1. 杨某梅银行卡内的余额是不是"代为保管物"？
2. 对"侵占"行为的认定？
2. 本案中曹某洋的行为构成盗窃罪、诈骗罪还是侵占罪？

三、法理分析

盗窃罪，是指盗窃公私财物，数额较大的，或者多次盗窃、入户盗窃、携带凶器盗窃、扒窃的行为。从盗窃罪的客观方面来讲，其最显著的本质特征为行为人秘密窃取的行为方式。所谓秘密窃取，是指行为人采取不易被人察觉的手段，暗中窃取他人财物。行为人窃取的财物由他人占有转变为行为人非法占有，导致财物被非法转移的结果。究其根本，盗窃罪的本质属性在于秘密窃取的手段。这里要注意的是，盗窃罪是转移财物控制权的犯罪，其犯罪故意只能产生于持有、控制他人财物之前，行为人在实施盗窃行为之前，自然没有达到控制他人财物的状态。

诈骗罪，是指以非法占有为目的，用虚构事实或者隐瞒真相的方法，骗取公私财物，数额较大的行为。本罪的客体是公私财物的所有权，其中公私财物既可以是有形财物，也可以是无形财物，既包括动产，也包括不动产。凡是有价值或有效用的财物，甚至是财产性利益都可以作为诈骗罪的对象。[2] 本罪在客观方面表现为行为人以非法占有为目的，实施了虚构事实或隐瞒真相的行为，受害人因此产生错误认识，"自觉地"将自己所有或持有的财物交付给行为人或对财产、财产权利进行处分，使得行为人财产增加，受害人财产减少。特别需要说明的是，行为人虚构事实或隐瞒真相的行为与受害人陷入

---

[1] 来源：最高人民法院刑事指导案例第 938 号。
[2] 高铭暄、马克昌主编：《刑法学》，中国法制出版社 2007 年版，第 602 页。

错误认识之间要有因果关系，而且行为人是利用受害人的瑕疵意思而取得其财物。[1]只有受害人的处分意思存在瑕疵时，才会在瑕疵意思上进行处分行为，这里的处分意思必须是受害人把自己控制的财物转移给行为人占有。

侵占罪，是指行为人以非法占有为目的，将代为保管的他人财物或者他人的遗忘物、埋藏物非法占为己有，数额较大且拒不退还或者拒不交出。[2]侵占罪的对象既可以是动产，也可以是不动产；既可以是有体物，也可以是电力、煤气、天然气等无体物。侵占罪的对象包括：一是代为保管的他人财物。《刑法》第270条中"代为保管的他人财物"的法律含义是受委托占有的他人财物。不管是事实上的支配还是法律上的支配，都应以财物所有人与行为人之间的委托关系为前提。而其中委托关系必须是事实存在的，表现形式为成文合同或口头委托。二是遗忘物。张明楷教授认为，其并不是由于他人的本意而对物失去控制，也不是基于委托关系，是偶然由行为人占有或占有人不明的财物。[3]即遗忘物是所有人或持有人因一时疏忽遗忘于某特定场合的财物，本人尚知物之所在，并未完全丧失对物之持有控制。三是埋藏物。关于埋藏物的含义，一种观点认为，其指的是埋藏于地下的所有人不明的财物，应归国家所有；[4]另一种观点认为，其指的是埋在地下的财物，但要将埋藏物与文物区分开，地下出土的文物一般归国家所有。[5]应说明的是，侵占罪是一种不转移财物占有的犯罪，其犯罪故意产生于该代为保管物、埋藏物或遗失物已经处于行为人的控制之下之时，也可能产生于实际控制他人财物之后。

1. 杨某梅银行卡内的余额是不是"代为保管物"

代为保管中的"保管"的法律意义指"占有"，既包括事实上的占有，也包括法律上的占有。从客观上说，占有是指对财物具有事实上或者法律上的支配力，只要行为人对财物具有这种支配力即可。[6]首先，只要属于他人支配领域内的财物，即使他人没有现实的持有或监视，也属于他人占有，此

---

[1] 刘明祥：《财产罪比较研究》，中国政法大学出版社2001年版，第232页。
[2] 《刑法学》编写组编：《刑法学》（下册·各论），高等教育出版社2019年版，第168页。
[3] 廖增昀："贪污罪与侵占罪"，载《法学》1990年第1期，第139页。
[4] 陈兴良主编：《刑法疏议》，中国人民公安大学出版社1997年版，第442页。
[5] 黄太云、腾炜主编：《中华人民共和国刑法释义与适用指南》，红旗出版社1997年版，第386页。
[6] 张明楷：《刑法学》（下），法律出版社1997年版，第252页。

为法律意义上社会观念推知的占有；其次，即使原占有人丧失了占有，但当财物转移为建筑物的管理者或第三者占有时，也应认定为他人占有的财物。从主观上来说，占有只要求他人对事实上支配的财物具有概括、抽象的支配意识。因此，保管不应局限于合法持有，也不应局限于对物具有法律上的支配力，对物具有事实上的支配也属于保管。〔1〕

2. 对"侵占"行为的认定

所谓侵占，乃指易持有为所有之取得行为。行为人对于他人之物本来只具有持有之关系，但出于不法所有意图占为己有，以物之所有人自居，享受所有权之内容，或加以处分或加以使用或收益。〔2〕而从概念可知，他人之物必须是在侵占行为之前已实际持有，此为侵占罪之特质。〔3〕而"拒不退还"或"拒不交出"是《刑法》第270条对侵占罪规定的一个情节要件。对于拒不退还或交出，刑法理论通说认为，是指行为人侵占他人财物被人发现后，经所有人要求退还或交出时，仍不予退还或交出。〔4〕而关于拒不退还或交出的对象，不仅包括原物，也包括原物所生的利息或原物价值已经降低时的损失补偿。如果原物确实因意外事件或其他原因毁损灭失，且主观上并无故意，则只构成民事上的债权债务关系，等价赔偿的不构成侵占罪；但如果占有原物而只愿意给予适当价金予以赔偿的，由于占有人具有不法占有的意图，自然属于"拒不退还或交出"，应当构成侵占罪。应注意的是，这里的"拒不退还""拒不交出"都是针对具有特殊性质的原物而言的，交出替代物来取代原物，其本质还是没有退还和没有交出，但如果原物不具有特殊的性质，等价赔偿的一般不作为侵占罪处理。另外，如果行为人并不拒绝退还或交出，只是要延期退还或者交出，或者是口头上表示拒不退还或交出，经过说服教育当即退还或者交出，一般也不以侵占罪论处。

3. 本案中曹某洋的行为构成盗窃罪、诈骗罪还是侵占罪

本案中，对于曹某洋将银行卡借给张某使用后，之后通过挂失补卡的方式将张某的资金据为己有的行为如何定性，有以下三种观点：

---

〔1〕 马松建编著：《侵占罪专题整理》，中国人民公安大学出版社2007年版，第26页。
〔2〕 林山田：《刑法特论》（上），三民书局1979年版，第295页。
〔3〕 林山田：《刑法特论》（下），三民书局1979年版，第289页。
〔4〕 最高人民检察院刑事检察厅编：《最新刑法释义与适用指南》，中国检察出版社1997年版，第450页。

有观点认为，曹某洋的行为构成盗窃罪。本案中，曹某洋在张某不知情的情况下以丢失银行卡为由挂失张某持有的银行卡，去银行换取新卡后又重新设置密码，私下秘密取走卡内余额，符合盗窃罪中不为人知、秘密窃取的行为特征，应认定为盗窃罪。

有观点认为，曹某洋的行为构成诈骗罪。本案中，曹某洋采用欺骗手段，通过使银行工作人员陷入错误认识，挂失银行卡的欺骗方式取走卡内本属于张某的存款，符合诈骗罪的构成要件，应认定为诈骗罪。

还有观点认为，曹某洋的行为构成侵占罪。本案中，曹某洋明知其母名下银行卡上的钱是张某的，仍挂失提取卡内余额，事后又不予协商，拒不返还提取到的余额，具有非法占有他人财产的主观故意。从客观方面来说，虽然该银行卡由张某持有并使用，但该银行卡内的资金从法律层面讲属于曹某洋及其母亲控制下的财产，只要曹某洋及其家人挂失银行卡就可控制卡内资金，曹某洋也实施了挂失补卡并取款的行为。因此认定曹某洋其母名下的借给张某使用的招商银行卡中的余额为代为保管物，曹某洋私自取出据为己有且拒不交还的行为应认定为侵占罪。

四、案件分析结论

我国对银行卡实行实名制，银行卡的申领必须由本人持身份证去柜台办理。当然，银行卡申领人就是该卡的全部权利的所有人，所有人具有支配、使用或冻结卡内资金，申请挂失等各项权利。故而，无论银行卡是否由申领人持有使用，银行卡的权利义务都由申领人承受，卡内资金也当然都处于申领人的控制之下。

本案中，张某虽为银行卡内资金的实际归属者，但其与银行之间并无直接相关的法律关系。招商银行卡在法律规范的层面讲属于曹某洋的母亲杨某梅，故而杨某梅为该招商银行卡的法律意义上的合法持卡人。对于银行来说，其只与储户发生相互关系，也只认银行卡的合法持有人，这种法律关系的主体只能是持卡人和发卡行。也就是说，张某虽持有并使用该银行卡，但并不是本卡银行承认的储户。而银行也只与银行账户上姓名相一致的储户发生债权债务的法律关系，即银行只与杨某梅发生债权债务关系。所以，在杨某梅实施挂失银行卡等操作时，银行不会审核卡内资金的实际归属者与所有人，也不必审核杨某梅的材料。结合本案，根据《民法典》合同编的规定可知，张某的表见代理行为使得曹某洋在没有支付相应对价的情况下便取得了对于银行的债权，所以曹某洋在符合银行的法律规定与完成程序要求后挂失并取款的行为完全合法。曹某洋通过挂失补办了新的银行卡，恢复了对银行卡的控制，即从曹某洋挂失银行卡之日起，银行卡内的资金始终都是曹某洋与其母亲杨某梅共同控制。[1]当曹某洋挂失并实际控制卡内余额后，就有了为张某保管财物的义务，而曹某洋的挂失行为既导致其母杨某梅与银行之间的债权债务关系终止，又增加了张某要求返还不当得利的难度。由于权限丧失，张某已不能通过表见代理方式从银行取款，只能向曹某洋本人主张不当得利返还请求权。当张某得知曹某洋取走卡内钱款时，遂向其索要该钱款，曹某洋却拒绝归还，双方协商未果。本案中，曹某洋及其母对钱款负有协助看管的义务，而曹某洋也是在挂失该银行卡时得知卡内余额后才产生了非法占有卡内余额的犯罪故意，即其犯罪故意产生于实际控制该银行卡内资金之后，曹某洋在张某要求其返还钱款时拒绝归还的这一行为，符合侵占罪的构成要件，应按侵占罪定罪处罚。

综上所述，曹某洋的行为符合侵占罪的构成要件，构成侵占罪。

（高莹莹供稿）

第六节 职务侵占罪

一、案例基本情况

宝丝亚公司（宏晟特钢公司子公司）总经理李某钢，兼任江阴市宏晟特钢有限公司（以下简称"宏晟特钢公司"）国际贸易部部长和宏晟控股国际有限公司（以下简称"宏晟控股公司"）股东，在任职期间，其与德国SCHMOLZ+BICKENBACHDISTRIBUTIONSGMBH公司（以下简称"德国公司"）的采购总监侯某因有贸易往来合作关系。

2008年3月，宏晟特钢公司法定代表人李某钢与德国公司的采购总监侯某因达成销售各种钢材的协议。后侯某因告诉李某钢可以借机赚取合同差价。两人经过多次讨论，最终达成合约。侯某因希望李某钢能用他在英属维尔京

---

[1]"侵占罪怎么认定，侵占罪与盗窃罪有什么区别"，载https://www.66law.cn/que，最后访问日期：2020年9月20日。

群岛注册的私人公司 Microsteel（BVI）Co. Limited.（以下简称"微型钢公司"）来筹划这项"业务"，且不能让宏晟特钢公司董事长偶某元知晓。李某钢同意后，侯某因决定用可转让信用证的办法处理国际贸易结算问题。

2008年4月1日，李某钢根据与侯某因达成的约定价格协议，选择以掩盖真相的方式，伪造签订了E108-038-SB合同（以下简称"38号合同"），卖方为宏晟特钢公司，买方为德国公司。根据合同，宏晟特钢公司将向德国公司提供共计6907.5吨的各种不同规格的产品，合同价额为7 470 331.5欧元。宏晟特钢公司根据合同约定，履行了合同。同月16日，李某钢与德国公司签订了销售合同，其中卖方是微型钢公司，买方是德国公司，约定除了提供伪造合同的钢材外，另外需增加500吨钢材，由李某钢从东升公司和江苏铸鸿锻造有限公司处购买，总计7407.5吨。李某钢在得知加价后，履行了价款为8 801 691.5欧元的合同。最后，他赚取了590 610欧元的差价额。

2008年6月19日，被告人李某钢利用同样的方法杜撰了编号为E108-034-SB（以下简称"34号合同"）的销售合同，卖方是宏晟控股公司，买方是德国公司。合同约定：宏晟控股公司向德国公司提供各种型号的钢材合计3855吨，合同价款为4 752 724欧元。同一天，二人又签订了另外一份商品销售合同，卖方为微型钢公司，买方为德国公司。李某钢根据合同的约定，履行了总额为5 240 578欧元的买卖合同。最终，他在此项合同中赚取了393 294欧元的差价。

综上所述，被告人李某钢利用上述38号合同、34号合同，要求宏晟特钢公司、宏晟控股公司（以下合称"宏晟公司"）履行差价款共计983 904欧元的合同。

在履行上述微型钢公司与德国公司合同的过程中，德国公司提议，必须开设转让信用证。于是，德国公司就办理了转让信用证，该证的第一受益人为微型钢公司，第二受益人为宏晟公司。微型钢公司收到德国公司的信用证后，再向宏晟公司等转发信用证，按照伪造的合同价款支付。偶某元发现信用证的第一受益人是微型钢公司后，被告人李某钢掩盖微型钢公司是他自己建立私人公司的真相，并找借口说是因侯某因需要佣金而另外提供的第三方公司。2008年7月至12月期间，被告人李某钢履行了38号合同和34号合同，超出合同约定的部分另行向第三方购买的锻钢，赚取的合同差价额共计110余万欧元，共向侯某因指定账户汇款合计74万余欧元，私自占有37万余欧元，共计折合315.8万余元人民币。[1]

二、争议焦点

1. 差价款是否属于本单位的财物？
2. 如何认定"利用职务上的便利"？

三、法理分析

构成职务侵占罪，要求行为人是特殊主体，即仅限于公司、企业或者其他单位的工作人员，不包括在公司、企业中从事公务的人员；以非法占有为目的，利用职务上的便利，将本单位财物非法占为己有，数额较大的行为。[2]构成本罪：首先，行为人必须利用自己职位的便利性条件，即行使自己主管、管理、经营等权限，不包括运用熟悉单位环境的便利条件。其次，必须是采用不合法的手段占有原本属于本单位的数额较大的物资和资金。非法占有的方式一般包括侵吞、盗窃、骗取手段等其他不合法的手段。

1. 本案中的差价款是否属于本单位的财物

宏晟公司与德国公司是真实商品买卖合同的两方民事主体，销售合同的利益应当归属它们两方所有。不管是从表面合同还是真实意思分析，德国公司均是需求方，宏晟公司均是供货方，本合同的收款方应该是宏晟公司，支付货款方应该是德国公司，而且宏晟公司获得的合同总额应该是真实合同的所有总额。微型钢公司与德国公司签订的合同属于隐藏合同，本合同是为获取真实合同的差价而签订的。李某钢根据34号合同、38号合同获取的全部利益应当属于宏晟公司，差价应当属于宏晟公司的期待利益。

根据关于职务侵占的对象的司法解释的规定，合同差价款应当属于公司的财物范畴，因为该款项属于在单位控制之中的财物与应归单位收入的财物。当公司作为合同一方参与交易活动时，根据民法中的诚信原则，隐藏合同应当根据真实意思产生的合意而有效，因此，本合同是为赚取差价而存在，其所获得的利益应当是宏晟公司的损失，属于宏晟公司的期待利益。34号合同和38号合同中的加价款应当属于单位的财物。

---

[1] 江苏省江阴市人民法院［2009］澄刑初字第1223号刑事判决书。
[2]《刑法学》编写组编：《刑法学》（下册·各论），高等教育出版社2019年版，第171页。

2. 如何认定"利用职务上的便利"

"利用职务上的便利"是指主管本单位财物、经手处理本单位有关财物业务和管理本单位各项事务的有处理、允许使用权限的管控人员,由此权限而给予自己便于实行各种事实行为和法律行为的条件。主管本单位财物,主要是指有权决定单位固定资产的购买、资产的调配和掌管的管理人员。经手有关财物的业务行为,主要是指接收单位的财物、使用单位的设备、支配单位各项资源、履行职务的行为。管理各项事务的行为,主要是指保管、管理单位拥有所有权财物的行为。于是,只要行为人运用职位或者职务的便利优势所实施的违法行为,都可认为是犯罪行为。保管、经手就不能仅仅理解为是"握有"单位财物,或者是财物仅仅从行为人手中"过一下",而要求行为人对财物有占有处分权限。

本案中,宏晟公司的法定代表人李某钢与德国公司代表侯某因经过协商,形成交易关系。从宏晟公司内部来看,李某钢作为法定代表人有权代表公司与德国公司商讨业务、签署销售买卖合同,公司其他人员没有机会接触与德国公司产生的相关业务。从德国公司外部分析,李某钢对德国公司做出的所有的民事法律行为全权代表着宏晟公司,合同对德国公司具有法律效力。而"职务",是指工作者在自己的职位上所从事的具有专门性的工作。因此,李某钢实施的民事法律行为属于利用了职务上的便利条件的行为。

四、案件分析结论

被告人李某钢构成职务侵占罪。

德国公司的采购主管侯某因代表德国公司与李某钢代表的宏晟特钢公司于2008年3月初签订了采购铸钢的框架协议,该框架协议初步确定了采购铸钢的吨位、型号等。之后,侯某因与李某钢合谋通过擅自涨价的方式、利用李某钢在英属维尔京群岛注册的微型钢公司进行运作,赚取差价共同分成而达成合意。李某钢冒用侯某因的签名,伪造了卖方为宏晟公司、买方为德国公司的38号合同和34号合同。合同履行的主体均是宏晟公司,德国公司在侯某因的隐瞒下,认为微型钢公司即为宏晟公司新设立的离岸公司。微型钢公司与德国公司签订合同的目的是为开具可转让信用证后私分赚取的合同差价款创造便利条件。综上,李某钢作为宏晟公司的法定代表人与德国公司的代表人侯某因利用职务便利,利用相互知悉的商业秘密,同时利用优势地位产生的定价、订立合同等权限,在销售、采购过程中采用隐瞒、欺骗等手段对各自的公司谋取财物,利用各自职位上的便利获取了数额较大的合同差价款。

(谢正珧供稿)

第七节 挪用资金罪

一、案例基本情况

2011年至2012年间,王某某担任某社区村委会的宣传委员和综治办主任,其职务主要是对国家征用土地的面积进行测量,以便相关部门计算补偿费。从2013年到案发时,王某某任职该社区的党委副书记和纪检委员。在2011年底和2012年底,王某某先后两次利用职务便利挪用资金共计341 430元,所挪资金全部用于私人事务,超过3个月没有归还。

2011年,日照市岚山区人民政府兴建实验中学,计划征用安东卫街道甲居、乙居以及被告人王某某居住社区的土地。征用通知下达以后,岚山区国土资源局将甲居和王某某居住社区的土地征用补偿款全数打入甲居账户,王某某于年底前到甲居领取其所在社区的补偿款共计191 430元,但王某某并没有将该补偿款发放给该社区的村民,而是自己用于炒股以及偿还私债。直至2014年2月22日,王某某得知当地检察院调取该社区的财务账本进行审查,才将10万元现金上交某社区财务管理中心,但还有91 430元至案发时都未归还社区。

2012年底,王某某因社区拖欠其工资产生不满,利用手中的职权,私自将该社区一套安置房以150 000元的价格卖给宋某某,但卖房款并没有上交财务管理中心,而是转入自己账户用于归还私债,该款至案发时都未归还社区。[1]

二、争议焦点

1. 村委会委员是国家工作人员吗?
2. 如何认定所挪款项的性质?

---

[1] 山东省日照市岚山区人民法院[2014]岚刑初字第91号刑事判决书。

三、法理分析

构成挪用资金罪，要求公司、企业或者其他单位的工作人员，利用职务上的便利，挪用本单位资金归个人使用或者借贷给他人，数额较大、超过3个月未还的，或者虽未超过3个月，但数额较大、进行营利活动的，或者进行非法活动的行为。主观上具备挪用单位资金的故意，而不是非法占有的目的。[1]本罪侵犯的客体是公司、企业或其他单位资金财产权，具体包括单位对财产的占有、使用和收益权。构成本罪要求行为人是公司、企业或其他单位经手、管理、主管本单位资金的工作人员，如负责单位资金管理的领导人员、财务会计人员或者经手资金的其他人员。

1. 村委会委员是国家工作人员吗

通常来讲，作为村委会委员，仅仅属于村基层组织人员，并不属于公务人员，但根据全国人大常委会《关于〈中华人民共和国刑法〉第九十三条第二款的解释》的规定，村民委员会等基层组织人员在协助人民政府从事特定行政管理工作时，就成了"其他依照法律从事公务的人员"，此时便具备了国家工作人员的主体资格。所以具体到本案，王某某在利用职务之便挪用资金时究竟是以国家工作人员的身份还是以一般人的身份是亟待厘清的关键之一。

对王某某的身份认定的关键在于判断其挪用资金时是否属于"其他依照法律从事公务的人员"。宣传委员以及综治办主任都是村委会成员，王某某主要负责对国家征用土地的面积进行测量，以便相关部门计算补偿费。他在测量土地面积时就相当于在执行公务，当测量工作结束后，从事的其他管理行为则不是执行公务，也就重新恢复了其村委会基层组织人员的身份。王某某领取土地征用补偿款时是以一名普通基层组织人员的身份，代表的是集体的利益，而不是以执行公务的身份，其代表的也不是国家的利益，也就不具有国家工作人员身份。

2. 如何认定所挪款项的性质

本案的关键之一是如何认定王某某所挪用款项的性质。被告挪用的款项是土地征用补偿款，该款来源于国家政府部门，本属于国有财产。但是该款将要发往该社区每一位村民的手中，理应属于村集体所有的资金。因所挪款

---

[1]《刑法学》编写组编：《刑法学》（下册·各论），高等教育出版社2019年版，第173页。

项的性质不同，触犯的罪名也就不同。如果所挪款项属于公款，应当认定为挪用公款罪。

挪用公款罪侵犯的是国家工作人员职务行为的廉洁性和公款的使用权；其挪用的是公款。而挪用资金罪侵犯的是非国家工作人员职务行为的廉洁性和公司、企业或者其他单位资金的使用权；[1]其挪用的是本单位的资金。

本案中的土地征收补偿款是否属于公款？对此有两种观点：一是资金来源说，二是资金归入说。[2]持资金来源说观点的人认为，只要是国家合法征用的土地，经过财政发放的征地补偿款均属于国家财产，村委会基层人员在管理征用补偿费用时擅自使用该费用并作私人所用，依法构成挪用公款罪。持资金归入说观点的人认为，该案所征用的土地属村集体土地，未涉及农户个人耕地，在征地补偿款发放给村民小组前是国家财产，发放后成为村民小组的集体财产，由村民小组根据村集体情况依法支配。在该案中，该项征地补偿款已经依法发放给该小组用于组里开支，资金在性质上已经属于集体财产，而非公款。

四、案件分析结论

被告人王某某构成挪用资金罪，不构成挪用公款罪。

2011年和2012年年底，王某某在担任某社区村委会宣传委员和综治办主任期间，利用职务便利，分别挪用了土地补偿款191 430元和卖房款150 000元。上述前后两次挪用资金时，王某某的身份均为社区基层组织人员，符合挪用资金罪的犯罪主体条件。

2011年底，王某某领取土地补偿款191 430元，未发放给该社区的村民们，而是自己用于炒股以及偿还私债。直至2014年2月22日，其才将10万元现金上交某社区财务管理中心，但仍有91 430元至案发时都未归还社区。2012年底，王某某将卖房款150 000元转入自己账户用于归还私债，并没有上交财务管理中心，该款至案发时都未归还社区。王某某将资金挪作私用，在案发前部分款项归还社区，但部分财务因无力偿还而未能归还且已超过了3

---

[1] 尤保健、吴松卿：“司法实践中挪用公款罪与挪用资金罪的刑罚对比及立法建议”，载《中国检察官》2010年第8期，第23~24页。

[2] 郭琳琳：“挪用资金罪研究——杜某挪用资金案分析”，载《经济视野》2016年第21期，第142~143页。

个月的期限，符合挪用资金罪的客观方面要求。

（黄依俐供稿）

第八节 敲诈勒索罪

一、案例基本情况

郭某的女儿郭某某 2006 年出生之后，一直食用施恩牌婴幼儿奶粉。在 2008 年 9 月的产品检验过程中，相关部门发现市场上流通的一些批次的奶粉中含有大量三聚氰胺。随后，相关部门公布了该批问题奶粉的名单，施恩牌婴幼儿奶粉也位列其中。郭某某因一直食用施恩牌婴幼儿奶粉，身体上出现了一些饮用毒奶粉的症状。郭某也将家中奶粉送到专业机构检验，检测报告中载明三聚氰胺超标。基于女儿身体健康权利受损，郭某多次向奶粉的销售商和生产商施恩公司索赔，但是一直无果，销售商表明只能赔几罐奶粉钱，而施恩公司对郭某的索赔不予回应。郭某不得不向媒体曝光施恩牌奶粉的产品问题和食用毒奶粉造成的身体损害。在媒体大量曝光之后，施恩公司主动与郭某取得联系并协商了具体赔偿事宜。2009 年 6 月 13 日，郭某与施恩公司达成一致协议，施恩公司一次性赔偿郭某人民币 40 万元整；郭某承诺所有问题已经解决，不得起诉要求更多赔偿。当天施恩公司就将赔偿金汇入郭某银行账户。

2009 年 6 月 23 日，北京电视台播放了一篇关于郭某维权案始末的报道，后施恩公司和其控股股东雅士利公司主动派人与郭某取得联系，经双方多次沟通之后，郭某以家人不满之前的补偿结果和妻子高某因此事患上精神疾病为由要求施恩公司和雅士利公司再次赔偿其本人误工费和其女儿的终身医疗费、人寿保险金、健康保障金等共计人民币 300 万元整。在协商期间郭某还表示如果不能满足其要求，将会继续通过媒体对两家公司的产品问题进行进一步的报道，扩大毒奶粉问题所产生的负面影响。施恩公司和雅士利公司基于多次协商，再次与郭某签订赔偿协议，协议内容是赔偿郭某 300 万元人民币。

在双方达成一致协议后，施恩公司和雅士利公司向公安机关报案。2009 年 7 月 23 日，郭某被潮安区公安局抓获归案。随后该案经潮安区公安局侦查终结后，同年 10 月 3 日，潮安区人民检察院以郭某涉嫌敲诈勒索对其进行审查起诉。潮安区人民检察院经审查后认为郭某以非法占有为目的，采用要挟手段勒索他人财物,数额巨大,其行为已构成敲诈勒索罪,并于 2009 年 10 月 28 日向潮州市人民法院提起公诉。[1]

二、争议焦点

1. 如何认定消费者的维权索赔行为?
2. 如何认定威胁或者要挟的方法?

三、法理分析

敲诈勒索罪,是指以非法占有为目的,以威胁或者要挟的方法,强行索要公私财物,数额较大或者多次敲诈勒索的行为。[2]威胁,是指以恶言相告迫使被害人处分财产,即如果不按照行为人的要求处分财产,就会在将来的某个时间遭受恶害。威胁内容的种类没有限制,包括对被害人及其亲属的生命、身体自由、名誉等进行威胁,威胁行为只要足以使他人产生恐惧心理即可,不要求现实上使被害人产生了恐惧心理。威胁的结果是使被害人产生恐惧心理,然后为了保护自己更大的利益而处分自己数额较大的财产,进而使行为人取得财产。

1. 如何认定消费者的维权索赔行为

判断是否构成敲诈勒索罪的一个大前提是看犯罪人是否具有非法占有的目的。所谓非法占有目的,是指排除权利人,将他人的财物作为自己的所有物进行支配并遵从财物的用途进行利用、处分的意思。行为人没有占有他人财产的合法根据或者说没有使他人转移财产给行为人或第三人的合法依据,却具有占有他人财产的目的,就属于非法占有目的。[3]那么,判断行为人有没有非法占有目的,主要看的是行为人有没有合法的占有依据,进而判断行为人的行为是否合法。如果行为人没有合法的依据,却占有或者自行处置了他人的财物,那么就可以认定行为人主观上有非法占有目的。从主观上讲,要将行为人的目的认定为非法占有时,主要考虑行为人的动机,从行为人的行为方式考虑行为人对财物的真实目的。只有在不合法的目的下驱使行为人

---

[1] 广东省高级人民法院〔2015〕粤高法审监刑再字第 19 号刑事判决书。
[2] 《刑法学》编写组编:《刑法学》(下册·各论),高等教育出版社 2019 年版,第 176 页。
[3] 张明楷:"论财产罪的非法占有目的",载《法商研究》2005 年第 5 期,第 76 页。

进行了不合法的侵权行为时，才可以按刑法中的非法占有进行认定。在司法实践过程中，有两种情况可以将行为人的目的认定为不构成非法占有。第一种情况是行为人对财物所有权的判断出现了问题，错误地认为别人的财物应该属于自己，所以自己可以对财物进行处置。这种情况属于认识错误，而非明知故犯。第二种情况是行为人行使权利主张，将自己享有权利的财物从别处取回。在实际生活中，消费者因为受到损害，在想要维护自身权益的情况下向经营者提出索赔要求，并不能认定其目的是非法占有，因为这只是消费者的维权行为，并非无中生有的索赔。即使消费者是有意索赔大额金钱，其中亦包含着合理维权的部分，也不能全部以非法占有目的来认定。消费者的索赔行为即使与敲诈勒索手段有相似之处，也不能直接认定消费者具有非法占有目的，有直接的犯罪故意。

在本罪中有争议的一直都是过度维权行为是不是敲诈勒索。对于这一问题，我国学界当前有两种不同的观点：第一种是无罪说。该学说认为维权者以暴力、胁迫等方式主张其正常权利的均可认为不构成敲诈勒索罪。[1]第二种是待定说。相关学者认为对于维权者以暴力、胁迫等方式维护自身财产利益的行为应该具体问题具体分析。[2]持这种观点的学者认为行为人基于合法的请求权的行为一般不会构成敲诈勒索罪，但是当行为人索赔的行为违法，以及当事人索赔所追求的目的超过了必要的赔偿范围时应该以敲诈勒索罪论处。[3]

2. 如何认定威胁或者要挟的方法

本案中郭某向媒体曝光的行为是否能被认定为采用了要挟手段呢？其一，广东省高级人民法院认为对于产品进行产品质量监督是消费者的合法权利，消费者是可以选择通过媒体对产品质量进行舆论监督的方式来进行维权的。虽然在第一次赔偿协议中郭某已经承诺不再对施恩集团追责追偿，但是向媒体曝光不良产品，通过舆论监督的方式提醒其他的消费者该产品存在瑕疵，这种做法本身是没有问题的。其二，在当时的社会背景下，郭某其实是不具备实施要挟行为的条件的。当时的社会舆论对于毒奶粉事件的报道是层出不穷

---

[1] 刘明祥：《财产罪比较研究》，中国政法大学出版社2001年版，第310页。

[2] 张明楷：《刑法学》（第4版），法律出版社2011年版，第871~872页。

[3] 黎宏："法益侵害说和犯罪的认定"，载《国家检察官学院学报》2006年第6期，第5页。

的，郭某向媒体曝光此事只是无数受害人中的一例新闻报道而已。其三，郭某虚构其妻子高某患精神疾病和其家人不满第一次损害赔偿结果的事实是不足以引发施恩公司和雅士利公司产生恐惧、害怕等精神上的强制效应的。随着互联网的迅猛发展，媒体以其高效传播、覆盖面广的特点成为舆论宣传和监督的重要工具。在媒体的强势介入之下，原本平淡无奇的小事件可以被迅速放大变成热点话题，这对于那些正要进行宣传造势的企业来说是求之不得的，但对于那些要低调处理负面问题的企业来说却是避之不及的。从心理的角度来看，人在其隐私或者弱点将要被他人曝光的情况下确实会产生恐惧心理，这种结果与受到他人要挟所产生的心理反应是一致的。但从法律角度看，郭某说要曝光有质量问题的奶粉对于施恩公司来说，其产生的恐惧心理是基于自身的错误而来的。而且既然法律赋予了消费者监督权，那么消费者通过媒体曝光的形式行使监督权，而令经营者产生恐惧心理，在刑法上就不该被认定为采取了要挟的手段。因为在这种情况下，即使产生的结果一致也并不代表行为的性质也一致，不能对此进行简单的类推，应当具体分析其中的因果关系。因此，在本案中郭某的行为不应被定义为敲诈勒索罪中的"要挟"。

四、案件分析结论

郭某的行为不构成敲诈勒索罪。

从敲诈勒索罪的主观方面分析，郭某是因为其女儿食用了施恩公司的问题奶粉而使身体受到伤害，郭某作为其女儿的监护人，有权向施恩公司提出赔偿要求，因此郭某的索赔目的具有正当性。从敲诈勒索罪的客观方面来看，郭某向媒体曝光的行为从法律的角度来看也不构成要挟，只是弱势的消费者的一种合法维权手段，郭某所要曝光的是施恩公司在奶粉生产过程中所暴露出来的真实问题，纵使曝光行为会对两家企业造成精神上的强制效果，也不能认定构成敲诈勒索罪中的要挟手段。所以，本案中郭某的行为并没有构成敲诈勒索罪，郭某索赔的行为只是一种合法的消费者维权行为，郭某在事先和施恩公司取得和解，又在施恩公司和雅士利公司再次主动联系协商的情况下，以媒体曝光的方式向两家企业提出索赔要求的行为不能被以敲诈勒索罪来定罪处罚。

（张慧供稿）

第六章
妨害社会管理秩序罪

第一节 妨害公务罪

一、案例基本情况

湖南省发改委及水利部门于 2015 年通过了津市市东某泄洪机站扩建项目投资方案。2016 年，津市市发改委批准了津市市东某泄洪机站扩建工程输电线路基础设施投资项目。2016 年 12 月，津市市东某泄洪机站项目施工指挥中心通知南方电网津市市供电公司，申请供电公司对某乡小山村委会前段的 300kva 变电器和 20kv 的输电线路开展迁移工作。变电器和输电线路迁移需要将一根电线杆移转到陈某承包的责任田里。陈某是某乡小山村委会村民，为了协商解决电线杆迁移占地的经济补偿问题，该乡和小山村委会的工作人员找到陈某协商处理，但并未取得实质进展。2017 年 4 月，湖南省某有限公司津市子公司的电力工程队开始输电线路迁移，并进入陈某承包的责任田展开施工。陈某和妻子李某认为责任田里已有电线杆，如果再架设一根电线杆，无疑会影响到自己对承包的责任田的使用。在经济补偿协商未果的情况下，随即要求工程队停止继续施工，并且坐在准备迁移的电线杆上阻止施工的进行。该乡党委书记杨某了解了情况以后，随即将有关情况报告给某派出所所长温某，要求其指派民警出警。派出所接警以后，立刻指派民警郑某和辅警涂某赶到争执现场解决处理。经过相关工作人员及民警的努力协调，小山村委会主任黄某答应负责解决好电线杆占用陈某夫妇承包责任田经济补偿的相关问题。达成一致意见以后，电力工程队继续施工，陈某夫妻二人离开了承包田。随后，某派出所所长温某、政委朱某在去现场的路上遇到了准备回家的陈某夫妻二人。温某随即要求陈某到派出所说明阻止施工的原因，陈某答应了。派出所所长温某离开以后，李某被派出所政委朱某以阻止施工为理由口头传唤接受调查，口头传唤被李某拒绝，理由是争执已经解决。口头传唤无效，朱某决定采取强制传唤，其揪住李某的衣服和双手，准备将李某带回警局，陈某看见其妻李某被带上警车，便上前阻拦，推搡、拉拽派出所协警涂某，并用手脚踢踹民警、警车。造成警车警灯损坏，警车右侧车门凹陷，陈某在拉拽过程中将民警的执法记录仪损坏。经有关物价部门鉴定，被陈某损坏的有关财物价值，共计人民币1698元。津市市公安局于2017年4月将陈某刑事拘留，陈某于2017年5月被公安机关执行逮捕，2017年10月津市市人民法院决定将陈某取保候审。[1]

二、案件争议焦点

1. 如何认定本罪中的"暴力、威胁"？
2. 本案是否属于"情节显著轻微危害不大"？

三、法理分析

妨害公务罪，是指以暴力、威胁方法阻碍国家机关工作人员依法执行职务，阻碍全国人民代表大会代表、红十字会工作人员依法执行职务的行为，或者故意阻挠国家安全机关和公安机关依法执行国家安全任务，并使用暴力、威胁方法，造成严重后果的行为。[2]本罪的法定利益是"公共服务"，公共服务的范围包括国家机关工作人员依法履行的职责、人民代表大会代表依法履行的职责、红十字会工作人员依法履行的职责，由国家安全机关和公安机关执行国家安全任务，[3]以及《刑法修正案（十一）》新增的"暴力袭击正在依法执行职务的人民警察"的行为。

1. 如何认定本罪中的"暴力、威胁"

暴力、威胁阻碍国家机关依法执行职务是妨害公务罪的基本类型。其中，暴力一般认为是指，行为人故意采取现实的、有形的、危害的强制力量，致使公务执行人员（包括辅助执行人员）因这种强制力量而无法继续执行公务。暴力包括直接和间接的暴力，包括对公共服务行政人员身体的暴力，以及对

---

[1] 湖南省津市市中级人民法院［2017］湘07刑终251号刑事判决书。
[2] 《刑法学》编写组编：《刑法学》（下册·各论），高等教育出版社2019年版，第185页。
[3] 张明楷：《刑法学》（第4版），法律出版社2011年版，第914页。

与公共服务履行职责密切相关的事物（如警车、执法录音机等）的暴力。威胁一般认为是指，以侵犯人身、毁害财产、破坏名誉等相胁迫，即以将要加以恶害相通告，对公务员实施精神强制，意在使其产生心理恐惧感，从而使其无法依法履行职责。

暴力，是指对国家机关工作人员不法行使有形力，即广义的暴力。只要求针对正在执行职务的国家机关工作人员实施暴力，不要求直接对国家机关工作人员的身体实施暴力；既可以通过针对与国家机关工作人员执行职务具有密不可分关系的辅助者实施暴力，以阻碍国家机关工作人员执行职务，也可以通过对物行使有形力，从而给国家机关工作人员的身体以物理影响（间接暴力），以阻碍国家机关工作人员执行职务。本罪的胁迫，是指以恶害相通告，迫使国家机关工作人员放弃职务行为或者不正确执行职务行为。通知的内容、性质或方法没有任何限制。只要暴力、胁迫行为足以妨碍国家机关工作人员履行职责，就不必客观上实际阻碍国家机关工作人员履行职责。但是，如果行为并不明显阻碍国家机关工作人员依法执行职务，就不应认定为犯罪；否则会造成处罚的不公。[1]

2. 本案是否属于"情节显著轻微危害不大"

基于《刑法》的立法目的以及第13条"但书"规定，轻微妨害公务行为应当被排除在犯罪行为之外。例如，对一般公务人员的推搡、拉拽行为，为避免造成公民人身权益受损，不应当认定为犯罪行为。在司法实务操作层面，需综合考虑违法情节及主观恶性程度，在《刑法》第277条犯罪构成的框架下，全面考量行为人的行为是否构成犯罪。

电力公司工程队未征得土地承包权人陈某同意，未对陈某进行合理经济补偿，就在陈某承包的责任田迁移架设电线杆。陈某基于维护自己权利的目的阻止施工，后经民警及相关工作人员调解停止了阻止施工的行为。在同意到派出所说明情况后，又看到其妻子被强制传唤，情绪激动推搡民警，抢摔执法记录仪，以脚踢警车的方式阻止强制传唤其妻子，对执行职务有一定程度的妨害，虽行为不妥，但其情节显著轻微危害不大。

---

[1] 张明楷：《刑法学》（第4版），法律出版社2011年版，第917页。

四、案件分析结论

陈某不构成妨害公务罪。

陈某阻止公安机关干警强制传唤其妻的行为没有达到暴力、威胁的程度，不构成妨害公务罪。电力公司施工队在没有取得同意的情况下就进行迁移电线杆作业，因承包土地被占用，但没有进行合理经济补偿，陈某阻止施工是维护自己合法权益的行为，并且陈某已经停止了阻止施工的行为。在陈某已经同意到派出所说明情况，在阻止工程进行的直接当事人是陈某而不是其妻子李某的情况下，陈某看见民警抓住其妻子李某的衣服和双手，马上就要被带上警车时被激怒，抢摔民警的执法记录仪，脚踢警车，造成警灯破损、车体凹陷，阻止民警强制传唤其妻子，造成财产损失总共人民币 1698 元。虽然陈某推搡民警、脚踢警车的行为不太妥当，对执行职务有一定程度的妨害，但毕竟事出有因，而且情节和后果显著轻微，并未达到以暴力、威胁方法阻碍公务人员执行公务的严重程度，故不应作出有罪评价。

（杨峰供稿）

第二节　非法侵入计算机信息系统罪

一、案例基本情况

上诉人兰某此前一直在博文嘉业系统集成有限公司任项目经理，并在锦州市黑山县、义县公安局的交警视频专网服务器保障部供职。在工作时间，兰某为了规避公安局的交通违章处罚，擅自研发了具有自动筛选、屏蔽特定车辆违章记录功能的木马程序，并通过远程操控的方式非法侵入该地交警大队的视频专网服务器，在该服务器上写入了其编写的木马程序，同时将其公司及下属施工人员的 21 台车辆信息也一并录入木马程序，凭借此种手段逃避公安机关对违章车辆的处罚。另外，兰某趁其为公安局进行服务器日常维护之机，偷偷地将交警视频的专网线路接至其办公场所，使得公安局内网与互联网在一台机器上同时使用，将公安局内部的大量公民信息暴露在风险之下，使得公安网络安全岌岌可危。这同时也导致了本地公安局交警视频专网不得不断网维护上百小时，严重影响了该地公安局对社会的正常管理秩序。2018

年 8 月 15 日，锦州市公安局网安支队民警紧急出动，在黑山县公安局交警大队指挥中心的机房内将兰某抓获归案。[1]

二、争议焦点

1. 如何理解本罪中的"侵入"？
2. 本罪是行为犯还是结果犯？

三、法理分析

非法侵入计算机信息系统罪，是指违反国家规定，侵入国家事务、国防建设、尖端科学技术领域的计算机信息系统的行为。[2]本罪的构成特征为：本罪侵犯的客体是国家对计算机信息系统安全的管理秩序和国家事务、国防建设、尖端科学技术领域的正常活动。本罪在客观方面表现为违反国家规定，侵入国家事务、国防建设、尖端科学技术领域的计算机信息系统的行为。本罪主体为已满 16 周岁并具有刑事责任能力的自然人。本罪在主观方面表现为非法侵入国家事务、国防建设、尖端科学技术领域的计算机信息系统的故意。

1. 如何理解本罪中的"侵入"

侵入行为在本罪中即没有取得国家有关主管部门的合法授权或批准，非法或者越权进入访问国家事务、国防建设、尖端科学技术领域的计算机信息系统。这里的访问可以认为是对特定的计算机信息系统进行探望并与之交流。这里的交流，是指信息的输入与输出。非法用户对计算机系统的访问，一定是抱着某些目的对其进行探问操作和控制。[3]在司法实践中，犯罪人一贯凭借自身所习得的计算机技术知识，凭借不正当手段取得密码后，冒充合法使用者进行入侵，有的犯罪人甚至会将自己的计算机与国家重要的计算机信息接入同一网络。

2. 本罪是行为犯还是结果犯

刑法理论通说认为，本罪在形态上属行为犯，即不考虑是否发生一定的犯罪结果，犯罪人若实施了符合刑法分则规定的本罪构成要件的行为就足以

---

[1] 辽宁省黑山县人民法院［2019］辽 0726 刑初 87 号刑事判决书。
[2] 《刑法学》编写组：《刑法学》（下册·各论），高等教育出版社 2019 年版，第 192 页。
[3] 陈小冬："非法侵入计算机信息系统罪研究"，载《法制与经济》2014 年第 16 期，第 20 页。

构成本罪。也就是说，行为人只要侵入国家事务、国防建设、尖端科学技术领域的计算机信息系统就构成本罪。兰某擅自研发具有自动筛选、屏蔽特定车辆违章记录功能的木马程序，并通过远程操控的方式非法侵入该地交警大队的视频专网服务器，在该服务器上写入了其编写的木马程序。由此可以看出，行为人在侵入服务器之前就已经有规避公安局的交警违章处罚的故意，因为规避公安局违章处罚需要以行为人非法侵入计算机信息系统为前提，因此兰某实施了非法侵入计算机信息系统的行为。

四、案件分析结论

兰某的行为构成非法侵入计算机信息系统罪。

本案中的兰某为了躲避公安机关的行政处罚，私下研发具备自动筛选、障蔽指定车辆违章记录功能的木马程序，非法侵入黑山县公安局和新民市公安局的交警视频专网服务器，并通过远程操纵的方式向上述服务器上植入木马程序，将其公司及下属施工人员的 21 台车辆信息录入木马程序，借以规避公安机关对车辆的违章处罚。另外，兰某借其为公安机关维护服务器之机，擅自将交警视频专网线路迁入其办公场所，使互联网与公安网"一机两用"。可见，兰某主观上存在故意心态，且为直接故意。其行为导致本地公安局交警视频专网不得不断网维护上百小时，严重影响了该地公安局对社会的正常管理秩序。因而属于侵犯了国家对计算机信息系统安全的管理秩序和国家事务的正常活动，构成非法侵入计算机信息系统罪。

（曲晓婷供稿）

第三节　聚众扰乱社会秩序罪

一、案例基本情况

2012 年 4 月 26 日，王某仲等四五十人围堵贾汪区江庄镇马安村附近徐州舜发泡花碱有限公司（以下简称"泡花碱厂"）厂门，不让车辆进出，要求赔偿污染费，从泡花碱厂要来钱后，王某仲、王某远、吴某、王某才等人又商量通过围堵徐州东兴能源有限公司（以下简称"东兴公司"）大门的方式索要污染费。2012 年 5 月 11 日、12 日，王某仲等人聚集贾汪区江庄镇马安村村民200余人在东兴公司门口静坐、围堵。造成东兴公司进出货的90余辆货车无法进出，公司因煤炭不能及时入库而被迫减产保温，企业无法正常生产经营，造成严重损失。原审法院认为，王某仲、王某全、王某远、吴某、王某才聚众扰乱社会秩序，情节严重，致使公司生产无法正常进行，造成严重损失，其行为均已构成聚众扰乱社会秩序罪。王某仲不服，提出上诉，江苏省徐州市中级人民法院经审理查明并确认原审判决认定的事实。该院认为，上诉人王某仲所居住的村庄确实存在一定污染，王某仲主观上是因东兴公司污染环境要求该公司予以赔偿，但是王某仲等人的要求应当通过合法正当的途径来实现。裁定驳回上诉，维持原判。

江苏省高级人民法院再审查明，原审上诉人王某仲、原审被告人王某全、王某远、吴某、王某才等人因企业污染环境等原因，曾向徐州市贾汪区江庄镇政府信访反映情况未果，后聚集村民对泡花碱厂和东兴公司进行堵门索要污染费。2012年5月9日、10日，王某仲等人先后两次去东兴公司，要求见单位负责人谈判索要污染费，但均被门卫阻拦未能如愿，东兴公司亦未予过程理睬。同年5月11日，村民分别对东兴公司西门、北门、南门进行围堵。围堵过程中，王某仲在距离大门5米左右的地方用白石灰画出白线，告诉村民不要超过白线，不要打人、骂人，不要打砸东西，只拦车辆，不许阻拦进出上下班的人。因围堵造成东兴公司多辆卡车无法进出。还查明，2008年1月，徐州市贾汪区人民政府因徐州亿达焦化有限公司严重污染，影响周边环境，发布文件，责成江庄镇督促该公司停产关闭到位。按照环保的要求，需在该项目周围设置1200米卫生防护距离，在该防护带内敏感目标搬迁到位之前，不得进行任何形式的生产。《环境影响报告书（报批稿）》也明确记载：本项目建成试生产前，马安村需搬迁完毕。按照"马安村拆迁安置计划"，2009年5月11日，徐州市经济贸易委员会发布文件，同意徐州亿达焦化有限公司年产100万吨捣固焦项目的投资主体由"徐州亿达焦化有限公司"变更为"徐州东兴能源有限公司"，其他内容不变，有效期顺延至2011年6月。2011年7月24日，贾汪区安监局同意徐州东兴公司相关设计方案。截至本案案发时，东兴公司的相关环保、建设手续仍在办理之中，已经实际正式生产，村民搬迁工作尚未开展。本案案发后，对卫生敏感带内村民的搬迁工作才开始展开，至今仍未搬迁完毕。[1]

二、争议焦点

1. 如何认定情节严重？
2. 合法集会的界限是什么？

三、法理分析

聚众扰乱社会秩序罪，是指聚众扰乱社会秩序，情节严重，致工作、生产、营业、教学、科研和医疗无法进行，造成严重损失的行为。[2]我国《刑法》第290条规定：聚众扰乱社会秩序，情节严重，致使工作、生产、营业和教学、科研无法进行，造成严重损失的，对首要分子，处3年以上7年以下有期徒刑；对其他积极参加的，处3年以下有期徒刑、拘役、管制或者剥夺政治权利。

1. 如何认定情节严重

对于聚众扰乱社会秩序罪的理解，聚众是指3人以上为达成某项目而纠集在一起。扰乱社会秩序的行为一般包括非暴力性扰乱行为和暴力性扰乱行为。[3]前者主要指静坐、堵住进出口、手持扩音器喧哗等行为，后者则是指打砸单位财物、推搡辱骂工作人员等行为。根据《刑法》的规定，聚众扰乱社会秩序中客观方面的行为主要是指非暴力的行为，如果实施暴力行为，应限制在人员轻伤限度之内。[4]另外，不管采用暴力还是非暴力手段，都应当达到情节严重才能够评价是否构成该罪。所谓情节严重，是指由于行为人的聚众扰乱行为，企事业单位、社会团体的正常活动无法进行，并造成严重损失。致使工作、生产、营业和教学、科研无法进行与造成严重损失二者必须同时具备，前者是行为人实施扰乱行为的社会危害性的直接表现，后者是社会危害性的实际所在。虽然行为人的行为致使工作、生产、营业和教学、科研无法进行，但尚未造成严重损失的，不以犯罪论处，由公安机关依照《治安管理处罚法》有关规定处理。在判断是否达到"情节严重"时，应当综合考虑聚众、围堵持续时间长短、是否侵害人身安全、诉求是否合法合理、动机是否险恶、是否属于

---

[1] 江苏省高级人民法院［2014］苏刑再提字第00003号刑事判决书。
[2] 《刑法学》编写组编：《刑法学》（下册·各论），高等教育出版社2019年版，第193页。
[3] 李红钊、蒋炳仁：《刑法常用罪名新解》，中国政法大学出版社2015年版，第247页。
[4] 刘德法：《聚众犯罪理论与实务研究》，中国法制出版社2011年版，第197页。

敏感时期、是否扰乱了重要单位的运行以及是否存在恶劣的社会影响等因素。致使工作无法正常进行比较容易认定，但应当明确的是该项工作应属于正常进行的工作才可以被阻止，如若该工作本不该或者不能进行则不能构成此项。造成严重损失在司法判例中大多以物质损失作为最后损失进行计算。物质损失大多包括以下几个方面：最常见的是阻挠生产，造成停工损失。除此之外，还有打砸门窗、损坏工具造成的损失；清除推挤垃圾所产生的费用；打伤工作人员产生的医疗费；等等。物质损失包括因犯罪行为而停产、停业等造成的既有财产损害（直接损失）和可得利益损失（间接损失）。直接损失是行为直接造成的设备的毁坏、产量下降所引起的一般可以由市场价格进行计算的损失。可得利益即间接损失应以具备充分成就条件，若非犯罪行为干扰就可顺利实现的利益为限。有观点认为，法律没有将间接损失列入犯罪情节是否严重的法定或者是酌定的范围，因此将间接损失列入，没有法律依据。但从民法的角度看，包含间接损失是全面赔偿原则的体现，能够最大限度地保护受害方。从刑法的角度分析，本罪属于结果犯，结果犯所造成的结果有广义的结果和狭义的结果两类：广义的结果不仅包含犯罪行为已引起的结果，还包含因犯罪行为可能引起的后果；狭义的结果则仅仅是指行为已造成的结果。不管是广义的结果还是狭义的结果都包括直接的实害和因直接损害受到的间接的损害事实，所以笔者认为，这里的损失不单单指直接损失，也包括间接损失。

2. 合法集会的界限是什么

对于集会行为，我国《集会游行示威法》明确规定了集会行为是指行为人聚集在公共场所表达自己意愿的活动，有学者将非政治性集会行为定义为3人以上因共同目的和诉求临时性地聚集在露天公共场所和平争取经济权利、表达意愿的非长期性行为。通常情况下，非政治性集会的目的大多是争取经济利益，表达合法诉求，解决经济纠纷，几十人甚至几百人聚集往往可能影响单位的正常运行，出于维护社会稳定或者给其他欲集会者以警示的原因，在很多情况下便以聚众扰乱社会秩序罪定罪处罚。有学者认为，不管当事人的诉求合法与否，只要符合了聚众扰乱社会秩序罪的构成要件，就应按照聚众扰乱社会秩序罪来定罪处罚。[1]笔者不认同这个观点，如果集会人群要求

---

[1] 吴大华、任忠臣："聚众扰乱社会秩序罪若干问题探讨"，载《江西公安专科学校学报》2011年第1期，第61页。

合理，积极与单位或政府协商，没有采取暴力，那么就不具备主观恶性，没有犯罪的故意或放任，即使客观上造成了对社会秩序的破坏，根据主客观相一致的定罪原则也不能轻易以犯罪论处。由于集会行为的目的具有正当性，决定了在其演进过程中即使出现了些许刑事犯罪特征，也应作适当的容忍，并以非刑罚手段首先进行缓和。[1]

四、案件分析结论

王某仲等人不构成聚众扰乱社会秩序罪。

根据前文对聚众扰乱社会秩序罪构成要件的分析，聚众扰乱社会秩序罪客观方面的情节严重是指由于行为人的聚众扰乱行为，企事业单位、社会团体的正常活动无法进行，并造成严重损失。致使工作、生产、营业和教学、科研无法进行与造成严重损失二者必须同时具备，前者是行为人实施扰乱行为的社会危害性的直接表现，后者是社会危害性的实际所在。二者作为衡量情节严重的具体表现，须同时满足。案例中因被告人王某仲等人的静坐、围堵行为造成东兴公司进出货的 90 余辆货车无法进出，公司因煤炭不能及时入库被迫减产保温，企业无法正常生产经营，造成严重损失这一事实看似符合情节严重的要求，但东兴公司系未经批准擅自违法生产，对村民的搬迁工作未予进行。截至本案案发时，东兴公司的相关环保、建设手续仍在办理之中，虽已经实际正式生产，但村民搬迁工作尚未开展。由此可见，东兴公司本不具备正常生产、作业的资格，其违法生产造成污染，已经严重影响了村民的正常生活及身体健康。在此情形下东兴公司的生产本不应该继续下去，虽然被告人王某仲等人不该采用静坐、有限度地围堵等过激方式，但不能否认东兴公司违法的工作生产秩序受到破坏不应该被用于评价王某仲等人聚众扰乱社会秩序行为情节严重。王某仲等人系针对东兴公司违法生产造成污染的阻却行为，并没有对其他合法的工作、生产、营业和教学、科研秩序造成严重危害。另外，构成聚众扰乱社会秩序罪除客观方面要实施聚众扰乱社会秩序行为，致使工作、生产、营业、教学、科研和医疗等无法正常进行，造成严重损失外，还要求主观方面是犯罪故意，即明知自己的行为会对国家机关与

---

[1] 梅传强、滕超："论群体性事件中的犯罪鉴别与刑法处置"，载《经济研究导刊》2014 年第 4 期，第 298 页。

人民团体的工作秩序、企业单位的生产与营业秩序、事业单位的教学与科研秩序造成破坏，却为了实现自己的某种无理要求或者借机发泄不满情绪希望或者放任该特定范围内的社会秩序被破坏。但被告人王某仲等人因企业污染环境等原因，曾向徐州市贾汪区江庄镇政府信访反映情况未果，后才聚集村民到泡花碱厂和东兴公司堵门索要污染费。且王某仲等人先后2次去东兴公司，要求见单位负责人谈判索要污染费，但均被门卫阻拦未能如愿，东兴公司亦未予理睬。后村民分别对东兴公司西门、北门、南门进行围堵。由此可见，村民不以实施违法犯罪活动为目的，仅试图解决利益纠纷，维护合法权利，村民具有共同的经济目的，而非蓄意破坏、制造事端。在聚集过程中没有出现打砸物品的行为也没有斗殴行为。围堵时，王某仲在距离大门5米左右的地方用白石灰画出白线，告诉村民不要超过白线，不要打人、骂人，不要打砸东西，只拦车辆，不许阻拦进出上下班的人。由此可以判断出此次活动手段方式是相对缓和的，不具有人身侵害性，未造成恶劣的社会影响，行为情节未超出必要限度。根据主客观相结合原则，该行为尽管方式方法有些偏激，但整体上仍属于为维护自己合法权益的集会行为。

（石婷婷供稿）

第四节　聚众斗殴罪

一、案例基本情况

2004年1月28日下午，被告人任某顺等6人因为琐事与他人发生矛盾。任某顺纠集马某勇、陈某望、张某海等60多人坐车并携带众多杀伤性武器到达新乡县古国寨镇政府路桥处找崔某良等人进行殴斗。案发时，崔某良等人因寡不敌众，实力悬殊，立马逃离了现场。任某顺使用自己制作的弓箭造成了另一方人员张某祥肩部受了轻微伤。追打过程中，由于张某平身体单薄，只能选择逃避。任某顺等人见状怒气难消，将沿途的倍加好超市门口的落地窗玻璃击碎，超市内的工作人员杨某害怕因此受到伤害，急急忙忙地从倍加好超市的二楼纵身跳下。事后，经省人民医院鉴定，杨某腰间骨头受损，属于轻伤。任某顺余怒未消，又招呼陈某望等人前往崔某良经营的名贤沐浴中心泄愤打砸，造成5000多元的损失；还殃及现场四周的多家饭店，打砸造成了 3000 多元的损失。2004 年 3 月 1 日，任某顺、陈某望、马某勇前往当地的公安机关自首，在案件办理过程中赔偿受害人崔某良 15 000 元。任某顺、陈某望、马某勇最终均被认定构成聚众斗殴罪，分别被判处有期徒刑 4 年、有期徒刑 2 年、有期徒刑 2 年。被告人上诉后，二审法院维持原判。[1]

二、争议焦点

1. 如何理解聚众？
2. 如何理解斗殴？
3. 本罪是否为对合犯？

三、法理分析

聚众斗殴罪，是指基于私仇宿怨、争霸一方或者其他藐视法纪的动机，在首要分子的组织、策划、指挥下结伙成帮地进行斗殴，破坏公共秩序的行为。[2] 马克昌先生认为，聚众斗殴罪，是指组织、策划、指挥他人聚众斗殴或者积极参加聚众斗殴的行为。[3] 周光权教授认为，聚众斗殴罪是指聚集多人相互攻击对方身体的行为。[4]

1. 如何理解聚众

从字面上理解，"聚众"中的"聚"是纠集召集之意；"众"指多人，我国自古以来就有"三人为众"的说法，所以，"众"应指 3 名以上的人，综合起来，聚众就是纠集或召集 3 名以上的人。由于刑法在聚众斗殴罪中强调众多的人形成一个整体与另一方进行斗殴，因此聚众中的人数应当包括实行纠集或召集活动的人，这种人通常属于首要分子。

此外，在理解"聚众"时，应注意以下几个问题：①"聚众"虽然意指纠集或召集 3 名以上的人，但这是对斗殴形式的要求，并不意味着本罪是当然的共同犯罪。②虽然构成本罪需要存在一个斗殴的相对方，但并不要求相对方的人数也达到 3 人以上，即只要斗殴中的一方行为人具备聚众的要求，

---

[1] 新乡市新乡县人民法院 [2004] 新刑初字第 112 号刑事判决书。
[2] 《刑法学》编写组编：《刑法学》（下册·各论），高等教育出版社 2019 年版，第 196 页。
[3] 高铭暄、马克昌主编：《刑法学》（第 4 版），北京大学出版社、高等教育出版社 2010 年版，第 488 页。
[4] 周光权：《刑法各论》（第 2 版），中国人民大学出版社 2008 年版，第 372 页。

就可构成本罪,另一方行为人是否属于聚众则不影响其行为的性质。③聚众既可以是事先纠集召集,也可以是临时纠集、召集。④聚众不是聚众斗殴罪的实行行为,而仅是"斗殴"的一种形式。所谓实行行为,亦称实行犯罪,是指实施刑法分则规定的直接威胁或侵害某种具体社会关系而为完成该种犯罪所必需的行为。这种行为的本质属性是直接威胁或侵害某种具体社会关系。[1]具体到本罪,刑法虽然将本罪的罪状表述为"聚众斗殴",但不宜将聚众理解为与斗殴一样,系本罪的实行行为。因为,刑法仅将聚众斗殴的行为规定为独立的犯罪,而未将非聚众形式的斗殴行为规定为独立犯罪,从这种情况的立法精神上看,无外乎是聚众斗殴由于斗殴的人数多、规模大,因而对社会公共秩序危害已达到要作为犯罪予以严厉惩治的程度。所以,笔者认为,《刑法》第292条规定的"聚众"强调的仅仅是斗殴的形式,而不是把聚众作为犯罪的实行行为。

2. 如何理解斗殴

"斗殴"通常是指通过暴力的形式来进行双方之间的搏斗与伤害。从字面上理解,"斗殴"中的"斗"是"争斗、斗争",且只能在双方之间进行;"殴"即"殴打",系施加暴力于人身之意。可见,"斗殴"是指相互以暴力攻击对方身体的行为。相互斗殴的行为即"互殴",与"防卫"行为在本质上是对立的,"互殴"时必然排除"防卫"的存在,"防卫"时也否定"斗殴"的存在。[2]

3. 本罪是否为对合犯

对合犯,即基于双方的对向行为构成的犯罪。我国刑法将这种犯罪形式分为两种情况:①对双方互相对应的各个行为给予不同的评价,规定同一的法定刑,如重婚罪;②对双方互相对应的各个行为给予不同的评价,规定不同的法定刑,如行贿罪与受贿罪。[3]司法实务中对本罪产生这种争议的根源在于争议各方对聚众斗殴罪客观方面的不同理解。对合犯要求某一犯罪的实施或完成必须基于两个行为人双方之间的对应行为,缺乏其中一方的行为,这种犯罪就无法完成或无法实施。在我国刑法中,对于对合犯有的采取共同

---

[1] 马克昌主编:《犯罪通论》,武汉大学出版社1991年版,第180~181页。
[2] 陈兴良:"互殴与防卫的界限",载《法学》2015年第6期,第129页。
[3] 马克昌主编:《犯罪通论》,武汉大学出版社1991年版,第502页。

犯罪的立法形式（如重婚罪），但多数采取单独犯罪的立法形式（如受贿罪与行贿罪，拐卖妇女、儿童罪与收买被拐卖的妇女、儿童罪等）。对合犯通常作为同案犯合并审理。就本罪而言，聚众行为不要求对合性，不以斗殴对方是否聚众作为构成该罪的客观方面要件。如斗殴一方为聚众3人以上，另一方仅2人甚或1人，如果斗殴双方都出于逞强称霸、夺取地盘或者其他变态心理，且行为的指向并不局限于某个特定的对象，而是某一股势力中的成员，那么对聚众方的首要分子和积极参加者，构成犯罪的，应按聚众斗殴罪追究刑事责任。非聚众方构成犯罪的，可按寻衅滋事或故意伤害罪处理。也就是说，只要斗殴双方中有一方属于聚众，其行为就具有严重扰乱社会公共秩序的性质而须作为犯罪处罚。而且，从刑法的规定来看，在斗殴活动中，只要有聚众的情况，聚众斗殴罪就可存在。实践中的斗殴有双方各自聚众的，也有仅一方聚众的，不能认为仅一方聚众就没有聚众斗殴罪的存在，否则便明显违背了刑法规定的精神。从这个意义上讲，聚众斗殴罪是"任意"的对合犯，而非"必要"的对合犯。

四、案件分析结论

本案被告人任某顺等人构成聚众斗殴罪。

如前述分析，本案涉及对合犯的有关原理。对于聚众斗殴罪而言，聚众行为不要求对合性，不以斗殴对方是否聚众作为构成该罪的客观方面要件。即便是单方符合"聚众""斗殴"的形式，也可以构成本罪。本案中，被告人任某顺等人因与崔某良等人发生矛盾，便纠集陈某望、马某勇等60余人找崔某良等人斗殴，尽管崔某良等人事发时离开现场，没有形成聚众互相斗殴的对峙局面，但此情节只涉及对崔某良等人行为的评价，而不影响对被告人任某顺等人行为性质的认定，任某顺等人在此过程中造成他人人身伤害和财产损失，严重破坏了公共秩序，根据我国《刑法》第292条的规定，其行为已构成聚众斗殴罪。

（左兵供稿）

第五节 寻衅滋事罪

一、案例基本情况

2014年8月20日零时许，被告人李某庚、王某1、王某2酒后在石河子市金马市场"深夜2：30"音乐酒吧门前，因琐事与被害人杨某、丁某发生争执。李某庚、王某1和王某2对杨某、丁某拳打脚踢，王某1持刀捅刺杨某背肩部，李某庚持刀捅刺杨某胸腹部数刀，致丁某轻微伤、杨某死亡。公安机关接到报案后赶赴案发现场，在石河子市22小区将李某庚、王某1抓获。第二天14时，在亲属的陪同下，王某2自愿到公安机关自首。经鉴定，杨某系被他人持单刃锐器致心脏破裂急性心包填塞，导致急性循环衰竭死亡。

兵团第八师中级人民法院审理兵团人民检察院第八师分院指控被告人李某庚、王某1犯故意伤害罪，王某2犯寻衅滋事罪，附带民事诉讼原告人杨某峰、王某、胡某霞、杨某提起附带民事诉讼一案，于2015年5月6日作出[2015]兵八刑初字第4号刑事附带民事判决。被告人李某庚、王某1、王某2对刑事部分不服，分别提出上诉。[1]

二、争议焦点

如何认定主观故意中的"随意"？

三、法理分析

所谓寻衅滋事罪，是指寻衅滋事，破坏社会秩序的行为。其具体表现为在公共场所无事生非，起哄闹事，随意殴打、拦截、辱骂、恐吓他人，强拿硬要，任意损毁，占用公私财物，破坏公共秩序，情节严重的行为。[2]

随意殴打他人，情节恶劣的是寻衅滋事罪的一种表现方式，其与故意伤害罪在行为特征、后果特征上很相似。二者在行为方式上都是对被害人实施殴打的伤害行为，只是寻衅滋事罪的殴打带有随意性、不确定性，故意伤害罪的殴打则是较为明确的。从后果上看，寻衅滋事罪造成的危害结果一般在

---

[1] 新疆维吾尔自治区高级人民法院[2015]新刑二终字第44号刑事判决书。
[2] 《刑法学》编写组编：《刑法学》（下册·各论），高等教育出版社2019年版，第197~198页。

轻伤以下，故意伤害罪则要求造成的伤害程度达到轻伤以上程度。二者的主要区别在于是否属于"随意"殴打。刑法规定的随意殴打他人，是指行为人出于耍威风、殴打他人以取乐等不良的动机，无缘无故、没有理由殴打自己认识的抑或素不相干的人。所谓"情节恶劣"，意指违法行为人以残忍手段肆意殴打他人，屡次殴打他人，并且导致被殴打人人身损害、自杀等严重的为刑法禁止的后果。随意是任凭自己意愿随心所欲，对殴打的对象、殴打的原因、殴打的方式都具有一定程度的随意性。在判断随意时不能简单地直接以绝对的事出有因或事出无因机械判断。随意除了指毫无缘由地无事生非，如随意调戏陌生人，也包括行为人不能理性解决纠纷，因日常生活琐事与他人发生殴打行为。同样也不能因行为人随意提出的违背常理常情的所谓的原因而认定为事出有因。只要当社会一般人从犯罪人的立场进行思索，也就是不能够接纳犯罪人的殴打行为时，那么犯罪人的殴打行为便是随意的。对于违法行为人刑法上的殴打行为是否是随意的，一般需要结合客观事实与主观动机一同判断。

四、案件分析结论

王某2构成寻衅滋事罪。

本案中，上诉人李某庚、王某1、王某2在酒后为逞强耍横，在公共场所随意殴打他人，致一人死亡、一人轻微伤。其三人在寻衅滋事的范围内成立共同犯罪。在三人实施殴打行为的过程中，其中李某庚、王某1持刀捅刺杨某腹部和背部，王某2与该二人并未形成造成杨某重伤或死亡的合意，同时在随意殴打被害人过程中也并未对被害人实施任何捅刺行为，被害人杨某死亡的危害结果与王某2的殴打行为之间并不具备因果关系，属于李某庚、王某1实行过限的行为，超出了寻衅滋事的共同犯罪的范围。因此，该危害结果应当由造成被害人杨某死亡结果的李某庚、王某1共同承担，与王某2无关。

根据最高人民法院、最高人民检察院《关于办理寻衅滋事刑事案件适用法律若干问题的解释》第7条的规定，行为人实施寻衅滋事行为的，造成被害人伤亡结果的，其行为在构成寻衅滋事罪的同时又符合故意伤害罪的构成要件，应依照处罚较重的故意伤害罪定罪处罚。本案中，上诉人李某庚持刀捅刺被害人杨某胸腹部数刀，是故意伤害他人的实施者和致人死亡的完成者，在故意伤害的共同犯罪中起主要作用，系主犯，应对被害人杨某死亡承担主要责任；上诉人王某1捅刺的是被害人杨某的背肩部，虽并未实施伤害致死行为，但因与李某庚属共同犯罪，其明知二人的共同捅刺行为或者其中一人的捅刺行为，会造成杨某重伤、死亡的结果，仍继续合力实施伤害行为，属于故意伤害他人的实施者，在故意伤害的共同犯罪中起次要作用，系从犯；而王某2在行为过程中因并未使用刀具，行为相对节制，且与杨某死亡结果不具备因果关系，因此对其行为应定性为在寻衅滋事过程中起辅助作用，系从犯。

（姬换晓供稿）

第六节　组织、领导、参加黑社会性质组织罪

一、案例基本情况

博罗县人民检察院以博检公诉刑诉［2018］243号起诉书指控被告人杨某伟、宋某云、李某、周某、王某磊、望某虎、王某明、郝某三、叶某旺、李某波犯寻衅滋事罪、非法拘禁罪、开设赌场罪，于2018年5月2日向博罗县人民法院提起公诉。博罗县人民法院依法组成合议庭，公开开庭审理了本案。公诉机关指控，自2017年3月开始，被告人杨某伟、宋某云、李某纠集在一起，在博罗县龙溪镇范围内通过实施开设赌场、寻衅滋事、非法拘禁等违法犯罪活动获取利益，形成了以杨某伟为首，以宋某云、李某为参加者的恶势力犯罪团伙。

2017年3月份起，被告人杨某伟、宋某云、李某经商量后，多次在博罗县龙溪镇鑫鹏商务酒店内通过制造事端、打砸财物等手段，收取该酒店经营者何某当年8月至11月"保护费"共计人民币20 000元。2016年5月，被害人杨某向陈某1借款6万元。2017年7月初，陈某1通过陈某（另案处理）找到被告人杨某伟、宋某云、李某、周某帮忙催收债务。2017年7月7日晚，杨某伟、宋某云、李某、周某、陈某到博罗县湖镇镇将被害人杨某押到博罗县龙溪镇鑫鹏商务酒被告人店3018房，限制被害人杨某的人身自由，直至同年7月10日16时许被害人杨某筹得现金还款，杨某伟、宋某云、李某等人才将被害人杨某释放。因成功追回欠款，杨某伟等人从中获得一万元报酬。

2017年9月份开始，被告人杨某伟、王某磊纠集被告人宋某云、李某、周某、望某虎、王某明、郝某三、李某波，先后在博罗县龙溪镇长湖沥小组被告人叶某旺、叶某（另案处理）兄弟提供的鸿信驾校办公室内以及该镇苏村石墩石场一板房内、白莲湖村一瓦房内开设流动赌场，多次组织他人进行扑克牌"三公"聚众赌博，每次从中抽取数千元不等。在此期间，宋某云、周某、望某虎、王某明充当赌场股东及招呼赌客的工作人员，李某充当赌场招呼赌客的工作人员，郝某三在赌场内放贷及充当赌场招呼赌客的工作人员，李某波充当赌场的荷官，负责发牌。[1]

二、争议焦点

如何认定黑社会性质组织和恶势力犯罪集团的关系？

三、法理分析

组织、领导、参加黑社会组织性质罪是指组织、领导、参加黑社会性质组织的行为。[2]本罪的客体是复杂客体，既侵犯了经济秩序，同时又侵犯了公民的人身财产权利。本罪的客观方面表现为行为人实施了组织、领导、参加或者积极参加黑社会性质组织的行为。本罪的主体为一般主体，任何已满16周岁并具有刑事责任能力的自然人均可成为本罪的主体。国家机关工作人员组织、领导、参加黑社会性质组织的，应从重处罚。本罪的主观方面是直接故意，即行为人怀着明确的意图组织或者领导黑社会性质组织，或者明知是黑社会性质组织而参加。[3]

《刑法》第294条第5款明确规定，黑社会性质组织应当同时具备以下特征：①形成较稳定的犯罪组织，人数较多，有明确的组织者、领导者，骨干成员基本固定；②有组织地通过违法活动或者其他手段获取经济利益，具有一定的经济实力，以支持该组织的活动；③以暴力、威胁或者其他手段，有组织地多次进行违法犯罪活动，为非作恶，欺压、残害群众；④通过实施违法犯罪活动，或者利用国家工作人员的包庇或者纵容，称霸一方，在一定区

---

[1] 广东省博罗县人民法院［2018］粤1322刑初286号刑事判决书。
[2] 《刑法学》编写组编：《刑法学》（下册·各论），高等教育出版社2019年版，第203页。
[3] 高铭暄、马克昌主编：《刑法学》（第8版），北京大学出版社、高等教育出版社2017年版，第547~549页。

域或者行业内,形成非法控制或者重大影响,严重破坏经济、社会生活秩序。

《刑法》第 26 条第 2 款规定,犯罪集团是指三人以上为共同实施犯罪而组成的较为固定的犯罪组织。根据《关于严厉打击涉恶类犯罪集团的通知》的精神,恶势力犯罪集团是指行为人经常纠集在一起,以暴力、威胁或其他手段,在一定区域或者行业内多次实施违法犯罪活动,为非作恶,扰乱经济、社会生活秩序,造成较为恶劣的社会影响,符合犯罪集团的法定条件,但尚未形成黑社会性质组织的犯罪组织。由此可见,黑社会性质组织一般是随着恶性程度增加逐步由犯罪集团发展起来的。

恶势力犯罪团伙是黑社会性质组织的雏形,与黑社会性质组织相比,其在以下方面有程度的差异:其一,组织程度不同。恶势力犯罪集团的人数和组织结构比黑社会性质组织更少、更为松散。人数要求只需 3 人以上即可,成员间管理更为松散。黑社会性质组织成员人数更多且更为稳定,层级明显,职责分工较为明确。其二,从行为上看,两者都是为非作恶,欺压百姓。黑社会性质组织一般是有组织计划地多次进行违法犯罪活动,恶势力犯罪团伙实施违法犯罪则随意性更大。其三,经济特征和危害程度也不同。黑社会性质组织要求具备一定经济实力用于组织活动,比恶势力犯罪集团具有更大的经济实力,黑社会性质组织可对某一经济领域或行业产生重大影响,或在一地实现垄断,涉及面和伤害力显然甚于恶势力犯罪团伙。

黑社会性质组织与一般恶势力犯罪集团的区别在于:其一,犯罪组织的严密性。黑社会性质组织具有一般犯罪集团的组织特征,但其组织规模更大、人数更多,分工更明确,组织纪律更为严格。其二,经济实力的必须性。黑社会性质组织必须是有组织地通过违法犯罪活动或者其他手段获取经济利益,具有一定的经济实力,以支持该组织的活动。一般犯罪集团的成立,则没有经济实力上的要求。其三,犯罪活动的区域性。黑社会性质组织称霸一方,在一定区域或者行业内形成一种非法控制或者重大影响,严重破坏经济、社会生活秩序,这是一般犯罪集团难以达到的。其四,社会危害的严重性。黑社会性质组织具有强烈的反社会意识,为了壮大势力、逃避打击,它们往往披着某种合法的外衣,通过暴力、胁迫、物质利诱、美色勾引等手段拉拢国家工作人员,建立其强大的保护网,这一点是普通刑事犯罪集团所无法比拟的。

四、案件分析结论

被告人杨某伟、宋某云、李某等人具备恶势力犯罪的性质，但尚未形成黑社会性质组织的违法犯罪组织，属于"恶势力"犯罪团伙。

通过上述法理分析可知，一般犯罪集团、恶势力犯罪团伙和黑社会性质组织的主要差别集中体现在"组织体"和"恶性"程度上。"组织体"特征主要包含组织成员、组织结构、目标导向、活动系统、外部联系、物质基础等内容；"恶性"特征主要包含手段的恶性、形象的恶性和结果的恶性。"组织体"特征和"恶性"特征是黑恶势力犯罪组织之间进行相互区分的主要标准。本案中，被告人杨某伟、宋某云、李某是从2017年5月开始纠集在一起，距离案发时间不长，且虽然实施的个别犯罪人数众多，但团伙的主要组织成员只有有三人，因人数原因，组织成员中并未体现出明显层级，被告人杨某伟是该组织相对固定的纠集者，是首要分子，被告人宋某云、李某是该组织较为固定的重要成员。从组织上看，该团伙尚不符合黑社会性质组织的组织特征要求。杨某伟等人虽然通过违法犯罪手段获取了经济利益，但该经济实力尚未达到一定规模，也不具有调动相应经济资源支持其实施违法犯罪活动的能力，所以也不符合黑社会性质组织的经济特征。从行为上看，三被告人采用暴力、威胁手段在博罗县龙溪镇范围内多次实施寻衅滋事、非法拘禁、开设赌场等违法犯罪活动，造成较为恶劣的社会影响。从危害性特征看，因该团伙成立时间短，实施犯罪涉及罪名也不多，尚达不到黑社会性质组织要求的在一定经济领域或行业形成重大影响和非法控制的程度。

（刘芳供稿）

第七节 赌博罪

一、案例基本情况

东莞市第二市区人民检察院以东二区检刑诉〔2017〕861号起诉书指控被告人陈某、程某艳犯开设赌场罪，于2017年5月9日向广东省东莞市第二人民法院提起公诉。公诉机关指控并经法院审理查明，2017年1月10日起，被告人陈某、程某艳在其夫妻二人经营的东莞市大朗镇巷尾村崇文区121号乐某百货内通过免费提供赌具、香烟、泡面等服务并以轮流坐庄"斗牛"的方式招揽他人赌博,从中抽水获利。经查,截至案发,陈某、程某艳共在该店内聚众赌博7次,共获利约7000元。同月20日凌晨30分许,公安人员巡查该百货店时,抓获陈某、程某艳及6名参赌人员(均另作处理),并当场缴获水钱2170元、赌资2640元及麻将机、扑克牌等赌具。综合二被告人的供述、证人证言及案发当日被抓的赌客人数,可认定被告人陈某、程某艳组织参赌7次,参赌人数累计20人以上,获利约7000元。[1]

二、争议焦点

1. 赌场的认定标准是什么?
2. 与聚众赌博的界限是什么?

三、法理分析

赌博罪是指以营利为目的,聚众赌博或者以赌博为业的行为。[2]本罪侵犯的是社会正常管理秩序。客观行为表现为实施了聚众赌博或者以赌博为业的行为。关于何为"聚众赌博"行为,最高人民法院、最高人民检察院在2005年出台的《关于办理赌博刑事案件具体应用法律若干问题的解释》第1条作出了明确规定。

1. 赌场的认定标准是什么

根据《刑法》,最高人民法院、最高人民检察院《关于办理赌博刑事案件具体应用法律若干问题的解释》和最高人民法院、最高人民检察院、公安部《关于办理网络赌博犯罪案件适用法律若干问题的意见》的相关规定,赌场就是供赌博人员进行赌博的场所或地方,包括线下处所和网络空间。

作为线下处所的赌场,一般来说是长期的、稳定的且受聚赌人员控制的住宅或者经营性用房,比如宾馆、娱乐场所等,可以是自己所有的,也可以是租用的;在该赌博场所中应当配备好各种用于赌博的工具,提供一些日常生活用品,聘用一些打扫卫生、端茶倒水、发牌收款等为赌博服务的人员,同时也应当配套一些高利贷、收付款等赌资结算、融通等服务;到赌场参加

---

[1] 广东省东莞市第二人民法院[2017]粤1972刑初1005号刑事判决书。
[2]《刑法学》编写组编:《刑法学》(下册·各论),高等教育出版社2019年版,第209页。

赌博的人员一般以陌生人为主，少量熟客为辅；赌场内的赌博方式和规则一般也由行为人预先设定，庄家一般由赌场方担任。作为线上网络空间的网站、APP等网络赌场，基本与前述线下场所式的赌场相同，只是将线下的赌博空间转移到线上。另外，此处所指的赌场还应当与合法经营的棋牌室等娱乐场所区分开来。

本案中，被告人陈某、程某艳聚集他人在其所开的乐某百货店内进行了7次赌博活动，在赌博期间确实也供给了一些赌博工具、香烟和泡面等生活用品，被告人由此也收受了数千元的水钱，但参加赌博的人数较少，而且都是熟悉人员，7次累计参赌人员达到7人，赌博过程中轮流坐庄，被告人最终共计获利约7000元。因此，被告人聚集他人赌博的地方即其乐某百货店，不符合开设赌场罪中的赌场。

2. 与聚众赌博的界限是什么

根据最高人民法院主办的《刑事审判参考》（2007年第5集），可以从以下几个方面对赌博和开设赌场进行界分。

1. 赌博的规模标准

根据《公安机关管辖的刑事案件立案追诉标准的规定（一）》第43条的规定，聚众赌博是指"组织三人以上赌博"，由此可知，赌博罪中对参与赌博行为的对象人数要求为至少是3人，赌博罪中的聚众赌博方式一般较为单一，参加赌博人员较为固定，行为人一般是通过自己的人际关系或人际资源小范围内组织聚众赌博活动，且在必要时自己也会加入聚众赌博活动，赌博规模较小。但是开设赌场罪中的赌博活动规模则较大，因为是为专门从事赌博经营活动而设立的，参与赌博的行为对象往往远超3人，参赌人员一般不固定，赌博方式较为多样化，赌博活动一般无须经营者组织参与，甚至在赌场内设有专门为赌博活动提供服务的人员。

2. 赌博场所固定程度标准

聚众赌博的赌博场所一般不具有固定性，有时候在行为人家中，有时候在宾馆房间，有时候在某临时租赁的场所内。而开设赌场罪中的赌博场所一般较为固定，是行为人为经营赌博活动固定下来的场所，相比聚众赌博罪中的赌博场所较为固定。

3. 赌博持续时间标准

赌博罪中赌博行为一般需行为人临时纠集，时间持续性短，一次赌博结束后即解散,往往需要有人再次组织才能进行。而开设赌场罪中的赌博活动具有持续性和稳定性,赌博场所一般不间断开放以供参赌人员随时参与其中。

4. 公开性标准

赌博罪的赌博活动一般都是秘密进行的,除参与赌博活动者外,其他旁人较难知晓。加之聚众赌博的规模较小,行为人通常都是基于自己的特定人际圈小范围内组织赌博活动,一般参与赌博活动的人员也较为固定,所以具有隐秘性。而开设赌场罪中的赌博活动因规模较大,参与人员更多,不仅仅局限为行为人的特定交际圈,有时甚至面向不特定人群。故其隐秘性不如聚众赌博,具有半公开性。

四、案件分析结论

被告人陈某、程某艳的行为尚达不到开设赌场罪的相关程度要求,与聚众赌博的情形更加吻合,应以赌博罪对二被告人定罪处罚。

根据本案案情介绍,综合二被告人的供述、证人证言及案发当日被抓的赌客人数,可认定被告人陈某、程某艳组织参赌 7 次,参赌人数累计 20 人以上,获利约 7000 元。对于被告人陈某、程某艳的行为性质的认定,即需要结合上述关于赌博罪与开设赌场罪的相关法理分析综合判断。在本案中,虽然二被告人有利用自己经营的百货店面作为赌博场所,并提供相应的赌具,招揽他人参与赌博活动,看似符合开设赌场罪的客观外在表现,但从赌博的规模标准、场所固定程度标准、赌博持续性和公开性标准来看,其二人行为更符合聚众赌博的情形。因陈某、程某艳提供的赌博场所为其经营的百货店,具有一定的固定性,但该门店本身并非专门为赌博而设。从二被告人每次组织聚众参与赌博的次数与对象人数来看,组织参赌 7 次,人数为 20 人以上,说明其组织的赌博活动系小范围人员参赌,其并未聘请其他工作人员,被告人自己也参与赌博活动,赌博的规模尚未达到开设赌场罪的规模性程度,不具有开设赌场罪要求的组织性特点。另外,从赌博持续性程度来看,参赌人员系轮流坐庄,同时,每次聚赌的时间都不固定,具有临时性,且持续时间不长,不具有开设赌场罪要求的持续性和稳定性。

(刘芳供稿)

第八节　伪证罪

一、案例基本情况

被告人张某永，男，1977年7月出生，汉族，中专毕业，河南省柘城县陈青集镇成人学校老师。因涉嫌伪证犯罪，被商丘市梁园区人民检察院提起公诉：被告人张某永在2016年商丘市梁园区人民检察院办理的刘某超滥用职权、贪污一案中，其作为证人，对与案件有重要关系的情节，在侦查阶段及庭审过程中作出相互矛盾的证言，造成了一定后果。公诉机关向法庭提供了被告人供述、证人证言、有关书证等相关证据，认为被告人张某永的行为已触犯《刑法》第305条之规定，构成伪证罪，请求依法判处。

被告人张某永对起诉书指控的犯罪事实无异议。其辩护人意见：①被告人张某永所作证言在证明方向上是一致的，不属于相互矛盾的证言。②被告人张某永作证时是在住院期间，有其身体上的原因，且其证言对于刘某超案件而言不属于重要情节的证言，综上被告人张某永的行为不构成伪证罪。[1]

二、争议焦点

1. 本罪的犯罪目的是什么？
2. 如何区分伪证与误证的界限？

三、法理分析

伪证罪，是指在刑事诉讼中，证人、鉴定人、记录人、翻译人对与案件有重要关系的情节，故意作虚假证明、鉴定、记录、翻译，意图陷害他人或者隐匿罪证的行为。[2]

1. 本罪的犯罪目的是什么

根据《刑法》第305条的规定，证人、鉴定人、记录人、翻译人故意作虚假证明、鉴定、记录、翻译的目的是陷害他人，或者隐匿罪证。由此可以看出本罪的主观方面要求行为人必须是持故意心态。一般认为是直接故意，

---

[1] 商丘市梁园区人民法院［2017］豫1402刑初817号刑事判决书。
[2] 《刑法学》编写组编：《刑法学》（下册·各论），高等教育出版社2019年版，第211页。

而不包括间接故意。伪证罪的刑法条文表明本罪为目的犯,即行为人必须具备陷害他人或者隐瞒罪证的目的。一般来说,行为人只有在直接故意的主观心态下才会积极追求某种结果的发生,希望能达成自己的犯罪目的。而在间接故意或者过失的主观罪过下,行为人不可能积极追求犯罪结果的出现,也就不存在犯罪目的。[1]

被告人张某永在作出不同证言时其主观方面是何种心态,如是属于为达到陷害他人或是隐匿罪证的目的而故意作出虚假证明,抑或确因记忆错误导致不可避免地出现证言无法全然一致的情形。本案中被告人张某永在刘某超滥用职权、贪污案中作为关键证人,其证言所证明的部分属于直接关系到刘某超能否构成犯罪、构成何种罪名以及罪刑的轻重方面的情节,且其前后故意作出不一致的证言。但是,张某永确非出于陷害刘某超或为了掩盖事实的目的作出前后不一致的证言,而是因其前后记忆误差,不是出于主观故意作出虚假的证言,确非出于陷害他人或隐匿罪证的目的。

2. 如何区分伪证与误证的界限

判断本案罪与非罪实则是要准确区分"伪证"和"误证"的界限。不论是"伪证"还是"误证"都是发生在刑事诉讼活动中的行为,两者的区别主要在于行为人的主观罪过以及客观方面。

伪证是指行为人主观方面明知自己作了虚假的证明、鉴定、记录、翻译会使他人受到不应有的刑事制裁或使本该受刑事制裁的人逃脱司法制裁的结果,却希望和追求该结果的发生。"伪证"一般针对的须是与案件有重要关系的情节,即对认定行为是否构成犯罪、认定犯罪的性质、认定罪行轻重有重要影响的情节。行为方式有两种情况:一种是虚构犯罪事实,伪造证据,把无说成有;另一种是掩盖本来事实,隐匿证据,把有说成无。而"误证"则并没有对象的限定,可以是任何与案件有关的情节。具体来说,要求行为人明知自己是在作虚假的证明、鉴定结论、记录内容、翻译结果。证人因为记忆误差、对案件的情况只了解部分或是道听途说或是因其他客观原因的限制,导致作了与客观真实情况不完全一致的证言;鉴定人由于不具备专业技能或专业知识不丰富导致作出了错误的鉴定意见;记录人、翻译人因缺乏熟练的工作技能,或因粗心做了错误的记录、翻译,在这些情形下,行为人不具备

---

[1] 何秉松主编:《刑法教科书》(上卷),中国法制出版社2000年版,第297页。

主观上的故意；同时行为人还须对自己行为将会产生的后果有一定的认识，即要求行为人明知自己做出虚假证明、鉴定、记录、翻译的行为会使不该受刑罚制裁的人遭受制裁或该受制裁的人逃脱刑罚惩处。这一点只要求行为人的行为会给他人带来这样的风险即可，最后是否实际造成了行为人希望发生的结果并不影响认定行为人的主观罪过。而"误证"情形下的行为人主观上显然是出于过失甚至是其他不可避免的客观因素导致所做的证明不真实、鉴定结论、记录内容、翻译结果错误，行为人也不可能具有陷害他人或隐匿罪证的目的。

另外，从客观方面来看，"伪证"行为和"误证"行为也有差异，虽然这两种行为都表明行为人做出的证明、鉴定、记录、翻译是不真实的。伪证的虚假认定标准应采用主客观一致学说，即需结合行为人做出这些与客观事实不相符合的证言、鉴定结论、记录内容、翻译结果的原因综合判断，只有当这些与客观不符的不真实的证言、鉴定意见、记录内容、翻译结果既违反了行为人的主观记忆，且又不符合客观案件事实时才能认定行为人做出了虚假的证明、鉴定、记录、翻译。当行为人虽然违反了自己的主观记忆，但符合案件的客观事实时，因与客观事实相符，行为人不可能产生妨碍司法活动的危害性，故不能认为行为人作出了虚假证明。同样地，当行为人按照自己的主观记忆作出了自认为客观的与客观案件事实不完全相符的陈述时，此种情形下行为人在主观上因并不存在作伪证的故意也不能认定是作伪证。而"误证"情形下的行为人因并不存在故意的主观罪过，所以其所作的不实证言，或不准确的鉴定意见、记录内容、翻译结果则一般都与行为人主观记忆是相吻合的，而仅仅是与案件客观事实不一致。

四、案件分析结论

被告人张某永的行为不符合伪证罪客观方面和主观方面的构成要件，其行为属于"误证"，不构成伪证罪。

综合上述相关法理分析，"伪证"与"误证"最主要的区别在于行为人主观上是否出于故意的心态以及是否有陷害他人或隐匿罪证的目的。在本案中，从客观上看，张某永确实在侦查阶段和审判阶段作了前后不一致的证言，但这种前后不一致的证言并不必然为伪证罪中的虚假证言，因为证人在将看到或听到或经历的事件通过语言的形式再次呈现出来时都需要经过大脑的加工,从而导致结果难免会受到一定影响。

证人在不同时间可能会因自己主观记忆程度差异作出符合自己主观记忆的不同证言,而且在本案中,张某永的作证时间是在其住院期间,结合被告人当时的身体状况来看,张某永所作的前后不同但方向一致的证言完全也可能还受其身体原因的影响,这种情形下出现的与案件客观事实不一致的情形,因它与证人自身的主观记忆是相吻合的,所以不符合主客观一致标准,不能认定为是伪证罪中的"伪证",而最多只能判定为"误证"。从主观方面来看,被告人张某永虽然前后证言不同,但这种前后不一致并非由行为人主观故意造成,且并没有证据证明其有陷害他人或是隐瞒罪证的犯罪目的,所以自然不能认定行为人具有主观上的犯罪故意。检察院指控"被告人张某永对与案件有重要关系的情节,在侦查阶段及庭审过程中作出相互矛盾的证言,造成一定后果"。张某永的辩护人则认为张某永的证言不属于刘某超案件重要情节的证言。虽然控辩双方对是否属于与案件有重要关系的情节存有争议,但因张某永证言不符合虚假证言的标准,也不具有故意的主观罪过,所以即使张某永前后不一致的证言涉及与案件有重要关系的情节,也只能认定为是"误证",不符合伪证罪构成要件的要求。

(刘芳供稿)

第九节 窝藏、包庇罪

一、案例基本情况

2018年3月20日19时许,被告人首某甲驾驶湘M××××3小型普通客车,准备从江永县潇浦镇允山街健康养生馆门前回潇浦镇车田村,当驾车起步倒入车行道时,刮倒了被害人周某丁,后向前行驶时又将其碾压。随后,首某甲同被害人周某丁的儿子何某丙一起送周某丁进医院进行抢救,同时报警,并联系其表弟即被告人蒋某乙,要蒋某乙出面冒充驾驶员顶替处理。交警大队接警后,赶往事故现场进行调查,被告人蒋某乙则向处警民警谎称其是肇事者。当晚,被害人周某丁经抢救无效死亡。经法医鉴定,被害人周某丁系闭合性胸部损伤合并闭合性腹部损伤导致呼吸循环衰竭死亡。刑事立案之后,被告人蒋某乙于2018年3月20日被口头传唤到案;被告人首某甲于2018年3月22日被传唤到案。在江永县公安局交警大队民警对蒋某乙进行讯问的过程中，蒋某乙在明知首某甲系无证驾驶，且发生交通事故致一人死亡的情况下，仍谎称是自己开车撞倒被害人周某丁，企图让其表哥首某甲逃避法律追究。[1]

二、争议焦点

1. 本罪的犯罪对象包括哪些？
2. 如何理解本罪的窝藏、包庇行为？

三、法理分析

窝藏、包庇罪，是指明知是犯罪的人而为其提供隐藏处所、财物，帮助其逃匿或者作假证明包庇的行为。[2] 本罪系选择罪名，前者是指明知是犯罪的人而为其提供隐蔽场所、财物的行为；后者是指明知是犯罪的人而作假证包庇的行为。如果仅实施前一行为，应定窝藏罪；若仅有后一行为，应定包庇罪；如果针对同一犯罪人，既有窝藏又有包庇的则仍为一罪，罪名应为窝藏、包庇罪。

1. 本罪的犯罪对象包括哪些

本罪窝藏、包庇的行为对象必须是根据刑法规定实施了犯罪行为的人，包括已决犯即罪犯，也包括未决犯即犯罪嫌疑人、被告人。罪犯是指已被生效裁判确定其行为构成犯罪的人，分为已交付执行刑罚的犯罪分子和尚未交付执行的犯罪分子，包括正在执行附加刑的，以及被采取暂予监外执行和假释等特别的刑罚执行方式的人。犯罪嫌疑人、被告人是指已被刑事立案，在刑事诉讼中处于被追究刑事责任的人，有的已被采取刑事强制措施，有的根本就没有采取任何刑事强制措施。特别要注意的是，犯罪嫌疑人、被告人经立案、侦查、起诉与审判之后，最终被认定为无罪，或者无须追究刑事责任，但对此尚未作出裁判之前，行为人仍然为本罪的犯罪对象，符合本罪的犯罪构成要件。

2. 如何理解本罪的窝藏、包庇行为

本罪在客观上表现为窝藏或包庇犯罪分子两种行为：首先，窝藏犯罪分

---

[1] 湖南省永州市中级人民法院［2019］湘11刑终81号刑事判决书。
[2] 《刑法学》编写组编：《刑法学》（下册·各论），高等教育出版社2019年版，第214页。

子的行为，有如下三种情形：①为犯罪分子提供隐藏处所，如把犯罪分子秘藏于自己家中、朋友家中或深山密林、洞穴等处所，使其不易被发现；②为在逃的犯罪分子提供金钱、衣物、食品等财物，使其能够继续隐藏；③为犯罪分子提供交通工具、伪造通行证明、指示行动路线或逃跑方向等，帮助其逃跑。其次，包庇犯罪分子的行为，主要是指向司法机关作虚假证明，包括为方便犯罪分子逃避法律制裁而伪造或变造证据、隐藏证据和消灭证据等。上述两种行为，具备其中一种便可构成本罪。如果事前有通谋行为的，应以共同犯罪论处。

四、案件分析结论

被告人蒋某乙构成窝藏、包庇罪中的包庇罪。

在本案中，被告人蒋某乙明知原审被告人首某甲是肇事者，却依然向民警主动投案谎称自己是肇事者，意图使原审被告人首某甲逃避处罚。结合上述相关部分的法理分析，被告人蒋某乙明知真实的交通肇事者，却仍然针对与案件有重要关系的案件情节主动向司法机关出具虚假证言，意图隐匿其表哥首某甲的犯罪行为，其行为看似符合伪证罪的构成要件，但是从提供虚假证言的时间以及提供虚假证言的目的看来，其在作虚假供述时的身份并不属于案件真正的证人，其是在本案真实被告人首某甲交通肇事案发后赶到案发现场以肇事者身份主动投案，此时司法机关尚未对案件展开调查，也并未获悉案件真实情况，对案件的犯罪嫌疑人尚无定论，蒋某乙在此时是为了达到包庇首某甲的目的而故意参与诉讼，所以蒋某乙在提供虚假供述时并不具备证人资格，不能被认定为是案件真正意义上的证人，其在提供该虚假供述时，案件也尚未正式进入刑事诉讼中，而是在诉讼发生前。所以，即使其所作的虚假供述是关于案件的关键情节，目的也是使得犯罪嫌疑人躲避刑事惩罚，但因主体身份不适格，行为发生时间场合的差异，其行为不属于在司法机关调取证明时出具伪证，因此并不能将其行为认定为是伪证罪。而应该将被告人蒋某乙提供虚假供述的行为看作是其为了达到包庇其表哥首某甲逃避刑罚惩罚目的的一种手段，所以以包庇罪对蒋某乙定罪处罚更为准确。

（刘芳供稿）

第十节 掩饰、隐瞒犯罪所得、犯罪所得收益罪

一、案例基本情况

耒阳市人民检察院以耒检公诉刑诉〔2017〕108号起诉书指控被告人周某犯盗窃罪，于2017年3月15日提起公诉。2017年4月7日，该院以发现被告人周某有遗漏的掩饰、隐瞒犯罪所得罪应当一并起诉和审理为由，以耒检公诉刑诉追诉〔2017〕2号起诉书追加起诉。耒阳市人民检察院指控：①盗窃犯罪事实：被告人周某为谋取不法利益，于2016年10月间，单独或伙同他人在耒阳市城区或乡镇等地盗窃作案七起，盗得摩托车七辆，销赃得款6800元。经鉴定，被盗摩托车价值共计24 740元。案发后，被盗摩托车均已追回并发还给被害人。②掩饰、隐瞒犯罪所得犯罪事实：2015年4月的一天，在德泰隆路开长安汽修厂的谢某古（另案处理）来到耒阳市德泰隆路金星修理厂，以2000元的价格从谷某群（另案处理）处购买了一辆面包车（车架号：LZWACAGA097022-×××，发动机号：892021×××）。2016年10月的一天晚上，被告人周某和谢某古等人吃夜宵的时候，约定以5000元的价格买下谢某古的面包车。经查，该面包车系被害人阳某所有，于2009年7月19日被盗。经鉴定，该面包车价值人民币17 120元。案发后，该面包车已追回并返还给被害人阳某。

被告人周某供述，2016年10月的一天晚上，他和文乙、文甲在梅桥吃夜宵的时候，一个叫谢某古的人开着面包车过来了，散场的时候，他问谢某古这辆车卖不卖，谢某古就以5000元的价格把车卖给他了，当时面包车的车牌是浙D（数字已记不清），隔了几个小时后卖给他的时候车牌号为粤AK××××。买车时谢某古说有手续，后来又说没有。这辆车买的时候约有4成新，价值约6000元。谢某古本人在德泰隆与联络线交叉口处开了一间长安汽修厂。

证人谢某古的证言：2015年三四月份的一天下午，他到耒阳市德泰隆路金星修理厂，以2000元的价格从该厂厂长谷某群手里购买了一辆米黄色的面包车。2016年10月份左右，他在梅桥附近吃夜宵时，将面包车以5000元的价格卖给了一个叫周某的男子，当时面包车挂了一副浙江牌照，在交给周某时他拿了一副粤AK××××的车牌挂在车上，当时在场的有文乙、文甲。这辆

面包车是米黄色的，车架号：LZWACAGA097022-×××，发动机号：892021×××。他买车的时候，这辆面包车是一辆报废车辆，大约一成新，他买回来后进行了修理翻新，周某买车时，他对周某说，没有手续，但不是盗抢车。[1]

二、争议焦点

1. 如何认定本罪主观方面的"明知"？
2. "明知"的内容是什么？

三、法理分析

掩饰、隐瞒犯罪所得、犯罪所得收益罪是指明知是犯罪所得及其产生的收益而予以窝藏、转移、收购、代为销售或者以其他方法掩饰、隐瞒的行为。[2]

1. 如何认定本罪主观方面的"明知"

对于"明知"的认定，刑法理论上存在"确知说""知道可能说"与"可能知道说"三种不同的观点。"确知说"要求"明知"要达到"确知"的程度，认为明知就是确知，即行为人明白无误地知道掩饰、隐瞒的对象是犯罪所得及其产生的收益，对犯罪对象具有确定性的认识，这种确定性包括两个方面，一是确定了犯罪对象是犯罪所得及其产生的收益，二是确定了是犯何罪的所得及其产生的收益。"知道可能说"认为，只要认识到"可能是"犯罪所得及其产生的收益即可，因为"知道可能是"尽管与"确知"存在程度上的差别，但仍属于"明知"的范围。"可能知道说"认为，只要行为人可能知道行为对象是犯罪所得及其产生的收益即可。一般认为，构成掩饰、隐瞒犯罪所得罪中的"明知"只需要达到知道可能是犯罪所得或犯罪所得收益即可。通过对上述掩饰、隐瞒犯罪所得、犯罪所得收益罪构成要件的分析可以知道，该罪主观方面要求的"明知"实际上除了行为人确切知道，还有一种应当知道的情形。

"明知"的判断是认定是否构成掩饰隐瞒犯罪所得、犯罪所得收益罪的关键，"明知"是一个主观意识判断的过程，看一个人是否属于明知，需要通过

---

[1] 湖南省耒阳市人民法院［2017］湘0481刑初113号刑事判决书。
[2] 《刑法学》编写组编：《刑法学》（下册·各论），高等教育出版社2019年版，第218页。

他外在的行为去判断。只要能证明行为人知道或应当知道该物为犯罪所得或犯罪所得收益即可认定为"明知"。这里的应当知道是采用推定的方式予以认定，即只要符合法定情形，即认定行为人对是否是犯罪所得是"明知"，除非行为人有证据证实自己的"不明知"。关于"明知"的判断，2009年最高人民法院《关于审理洗钱等刑事案件具体应用法律若干问题的解释》规定，"刑法第一百九十一条、第三百一十二条规定的'明知'，应当结合被告人的认知能力，接触他人犯罪所得及其收益的情况，犯罪所得及其收益的种类、数额，犯罪所得及其收益的转换、转移方式以及被告人的供述等主、客观因素进行认定"，同时列举了从以下方面认定犯罪人是否"明知"：①知道他人从事犯罪活动，协助转换或者转移财物的；②没有正当理由，通过非法途径协助转换或者转移财物的；③没有正当理由，以明显低于市场的价格收购财物的；④没有正当理由，协助转换或者转移财物，收取明显高于市场价的"手续费"的；⑤没有正当理由，协助他人将巨额现金散存于多个银行账户或者在不同银行账户之间频繁划转的；⑥协助近亲属或者其他关系密切的人转换或者转移与其职业或者财产状况明显不符的财物的；⑦其他可以认定行为人明知的情形。

在司法实践中，如何判断行为人应当知道可能是犯罪所得是有难度的。最高人民法院和最高人民检察院在2007年5月11日施行的《关于办理与盗窃、抢劫、诈骗、抢夺机动车相关刑事案件具体应用法律若干问题的解释》中对此作出了规范、准确的表述，该解释第6条规定："行为人实施本解释第一条、第三条第三款规定的行为，涉及的机动车有下列情形之一的，应当认定行为人主观上属于上述条款所称'明知'：（一）没有合法有效的来历凭证；（二）发动机号、车辆识别代号有明显更改痕迹，没有合法证明的。"可以看出，应当知道采用的是一种推定的"明知"，即只要具备上述法定情形就推定行为人知道可能是犯罪所得，即认定行为人主观上是一种"明知"。即使行为人没有证据证明自己对犯罪所得是一种"不明知"，也不能认定其为"明知"。

2. "明知"的内容是什么

对于本罪中的"明知"，即明知应达到何种程度有两种认识，即需要确实知道该辆车属于犯罪所得，还是并不需要确实知道该辆车属于犯罪所得，而只需要达到行为人结合具体情况能推定出该车辆很有可能是赃物的明知程度即可。本案中被告人周某在购买该车辆时的主观心态是应当知道该车为犯罪所得赃物，该车实际价值为 17 120 元，其却以 5000 元明显不合理的低价成交，未在正规交易市场按机动车交易程序完成交易，其购车前看到的车牌为浙 D，隔了几个小时后所购买车辆的车牌号为粤 AK××××，种种迹象表明被告人周某在购买该车辆时主观上应当知道该面包车为赃物。

四、案件分析结论

被告人周某构成掩饰、隐瞒犯罪所得、犯罪所得收益罪。

本案中，被告人周某虽然是以 5000 元这一低价购买该车，但其在购买该车辆时认为该车就是约 6000 元的价值，其购买该车是基于出卖人系汽修厂经营人员身份，汽修厂有翻新报废车辆的现象，出卖人谢某古也表明该车在他购买时是一辆报废车，只有一成新，是其经过修理翻新后才出卖给周某的，所以周某有理由认为自己所购买的面包车可能是翻新车所以价格便宜。而且其在购买该面包车时出卖人谢某古说有手续，购买后才被告知没有手续，也是在购买后发现车牌被调换，但这些都发生在购买车辆后，所以不能仅凭购买该面包车后未取得该车辆合法有效的来历证明，以及被出卖人调换了车牌这样的事后现象就推定被告人周某在购买该面包车时主观上是"明知"车辆为犯罪所得，从而认定其行为构成掩饰、隐瞒犯罪所得罪。

（刘芳供稿）

第十一节　脱逃罪

一、案例基本情况

邵阳市中级人民法院于 1993 年 2 月 27 日作出［1993］邵中刑初字第 9 号刑事判决，认定被告人胡某初犯流氓罪，判处死刑，剥夺政治权利终身；犯故意伤害罪，判处无期徒刑，剥夺政治权利终身。决定执行死刑，剥夺政治权利终身。被告人胡某初不服，提出上诉。湖南省高级人民法院于 1993 年 4 月 16 日作出［1993］湘刑终字第 172 号刑事判决，维持原审对胡某初犯故意伤害罪的定罪量刑部分，撤销其流氓罪的量刑部分。认定胡某初犯流氓罪判处死刑，缓期二年执行，剥夺政治权利终身。决定执行死刑，缓期二年执行，剥夺政治权利终身。1995 年 8 月 16 日经湖南省高级人民法院裁定减为有期徒刑17年，剥夺政治权利7年。1997年9月26日经邵阳市中级人民法院裁定减刑2年3个月。服刑期至2010年5月15日止，剥夺政治权利7年不变。执行机关湖南省津市监狱于2015年5月25日提出［2015］湘津监刑建第01号暂予监外执行期间不计入执行刑期建议书，建议对罪犯胡某初暂予监外执行期满后脱逃的5年4个月3天不计入执行刑期，报送本院审理执行机关湖南省津市监狱，罪犯胡某初于2000年7月23日从湖南省龙溪监狱调入湖南省津市监狱改造。因患胃十二指肠复合性多处溃疡并出血，罪犯胡某初经省监狱管理局于2000年12月15日批准保外就医6个月；2004年1月13日又经省监狱管理局批准续保一年，保外期限至2005年1月12日止。续保期满后，罪犯胡某初未按期归监办理相关手续，监狱曾多次发函催归和派警察前往收捕，均未果。监狱于2008年8月5日将其列为逃犯上网追捕。2015年2月1日凌晨1时许，罪犯胡某初在长沙市雨花区涉嫌吸毒时被长沙市公安局岳麓分局禁毒大队警察抓获。经调查走访当地公安机关和检察机关，证实罪犯胡某初第二次保外就医期满后去向不明。

法院认为，罪犯胡某初在刑罚执行期间因病保外就医，在续保期满后不按时归监，长期处于脱管状态。经湖南省津市监狱向其发出归监通知和对其以"脱逃"立案上网通缉后，罪犯胡某初仍不归监报到，直至2015年2月1日才将其抓获。[1]

二、争议焦点

1. 保外就医的罪犯能否成为本罪主体？
2. 保外就医是否属于"被关押"？

三、法理分析

脱逃罪是指依法被关押的罪犯、被告人、犯罪嫌疑人从羁押、监管场所脱逃的行为。[2]

1. 保外就医的罪犯能否成为本罪主体

脱逃罪的主体是特殊主体，针对的只能是依法被关押的罪犯、被告人、

---

［1］湖南省常德市中级人民法院［2016］湘07刑更4476号刑事裁决书。
［2］《刑法学》编写组编：《刑法学》（下册·各论），高等教育出版社2019年版，第220~221页。

犯罪嫌疑人。既包括被依法拘留、逮捕的未决犯，也包括被依法判处拘役以上刑罚、正在服刑的已决犯。

不能机械地理解脱逃罪的法条条文，虽然从胡某初保外就医逃脱方式、逃脱场所来看似乎与条文规定得不全然一致，但从其保外就医期满后，无正当事由不按期归监，且经催告后仍不报到的行为来看，其目的就是摆脱监管机关的实际控制，逃避刑罚执行。这一点与脱逃罪的本质是相吻合的。而且依法关押的场所不应仅仅局限于有形的监狱、看守所等场所，应作广义解释，即使是被依法核准保外就医的罪犯，其人身自由并非完全自由，而只是在特殊情形下出于保障罪犯生命健康而给予的一定程度的有限制的自由，所以其身份仍然符合脱逃罪的主体要求，其实施的不按期归监、摆脱刑罚执行的行为是依然能够构成脱逃罪的。

2. 如何理解本罪的"关押"

保外就医是罪犯在其身体患有严重疾病的情形下，国家出于人道主义考虑，根据国家法律相关规定，经司法机关批准的让其监外医治的执行方法。

一般理解的关押机构是指有形的羁押、监管场所，如监狱、看守所等典型的关押罪犯、被告人、犯罪嫌疑人的有形场所，将犯罪嫌疑人、被告人、罪犯关押在这些固定的有形场所固然属于关押行为。但本罪的关押机构、关押行为不应仅局限于此，应作广义的解释。对于其他临时性的关押机构，如暂时羁押的派出所，或者是在押解罪犯、被告人、犯罪嫌疑人去往专门关押场所途中的交通运输工具。我国刑罚执行场所有三种，即刑场执行、监内执行、监外执行。另外，对于那些虽然暂时没有借助建筑物、构筑物等有形设施对行为人的人身自由完全剥夺，即不在监内执行的关押外，通过限定区域或范围对罪犯进行相对松散监管的监外执行，因是在特殊情形下的特别执行方式，行为人的罪和刑并不会因执行场所的改变而改变，在规定的监外执行期满后，剩余刑期未被执行完毕的，罪犯依然要收监执行。所以，此种监外执行也应被视为广义上的"关押"。1995年9月1日司法部监狱管理局给陕西省监狱管理局的第166号批复规定：对保外就医期限已满，未经当地公安机关批准，擅自离开原居住地，致使不能及时收监执行的罪犯，监狱（少年犯管教所）应按脱逃犯对待，及时通知有关公安机关，并积极协助公安机关，尽快将其追回。对构成犯罪的罪犯，应当依法追究其刑事责任，并追究担保人的责任。因此，保外就医应当属于一种特殊形式的"被关押"。

四、案件分析结论

罪犯胡某初在保外就医期限已届满未按时归监报告的行为构成脱逃罪。

结合上述脱逃罪的相关法理分析可知，在保外就医情形下，罪犯并非在常见的固定关押场所监狱关押之下，而是处于公安机关监管之下，经公安机关批准后享有部分程度和范围的自由。但是保外就医罪犯的罪和刑并没有因保外就医而消灭，其依然是罪犯身份，依然被限定在特定区域界线内活动，改变的只是其承担刑罚责任的场所或方式。从实质上来看，其只是比在监狱关押下相对松散地监管，但其被"依法关押的罪犯"身份并未改变。所以本案中罪犯胡某初虽在保外就医期间，但本质上还是脱逃罪的适格主体，从主观方面来看，其明知自己的保外就医期限已到，但仍不按时归监，即使经过监狱多次发函催归和派警察前往搜捕下仍不报到，其目的就是逃避刑罚执行，脱离监管机关的监控，符合脱逃罪的主观要件。从客观方面来看，在保外就医期间，罪犯的性质依然是正在服刑的罪犯，其仍要遵守相应的监规纪律，在法律规定的区域内活动，而胡某初在保外就医期满后无正当事由不按时归监，在经催告和网上通缉后仍不报到，客观上实施了脱离司法机关控制的行为，其行为严重扰乱了司法机关的正常监管秩序。所以综上所述，罪犯胡某初在保外就医期限已满后，不按时归监报到的行为符合脱逃罪的犯罪构成要件，应认定为脱逃罪。

（张颖供稿）

第十二节　妨害传染病防治罪

一、案例基本情况

被告人郭某鹏，男，1990年7月出生，某公司劳务派遣人员，住郑州市二七区。2020年2月29日，郭某鹏从郑州乘火车至北京；3月1日，从北京首都机场乘飞机经阿布扎比中转，于3月2日到达意大利米兰马尔彭萨机场；3月3日，乘飞机从意大利米兰到达法国巴黎；3月4日，乘飞机从法国巴黎回到意大利米兰；3月6日，乘飞机从意大利米兰中转阿布扎比，于3月7日到达北京首都机场；当日下午，乘坐火车返回郑州，回到家中。3月8日、3

月9日两天乘坐地铁到位于郑州市郑东新区的单位上班并在单位就餐，下班乘坐地铁回家。3月9日下班后，郭某鹏出现发热、咽痛等症状，遂自行至中原路与大学路交叉口附近的仟禧堂大药房买药，步行回家后服用。当晚，其母亲郭某玲得知郭某鹏发烧后，熬制了罗汉果和甘草给郭某鹏喝。

3月6日，河南省郑州市发布《郑州市新冠肺炎疫情防控领导小组办公室通告第21号》，规定境外入境人员严格落实"隔离观察"和"如实申报"措施。3月10日8时许，郑州市公安局大学路分局民警在工作中发现郭某鹏近期存在出入境情况，打电话给郭某鹏核实，郭某鹏未接电话。后拨打其母亲郭某玲电话，郭某玲否认郭某鹏去过国外。而后又拨打郭某玲电话要求郭某鹏下楼。在公安民警明确告知大数据显示其去过国外后，郭某鹏承认有过出境史。在调查、核实其出入境轨迹后，郭某鹏被送至二七区集中隔离点进行观察，随后被确诊为新冠肺炎。后经排查，与郭某鹏密切接触的40余名人员均已被隔离观察。

3月11日，郑州市公安局大学路分局对郭某鹏、郭某玲以涉嫌妨害传染病防治罪立案侦查。郑州市公安局大学路分局主动听取了郑州市二七区人民检察院的意见建议。3月27日，郭某鹏被采取监视居住强制措施。3月30日，郑州市公安局大学路分局侦查终结，将本案移送审查起诉。郑州市二七区人民检察院经审查认为，本案事实清楚，证据确实充分，向郑州市二七区人民法院提起公诉，并提出有期徒刑一年零六个月的量刑建议。4月3日，法院经审理，采纳检察机关量刑建议，判处郭某鹏有期徒刑一年零六个月，郭某鹏表示认罪认罚。[1]

二、争议焦点

1. 本罪侵害的客体是什么？
2. 本罪的主观罪过是什么？

三、法理分析

妨害传染病防治罪是指违反《传染病防治法》的规定，引起甲类传染病以及依法确定采取甲类传染病预防、控制措施的传染病传播或者有传播严重

---

[1] 全国检察机关依法办理涉新冠肺炎疫情典型案例（第八批）案例二。

危险的行为。[1]

1. 本罪侵害的客体是什么

妨害传染病防治罪直接侵害的客体是国家关于传染病预防和控制的管理秩序，是对公共卫生法益的侵害，而基于公共性的内涵和传染病的属性决定了其同时也是公共安全法益的下属法益，行为人通过对公共卫生法益的侵害有可能会进一步威胁到公共安全法益，也即同时会对社会公共安全的法益造成侵害。但是根据特别法优于普通法的法律适用原则，因本罪直接侵害的法益为社会公共卫生法益，只是社会公共安全法益的一个组成部分，相对于社会公共安全类法益来说，社会公共卫生法益明显属于一种特别法益，因此，应当认定本罪所侵害的法益即客体是社会公共卫生。

2. 本罪的主观罪过是什么

妨害传染病防治罪的行为人对自己违反《传染病防治法》规定的预防防控措施是故意的，但其对行为将会引起传染病传播或是传播严重风险的主观方面则是过失心态。

郭某鹏出行期间正处于国内外新冠肺炎疫情的暴发期，国内上下正采取紧张严峻的疫情防控措施，郭某鹏却为了一己私利前往境外疫情严重的意大利，且3月6日其所在地发布了《郑州市新冠肺炎疫情防控领导小组办公室通告第21号》，要求境外入境人员必须严格落实"隔离观察"和"如实申报"措施，郭某鹏拒不执行疫情防控措施显然是出于故意而为之。

但从对于造成新冠肺炎病毒传播来看，不能认定郭某鹏具有明确的故意，应当认定为过失。其最初从境外回国后，违反疫情防控措施，隐瞒自己出入境行程时甚至并未出现任何可疑感染症状，只是知道自己出入境去过疫区，连对自身有可能携带新冠病毒病原体也未必有认知，只能说其应该认识到其在疫情严重时期出入境并乘坐公共交通工具有存在造成病毒感染的风险而并未认识或是认识到了该风险但过于自信能够避免。而随后其在出现发热症状后虽有自行购药，但一直居家未外出。因此，应当认定郭某鹏对造成新冠肺炎病毒传播是存在过失的。

---

[1]《刑法学》编写组编：《刑法学》（下册·各论），高等教育出版社2019年版，第223页。

四、案件分析结论

郭某鹏的行为构成妨害传染病防治罪。

妨害传染病防治罪的行为人更多的是对自己可能会造成传染病传播或传播风险持有过失的心态。本案中被告人郭某鹏虽然回国后也出现了发热等新冠肺炎感染的可疑症状,但其在违反疫情防控措施,拒不申报出入境记录时其确实不属于新冠肺炎的确诊患者和疑似患者,尽管其在随后被强制隔离后被诊断为新冠肺炎确诊病例,但并不能以其事后确诊病患身份代替其行为时到过疫区就有可能感染新冠病毒。所以,根据刑法对妨害传染病防治罪的构成要件来看,郭某鹏的上述行为应当认定为构成妨害传染病防治罪。

(刘芳供稿)

第十三节 医疗事故罪

一、案例基本情况

陈某某于2011年12月28日来到某医院妇产科待产,次日上午医生吴某给其做了抽血、验尿、B超、心电图等产检之后,未将化验结果交给接班医生,导致陈某某载有红细胞压积43.8%等异常指标的化验结果无人知晓。值班医生李某雪于31日上午8点到岗,当晚陈某某顺产一枚健康女婴;晚10时左右,李某雪接到陈某某产后出血较多的通知,行补液、输血等治疗,并修补生产伤口;近11时,陈某某出血被止住;留观两小时后被推回病房。

2012年1月1日凌晨1点,李某雪因陈某某尿少,为陈某某注射了速尿针剂,后根据上级医生指示加大补液量1500毫升,并交代值班护士行一级护理,之后回到医生值班室。2点35分许,护士将陈某某送回病房。这时陈某某发冷打颤,测脉搏为144/分,呼吸为23次/分,血压为94/45毫米汞柱,血氧饱和度为86%,护士认为这是产房到病房的温差所致,或者与输液有关,未报告医生,只是告诉家属注意观察。3点20分,陈某某的精神极端烦躁,测脉搏为123/分,呼吸为23次/分,血压为110/50毫米汞柱,血氧饱和度降至76%,护士通知医生李某雪,李某雪赶到之后发现陈某某存在生命危险,便立刻告知上级医生,并叫护士做抽血检测,但因陈某某失血过多,从其血管里抽不出血。于是李某雪开出了第三张取血通知单,血库则回复没血。上级医生赶到后进行一系列抢救之后最终宣告陈某某死亡。[1]

二、争议焦点

1. 如何认定严重不负责任?
2. 如何认定医疗过失?

三、法理分析

医疗事故罪是指医务人员由于严重不负责任,造成就诊人死亡或严重损害就诊人身体健康的行为。[2]

1. 如何认定严重不负责任

《刑法》规定,构成医疗事故罪要求医务人员由于严重不负责任,造成就诊人死亡或者严重损害就诊人身体健康。首先,从主观上认定行为人没有尽到注意义务,医务人员违反了相关规定时,以该责任的注意力大小来判断心理状态中过失存在的程度,若疏忽大意的程度相当严重,或者没有尽到的注意义务极为严重,则可以认定属于严重过失。

在本案中,医生吴某给她做了抽血、验尿、B 超、心电图等产检之后,未将化验结果交给接班医师,导致陈某某载有红细胞压积 43.8% 等异常指标的化验结果无人知晓。而被告人李某雪在诊治的过程中虽未尽到注意义务,但疏忽大意的程度轻微,未达到严重过失,在主观上无法认定其为"严重不负责任";其次,"严重不负责任"在客观上表现医务人员的行为严重违反了法律相关规定,并且对于医务机构及医务人员的行业管理秩序影响重大。李某雪未检查产妇的化验报告单、分析化验结果,提出进一步检查或治疗意见,不能及时了解病情,未充分做好防治产后出血的准备工作,对病人认识不足,不能及时发现危急情况,以致不能立即采取抢救措施,造成产妇病情持续恶化,导致其最终死亡,是因为前一班值班医生"没交接"。在产妇生产及产后 7 个小时的过程中,她基本上未离开病房,一直在观察并采取输血输液等有效措施对产妇进行治疗。因此,李某雪的诊疗行为不属于严重不负责任的情形,

---

[1] 穆雅如:"医疗事故罪实案疑难问题研究",内蒙古大学 2019 年硕士学位论文,第 8~9 页。
[2] 《刑法学》编写组编:《刑法学》(下册·各论),高等教育出版社 2019 年版,第 226 页。

尽管一定程度上违反了诊疗护理规范,但情节显著轻微。李某雪严格遵守法律法规的相关规定,并没有造成严重不负责任的后果。因此,不管从主观方面还是从客观方面,都无法证明李某雪的行为达到"严重不负责任"的程度。

2. 如何认定医疗过失

医疗事故罪要求行为人的行为要达到严重不负责任的程度,即该行为是事故的主要原因或唯一原因。被告人李某雪没有尽到医务人员应尽的义务,未检查产妇的化验报告单、分析化验结果,提出进一步检查或治疗意见,不能及时了解病情,未充分做好防治产后出血的准备工作,对病人认识不足,不能及时发现危急情况,以致不能立即采取抢救措施,存在医疗过失。

没有人提及患者的病情有什么异常;患者生命体征出现异常变化,护士未及时上报医生等,这些因素的结合即多因一果造成陈某某死亡的结果,所以没有证据证明李某雪的行为是造成产妇死亡的主要原因或唯一原因。本案产妇的死亡是在值班医生与护士的疏忽下造成的,是相关医生与护士共同造成的结果。

四、案件分析结论

被告人李某雪不构成医疗事故罪。

陈某某的死亡是医务人员在诊疗护理过程中严重不负责任造成的结果,本案属于医疗事故。但结合对因果关系以及严重不负责任的认定可知,李某雪虽然对产妇的死亡存在过失,但未达到严重过失的程度,在主观上无法认定其为严重不负责任,因此,李某雪不应该承担刑事责任。

(古丽阿依木供稿)

第十四节　污染环境罪

一、案例基本情况

上诉人岳某子以保丰公司的名义购买浸出渣 11 667.088 吨用于浮选有价金属,并堆放于厂址附近耕地。后县环保局以该公司排污许可证过期、堆放浸出渣无"三防"措施,责令其改正违法行为、停止使用废渣。上诉人岳某子遂将剩余1000多吨浸出渣从耕地运至厂内硫化池堆放,并拉取泥土对原堆放浸出渣的耕地予以覆盖。

陕西省生态环境厅认定该公司购买的固废浸出渣属于危险废物，危险类别：HW48有色金属冶炼废物。洛南县国土资源局出具《关于洛南县保丰高铅矿业有限公司堆放浸出渣所占地块地类认定》，指出该厂区外堆放固体浸出渣的地块应执行《土壤环境质量标准》（GB15618-1995）二类标准。商洛市环境监察支队土壤（底泥）现场采样记录表及检测报告证实，堆放浸出渣的土壤对比标准限值，铅超标13.28倍、镉超标4.98倍、汞超标4.52倍、砷超标3.09倍。[1]

二、争议焦点

1. 如何认定非法排放、倾倒、处置？
2. 如何处理本罪与非法经营罪竞合的情形？

三、法理分析

污染环境罪是指行为人违反国家规定，排放、倾倒或者处置有放射性的废物、含传染病病原体的废物、有毒物质或者其他有害物质，严重污染环境的行为。[2]

1. 如何认定非法排放、倾倒、处置

根据《刑法》第338条的规定，"严重污染环境"是构成污染环境罪的关键，即本罪属于情节犯；2016年最高人民法院、最高人民检察院《关于办理环境污染刑事案件适用法律若干问题的解释》（本书以下简称《环境污染解释》）进一步将"严重污染环境"细化为18种法定情形，包括"非法排放、倾倒、处置危险废物三吨以上的"法定情形，将污染环境罪推进为行为犯。

根据《环境污染解释》第16条"无危险废物经营许可证，以营利为目的，从危险废物中提取物质作为原材料或者燃料，并具有超标排放污染物、非法倾倒污染物或者其他违法造成环境污染的情形的行为，应当认定为'非法处置危险废物'"的规定，即认定为"非法排放、倾倒、处置危险废物"必须同时符合"无危险废物经营许可证"和"超标排放污染物、非法倾倒污

---

[1] 陕西省商洛市中级人民法院［2019］陕10刑终56号刑事判决书。
[2] 《刑法学》编写组编：《刑法学》（下册·各论），高等教育出版社2019年版，第229页。

染物或者其他违法造成环境污染的情形"两个前提条件。《环境污染解释》第1条第2项"非法排放、倾倒、处置危险废物三吨以上"的行为，根据刑法文义解释与体系解释的原理，三个动词"排放""倾倒"与"处置"应当分别针对气体、液体与固体三种形态的危险废物，不论是排放、倾倒或者处置，都是应当将危险废物"排放""倾倒"与"处置"融入"大气""水体"与"土壤"之中，从而导致上述受体被污染。

2. 如何处理本罪与非法经营罪竞合的情形

本罪的客观方面表现为行为人违反了国家对于生态环境保护的法律法规，实施了向外界环境排放、倾倒、处置有放射性的废物、含传染病病原体的废物、有毒物质或其他有害物质污染环境的行为，造成对生态环境严重污染的危害结果。非法经营罪的客观表现为违反国家规定，未经许可经营专营、专卖物品或其他限制买卖物品、买卖进出口许可证、进出口原产地证明以及其他法律、行政法规规定的经营许可证或批准文件，以及从事其他非法经营活动，扰乱市场秩序，情节严重的行为。

根据《环境污染解释》第6条的规定，无危险废物经营许可证从事收集、贮存、利用、处置危险废物经营活动，严重污染环境的，按照污染环境罪定罪处罚；同时构成非法经营罪的，依照处罚较重的规定定罪处罚。由此可见，本罪与非法经营罪在一定条件下存在竞合关系。判断行为人从事收集、贮存、利用、处置危险废物经营活动是否构成非法经营罪的主要依据在于行为人实施该经营行为时是否具有合法有效的经营许可证，是否属于非法经营活动。若在不具备经营许可证的情形下对此种行为定性时，最主要的是区分行为人无证从事收集、贮存、利用、处置危险废物经营活动中是否有造成严重的环境污染，若没有严重污染环境情形的，则只能认定为非法经营罪或无罪，只有在造成了严重环境污染情形下才可能导致两罪的竞合问题。

四、案件分析结论

上诉人岳某子与保丰公司构成污染环境罪。

本案中，首先，上诉人岳某子及保丰公司堆放并浮选浸出渣的行为对环境造成了一定程度的破坏并且达到了严重程度，行为人的行为侵害了环境权，同时也违反了国家相关法律法规，损害了国家环境管理秩序。其次，上诉人岳某子及保丰公司实施了向外界环境排放、倾倒污染物或者处置污染物的行为,造成了环境严重污染。岳某子是在无危险废物经营许可证情形下购买大量的危险废物浸出渣,从危险废物中提取有关金属经营牟利,因将浸出渣直接堆放于耕地,并未采取"三防"措施,最后导致土壤重金属超标3倍以上,严重污染了土壤环境。虽然该行为属于对危险废物的非法利用行为,并不符合《固体废物污染环境防治法》第88条"处置"的规定,但根据《环境污染解释》第16条"无危险废物经营许可证,以营利为目的,从危险废物中提取物质作为原材料或者燃料,并具有超标排放污染物、非法倾倒污染物或者其他违法造成环境污染的情形的行为"的规定,应当认定为"非法处置危险废物"。即在无证利用危险废物并造成环境污染的情况下,这种"利用危险废物"应当视为"非法处置危险废物"。所以,上诉人岳某子、保丰公司的非法利用行为应当被视为处置行为。岳某子在明知保丰公司无危险废物经营许可证的情况下违反国家规定购买危险废物,且未采取相应防范措施,将危险废物长期贮存、搁置,放任危险废物与外界环境接触,有害成分流失、泄漏,致使堆放危险废物的耕地污染物超过正常标准,造成了严重的环境污染。

根据《环境污染解释》的相关规定,在无证经营且造成严重环境污染下,污染环境罪与非法经营罪存在竞合关系。结合非法经营罪的构成要件判断,本案中上诉人岳某子、保丰公司的行为也应构成非法经营罪。根据《环境污染解释》第6条的规定,被告人的行为既构成污染环境罪,同时也构成非法经营罪,即两罪竞合时,"依照处罚较重的规定定罪处罚"的处断原则。所以,上诉人岳某子与保丰公司的行为可能以非法经营罪被追究刑事责任。

(赖呈青供稿)

第十五节 走私、贩卖、运输、制造毒品罪

一、案例基本情况

2016年9月7日凌晨,杨某、李某通过QQ联系被告人林某购买15克毒品甲基苯丙胺(俗称"冰毒"),双方约定每克200元,毒资共计3000元,另约定路费为1200元,交易地点在深圳市龙华新区民治街道御龙湾艺术酒店附近。同年9月8日9时许,被告人黄某中根据林某的指示,携带毒品开车赶到约定地点,与李某、杨某完成交易。随后民警赶到现场,在李某身上缴获

毒品两小包（分别重14.89克、0.55克）；从黄某中处缴获毒品一小包（重3.2克）以及毒资人民币4200元，从黄某中驾驶的车辆内搜出疑似毒品（重22.68克）。经鉴定，从李某、黄某中身上缴获的毒品检出甲基苯丙胺，从黄某中车内缴获的疑似毒品未检出常见毒品。同年9月24日，民警在黄某中的配合下在广东省广州市白云区汇桥南路百信广场路边将被告人林某抓获归案。经尿检，林某、黄某中均吸毒，吸食毒品的类型均为甲基苯丙胺。被告人林某、黄某中对指控犯罪事实均无异议。[1]

二、争议焦点

"以贩养吸"行为模式下贩卖毒品数量的如何认定？

三、法理分析

走私、贩卖、运输、制造毒品罪，是指违反毒品管制法规，故意走私、贩卖、运输、制造毒品的行为。[2]

对"以贩养吸"行为模式下贩卖毒品的数量的认定的相关规定的主要集中在最高人民法院发布的两个纪要中。现行有效的对"以贩养吸"作出规定的是2008年最高人民法院发布的《全国部分法院审理毒品犯罪案件工作座谈会纪要》（本节以下简称"2008年《纪要》"）。该纪要规定，对于被告人购买了毒品后，有一部分已被其吸食的，这部分毒品数量就不应该计入贩卖的数量中，而应当按有证据能够证明的贩卖数量及查获的毒品数量来认定其贩毒的数量。按照2008年《纪要》的规定，一方面可能会因证据不足导致认定的贩毒数量少于实际真实贩毒数量，同时因对"以贩养吸"的认定也缺乏一个准确的标准，容易将一切有吸毒情节的贩毒人员都当作"以贩养吸"人员来对待，从而一定程度上放纵了贩毒犯罪。针对这些不明确之处，2015年最高人民法院又发布了《全国法院毒品犯罪审判工作座谈会纪要》（本节以下简称"2015年《纪要》"）。2015年《纲要》作出了新的规定，首先就体现在主体上，直接针对的是有吸毒情节的贩毒人员。其次，对于毒品数量的认定上，既坚持从严打击贩毒犯罪，要求一般按照购买毒品数量认定贩卖毒品

---

〔1〕广东省深圳市宝安区人民法院［2017］粤0306刑初201号刑事判决书。

〔2〕《刑法学》编写组编：《刑法学》（下册·各论），高等教育出版社2019年版，第234页。

的数量，若无法查明购买数量的，按能够证明的贩卖数量及查获的毒品数量认定其贩毒数量。但同时也允许被告人提出反证，即被告人确有证据证明其购买的部分毒品并非用于贩卖的，则不计入其贩毒数量。可见，2015年《纪要》对于实践中出现的贩卖毒品的数量的认定具有较强的指导作用。吸毒人员购买毒品后用于贩卖，除其贩卖数量外，从其身上缴获的毒品是用来自身吸食或用于贩卖牟利，或者兼具两种目的，在司法实践中往往难以确定。根据2015年《纪要》的相关规定，对于上述情形则原则上都应推定行为人具有贩卖的概括故意，当行为人能以有效的证据证明其中某部分毒品不是为了贩卖，而是用于自吸的或其他用途的，则不纳入贩毒的数量中。

四、案件分析结论

被告人黄某中构成走私、贩卖、运输、制造毒品罪，但从其身上缴获的3.2克毒品不能计入贩卖毒品的数量之中。

本案中，被告人黄某中自身吸食毒品，又贩卖毒品，根据2015年《纪要》的规定，原则上应将从其身上缴获的毒品全部纳入其贩卖毒品的数量，但本案中对二被告人的尿检证实被告人林某、黄某中吸毒，吸食毒品类型均为甲基苯丙胺，且二被告人的微信记录中明确显示除贩卖给杨某等人的15克毒品外，林某让黄某中将剩余毒品带回用于二人吸食。从数量上看，从黄某中身上缴获的毒品数量为3.2克，也符合合理的自吸标准。现有证据可以明确证实涉案3.2克毒品确系二被告人拟用来吸食，所以该3.2克毒品不应认定为二被告人贩卖毒品的数量。如果现有证据表明，林某仅是让黄某中将剩余毒品带回，而未明确表明用于二人吸食，则不能认定为确有证据证明。综上，本案中，对于从黄某中身上搜出的其随身携带的3.2克毒品，其主观上没有贩卖的故意，客观上也没有贩卖的行为，且确有证据明确证明是供二被告人吸食所用，与2015年《纪要》所规定内容相一致，因此认定时应将其排除在贩卖毒品的数量之外。

（栾伟超供稿）

第十六节 传播淫秽物品罪

一、案例基本情况

被告人张某英本在微信上做男性保健品生意,但是由于客源有限,为了增加客源、提升人气、吸引大众,其建立了微信群,通过在群内分享淫秽视频的方式间接使微信好友关注其朋友圈内容,并通过好友之间的推荐与宣传,逐渐形成广泛的辐射。2017年9月26日至2018年3月27日期间,被告人张某英为了增加人气,以便于推销其微信朋友圈经营的男性保健品,先后创建名称为"菲菲休闲娱乐1群(进群加群主)""菲菲休闲娱乐2群(进群加群主)""菲菲休闲娱乐3群(进群加群主/禁言)"的微信聊天群,在群里转发淫秽视频及链接,并要求每位群成员添加被告人张某英为好友。经鉴定,被告人在"菲菲休闲娱乐1群(进群加群主)"转发的400个视频系淫秽物品,在"菲菲休闲娱乐2群(进群加群主)"转发的344个视频系淫秽物品,在"菲菲休闲娱乐3群(进群加群主/禁言)"转发的341个视频系淫秽物品。一审法院判处被告人张某英犯传播淫秽物品罪。后温岭市人民检察院提出抗诉,二审法院认为被告人张某英为提高产品销量,建立微信群并在群内发送淫秽视频及链接,主观上具有牟利的目的,其行为符合传播淫秽物品牟利罪的构成要件,认定其行为构成传播淫秽物品牟利罪。[1]

二、争议焦点

1. "传播"行为应当如何认定?
2. "以牟利为目的"应当如何认定?

三、法理分析

传播淫秽物品罪是指不以牟利为目的,传播淫秽书刊、影片、音像、图片或者其他淫秽物品,情节严重的行为。[2]

---

[1] 浙江省温岭市中级人民法院[2018]浙10刑终第804号刑事判决书。
[2] 张明楷:《刑法学》(下)(第5版)法律出版社2016年版,第1170页。

1. "传播"行为应当如何认定

传播的方式有传抄、交换、赠与、散发、展示、播放、讲解等,以及目前信息技术高速发展背景下孕育出的新型传播方式:利用网络传播。与传统传播不同的是,网络传播淫秽物品行为借助了网络这一新型途径,从表面上看二者的传播模式不一致,但这两类传播所包含的本质意义并没有发生变化,都是使得包含淫秽信息的内容在不同主体之间进行传递。另传播是公然进行,还是私下实施,都在所不问。但若不是在公共场所或者针对不特定多数人传播,而是在特定范围内(家庭成员之间,亲朋好友之间)传播淫秽物品的,不构成本罪。构成本罪还要求达到情节严重。情节是否严重,应从传播的数量、次数、后果、社会影响等方面进行判断,但不能将有牟利目的认定为情节严重。[1]

2. "以牟利为目的"应当如何认定

随着网络技术的发展,对"以牟利为目的"的判断产生了一些新问题。现在信息时代包括广告商、网站创立者与管理者、网络信息及网络服务的提供者、电信业务经营者等许多经济群体和利益群体均可以通过网络传播淫秽物品进行牟利,他们获利的方式主要是对被传播者或阅览者收取服务费用,另外是根据阅览者的点击次数、下载次数或者消费的网络流量等,从电信运营商处收取一定比例的信息费。[2] 其传播途径主要为互联网(电脑终端)、移动通信终端(手机、平板电脑等的应用软件)和声讯台(通过拨打特服号码提供声讯服务的电信平台)等。

以牟利为目的而利用网络传播淫秽物品的犯罪中,行为人通常采取的牟利方式主要有两种:一种是通过设立淫秽网站或其他的传播方式向网络用户传播淫秽色情信息并收取淫秽信息服务费,这种牟利方式属于直接牟利;另一种是在个人可以发布信息的网络空间内发布大量淫秽信息或者提供大量淫秽性超链接,通过更多的访问量、点击量来提高关注度以获取广告赞助费用或者其他收入,以达到牟利的目的,这种牟利方式属于间接牟利。

间接牟利仍然属于牟利的行为方式,其本质上与直接牟利是一样的。理由如下:其一,就淫秽网站而言,间接牟利的方式占其收益的一大部分,通

---

[1] 周光权:《刑法各论》(第3版),中国人民大学出版社2016年版,第453页。
[2] 刘代华、齐文远:"在线传播淫秽物品犯罪与对策",载《中国刑事法杂志》2001年第1期。

过间接牟利的方式，网站建立者虽不能从网络用户中取得经济收益，但其将收益来源目标转向广告商，不仅不影响淫秽电子信息的传播，可能还会获得更大的收益，更好地实现其牟利的目的。因此，间接牟利与直接牟利只是牟利对象不同，其本质上是一致的，都属于牟利的范围。其二，我国《刑法》第 363 条对传播淫秽物品牟利罪的规定，并未排斥间接牟利这一牟利方式，且最高人民法院、最高人民检察院《关于办理利用互联网、移动通讯终端、声讯台制作、复制、出版、贩卖、传播淫秽电子信息刑事案件具体应用法律若干问题的解释（一）》第 1 条第 1 款第 6 项对利用传播淫秽电子信息以获取非法利益的且获取利益达 1 万元以上的行为，作出了按传播淫秽物品牟利罪定罪处罚的规定。

间接牟利与直接牟利相比，增加了更多的不确定因素。行为人主观上依旧具备牟利的目的，只是借助传播淫秽物品这一手段为自己牟利增加机会，客观上无法保证最后一定会实现牟利，但传播淫秽物品牟利罪并不以行为人实际获利作为该罪的成立要件，也不能因此否认行为人的牟利目的。

四、案件分析结论

被告人张某英的行为应当构成传播淫秽物品牟利罪而非传播淫秽物品罪。

本案中被告人张某英多次转发视频是一种网络传播方式，其采用的是建立微信群，在群内分享淫秽视频并要求每位群友添加其为好友的方式，间接使微信好友关注其朋友圈内容，进而起到推销保健品的作用。被告人虽然是私下进行，但针对的对象属于不特定的多数人，因为只要添加群主后就可以进入该群，且群内成员众多，被告人张某英在群内转发淫秽视频，使得淫秽物品为多数人感知，该行为当然属于刑法中传播淫秽物品的"传播"行为。

本案中张某英通过建立微信群并在群内发送淫秽视频及链接的目的是增加微信好友，由于其在微信朋友圈经常发布男性保健品的广告，其增加微信好友数量是为了增加其朋友圈产品广告的浏览人数，进而推销产品、提高销量，最终目的还是牟利。故被告人张某英传播淫秽物品是提高产品关注度、推销产品的一种手段，属于通过以传播淫秽物品为手段而间接牟利。

（石婷婷供稿）

第七章 危害国防利益罪

第一节 阻碍军人执行职务罪

一、案例基本情况

2018年3月16日19时许，山东消防总队聊城市公安消防支队东阿公安消防大队接警情称：鱼山镇黄胡村有一户民房发生火灾，消防大队立即调派两辆消防车赶赴火灾现场进行扑救。因为不熟悉路线，消防车队走错路线，一辆消防车因车体较小调头后迅速赶赴着火点，而山东消防总队聊城市公安消防支队经济开发区特勤中队下士李某驾驶的车牌号WJ鲁732××的消防车车体较大遂借道被告人王某忠修建的饭店门前停车场进行倒车调头，在调头过程中，因为该消防车载重比较大，不小心将该停车场内所铺设的少量砖块压坏，王某忠立即上前阻挠消防车辆继续通行。消防大队出警队员李某向王某忠说明先去火灾现场救火后再处理压坏砖块事宜，王某忠置若罔闻、继续阻挠消防车行进并对消防队员李某实施殴打，被消防队员阻止后，王某忠拒绝配合并自行去饭店叫人后返回现场，以暴力、威胁阻挠出警消防员执行职务，致李某下颌、脖颈处受伤。[1]

二、争议焦点

本案的争议焦点有两个：
1. 消防员是否属于军人的范畴？
2. 如何理解本罪中的暴力？

---

[1] 山东省东阿县人民法院［2018］鲁1524刑初77号刑事判决书。

二、法理分析

阻碍军人执行职务罪，是指非军职人员以暴力、威胁方法，妨碍军人依法执行职务的行为。[1]

1. 消防员是否属于军人的范畴

2018年3月21日，中共中央印发的《深化党和国家机构改革方案》规定，公安消防部队不再列武警部队序列，全部退出现役。消防部队曾是中国人民武装警察部队的一个序列，同时也是公安机关的一个警种。

根据《刑法》450条的规定，军人是指中国人民解放军的现役军官、文职干部、士兵及具有军籍的学员和中国人民武装警察部队的现役警官、文职干部、士兵及具有军籍的学员以及执行军事任务的预备役人员和其他人员。预备役人员是指编入民兵组织或者经过登记服预备役的公民。其他人员是指在军队和武装警察部队的机关、部队、院校、医院、基地、仓库等军队单位和事业单位工作的正式职员、工人，以及临时征用或者受委托执行军事任务的地方人员[2]。

2. 如何理解本罪中的暴力

首先，暴力的含义。一般认为暴力是指对人或物进行袭击或者强制的方法，通常表现为攻击、殴打、伤害、捆绑、拘禁等。

其次，暴力行为的对象。暴力不要求直接针对军人的身体。既可以通过对与军人执行职务具有密不可分关系的辅助者实施暴力，以阻碍军人执行职务，也可以通过对物行使有形的暴力从而对执行职务的军人的身体造成物理影响进而阻碍军人执行职务。因为我国刑法并没有明确规定暴力的指向只能是正在执行职务的军人本人，而且这种解释方式和妨害公务罪等罪名中关于暴力的解释相同，具有理论上的一致性和协调性。

再次，暴力的方式。中国人民解放军军事法院将本罪的暴力解释为"实施捆绑、拘禁、殴打、伤害及其他危害人身安全和限制人身自由的行为，以及强制毁坏财物的行为"。[3]根据该解释，暴力的方法并不局限于有形的方

---

[1]《刑法学》编写组编：《刑法学》（下册·各论），高等教育出版社2019年版，第245页。

[2] 叶希善主编：《危害国防利益罪办案一本通》，中国长安出版社2007年版，第3页。

[3] 中国人民解放军军事法院编：《中华人民共和国刑法危害国防利益罪军人违反职责罪注释》，解放军出版社1999年版。

式,只要能够危害人身安全、限制人身自由即可。而且以用酒灌醉、用药物麻醉等无形方式阻碍军人依法执行职务活动的社会危害性并不比用捆绑、拘禁、殴打、伤害方式阻碍军人依法执行职务活动的社会危害性小。不管是有形的暴力还是无形的暴力,都必须与干扰和破坏军人依法执行职务活动的危害结果之间有明显的因果关系。

最后,暴力的程度。阻碍军人执行职务罪属于行为犯,其暴力的程度,只需足以阻碍军人依法执行职务即可,不要求客观上已经阻碍了军人依法执行职务。但是如果行为人的行为并不明显地阻碍军人执行职务的,就不应该认定为犯罪,否则会造成明显的处刑不公平。

四、案件分析结论

本案行为人王某忠构成阻碍军人执行职务罪。

因为本案发生在2018年3月16日,案发当时公安消防部队属于中国人民武装警察部队序列,消防员属于军人。本案行为人王某忠暴力阻碍消防员执行灭火任务,侵害的客体是军人依法执行职务的权利。犯罪对象是正在实施灭火任务的消防员,即正在执行职务的军人。本罪在客观方面表现为王某忠以暴力威胁方法阻挠、妨碍军人依法执行职务的行为。本罪的主体为一般主体。王某忠为非军职人员,符合犯罪主体的要求。本罪在主观方面表现为故意,即行为人明知对方系正在执行任务的军人,却故意以暴力、威胁方法加以阻挠,以致对方停止、放弃、变更执行职务,或者无法正常执行职务。行为人王某忠知道消防员是在执行灭火任务,却仍实施阻碍行为,符合本罪的主观要件。

(王姣闪供稿)

第二节 破坏武器装备、军事设施、军事通信罪

一、案例基本情况

2008年9月1日晚23时许,被告人蒋某某到四川省成都市高新区石羊场乡三元村1组机场路辅道航空四站路口附近,攀爬上一根电杆,然后用事先准备好的一把钢丝钳剪断某部队架设的专用通信电缆74.5米。后在转移赃物

时被巡逻的治保队员发现并挡获。经物价部门鉴定，被告人蒋某某剪断的电缆价值人民币2682元。经公安机关调查后发现，该电缆系某部队正在使用中的专用通信电缆，剪断该军事通信电缆严重影响了该部队所在片区军事通信和雷达情报传递的顺畅，给空中飞行通信保障带来了巨大的安全隐患。[1]

二、争议焦点

1. 本罪与故意毁坏财物罪的界限？
2. 如何区分主观故意与过失？

三、法理分析

破坏武器装备、军事设施、军事通信罪，是指行为人故意实施的破坏武器装备、军事设施、军事通信的行为。

1. 本罪与故意毁坏财物罪的界限

破坏武器装备、军事设施、军事通信罪是一种比故意毁坏公私财物罪的危害大得多的犯罪。它的严重性不仅仅在于被破坏的武器装备、军事设施、军事通信的财产价值，而在于这种破坏行为能够使武器装备丧失其应有的效能，从而严重影响我军的战备和战斗能力。二者的主要区别是：①侵犯的客体不同。破坏武器装备、军事设施、军事通信罪侵犯的客体是与武器装备的使用能力相联系的军事利益，而故意毁坏财物罪侵犯的客体是公私财物的所有权；②本罪破坏的是特定对象，即武器装备、军事设施、军事通信，后者破坏的对象是各种公私财物。据此，非军职人员破坏武器装备、军事设施、军事通信以外的一般财物，如生活用品、办公设备等，或者破坏武器装备、[2]军事设施、军事通信的局部，并不影响其使用的，应依故意毁坏财物罪论处。

被告人蒋某某破坏的是军事通信，其行为严重影响了该部队所在片区军事通信和雷达情报传递的顺畅，给空中飞行通信保障带来了巨大的安全隐患。如果以故意毁坏财物罪追究蒋某某刑事责任，没有办法完全评价其行为侵犯的法益，何况蒋某某破坏的是特定对象。

---

[1] 薛培、李琳琳："不明知的情形下盗割正在使用中的军事通信电缆的行为定性"，载《中国检察官》2011年第14期。

[2] 关铁军："新时期我军军事立法工作初探"，载刘继贤、刘铮主编：《新军事变革与军事法制建设》，解放军出版社2005年版。

2. 破坏军事通信罪与过失破坏军事通信罪

《刑法》第 15 条规定："应当预见自己的行为可能发生危害社会的结果，因为疏忽大意而没有预见，或者已经预见而轻信能够避免，以致发生这种结果的，是过失犯罪。"据此，犯罪故意与犯罪过失的最本质区别在于：对危害结果的发生是持希望或放任态度，还是持根本否定态度。

被告人在作案过程中使用钢丝钳对正在使用中的通信电缆进行盗割，从其作案的时间和作案的方式可以推定其明知该行为可能发生损害相关单位财产所有权、破坏军事通信、电力设备等危害社会的结果，却还是将正在使用中的通信电缆割断，在主观方面构成犯罪故意。由此，我们可以认定被告人在主观上不是过失而是故意，故对其行为只能以破坏军事通信罪认定而不能以过失破坏军事通信罪认定。

四、案件分析结论

被告人蒋某某构成破坏武器装备、军事设施、军事通信罪。

本案中被告人蒋某某盗窃通信电缆价值达到盗窃罪的立案标准，已经构成盗窃罪，同时，其盗窃的通信电缆又属于正在使用中的军事通信设施，造成了对军事通信设施的破坏，其行为同时构成盗窃罪和破坏军事通信罪，属法条竞合。本案中，行为人基于一个罪过，实施一个行为，同时触犯盗窃罪与破坏军事通信罪，而破坏军事通信罪的客观表现必然包括以盗割电缆方式破坏军事通信设施的行为，因此，两罪之间存在着逻辑上的交叉关系，符合法条竞合的特征，应按照特别法优于一般法、特别规定优于一般规定的原则，以破坏军事通信罪定罪量刑。

（谢海辉供稿）

第三节 接送不合格兵员罪

一、案例基本情况

1999 年 9 月，高某为了使自己只有 14 岁的儿子高某 1（以下简称"高子"）能够参军入伍，找到人武部正连职助理员郑某帮忙。征兵工作开始后，高某通过他人先后给郑某送去人民币 8000 元。郑某收了"好处费"后，积极

"协调"有关人员,在填写有高子姓名的《应征公民政治审查表》上签上"政治合格",并盖上政审专用章,又将高子的出生日期由1985年8月30日擅自改为1982年8月30日。接着,郑某通过有关人员,从别的县人武部处索取空白《男性应征公民入伍批准书》一份,骗取本部领导及军事科长同意,在入伍批准书上加盖了公章,使高子合法入伍。在办理此事过程中,高某又亲自或通过他人先后分五次送给郑某人民币7000元。高子入伍后,因年龄小,自控能力差,参与了一起刑事犯罪案件,给部队建设造成了危害。[1]

二、争议焦点

1. 如何认定徇私舞弊?
2. 如何认定情节严重?

三、法理分析

接送不合格兵员罪,是指征兵工作人员在征兵工作中徇私舞弊,将不符合条件的应征公民接送进部队,情节严重的行为。[2]

1. 如何认定徇私舞弊

徇私舞弊,是指行为人为了谋求私利,而在征兵工作中利用职务之便弄虚作假,欺骗组织。显然,要徇私,行为人就必须在征兵工作中负有一定的职责或享有一定的职权。比如,根据县、市兵役机关的安排进行兵役登记的基层单位负责人,享有初步审查的权力;对应征人员进行体格检查的医务人员,负有按照国防部颁发的《应征公民体格条件》和有关规定,对应征人员体格客观地作出合格与否的结论;公安部门和基层单位的有关人员负有对应征人员政治情况作出客观审查结论的职责;等等。徇私,就是为了私情而去做违法的事,可以是为了自己的子女,也可以为了其他人。舞弊,就是弄虚作假,比如在兵役登记中改变年龄,在体检表上作虚假鉴定,在政治审查中对行为人的劣迹予以隐瞒。徇私行为与舞弊行为相互联系,舞弊是为了徇私,要徇私就必须舞弊。

本罪的行为内容是接送不合格兵员,接送不合格兵员,可按不同的标准

---

[1] 刘东生:"对郑某应定何罪",载《人民法院报》2001年10月1日。
[2] 《刑法学》编写组编:《刑法学》(下册·各论),高等教育出版社2019年版,第250页。

进行分类：按行为方式，可分为接不合格兵员和送不合格兵员。所谓接不合格兵员，是指部队的接兵人员接收不合格的兵员。比如，接兵人员把体检不合格的亲戚的体检表加以改动，增调一个名额，将其带回部队。所谓送不合格兵员，是指地方负有征兵责任的工作人员将不符合兵役法规要求的人员送交部队。比如，兵役机关工作人员将自己不符合政治条件的亲友批准服现役。按不合格兵员的种类，可以分为接送不符合年龄条件的兵员、接送未取得规定学历的兵员、接送体检不合格的兵员、接送不符合政治条件的兵员。

2. 如何认定情节严重

接送不合格兵员罪从犯罪形态上属于情节犯，即本罪的成立不仅要求行为人在征兵中实施徇私舞弊接送不合格兵员的行为，而且要求达到"情节严重"的程度。但是对于接送不合格兵员的行为，何者才是"情节严重"，我国《刑法》没有明确规定，有待最高司法机关作出解释。笔者认为，接送不合格兵员情节严重是指以下几种情况：其一，多次接送不合格兵员的，所谓多次接送，一般是指接送不合格兵员达三次（含三次）以上；其二，接送多名不合格兵员的，所谓接送多名，一般是指接送三名（含三名）以上不合格兵员；其三，在接送不合格兵员过程中收受财物的；其四，接送不合格兵员，造成恶劣影响或者严重后果的。其五，战时接送不合格兵员的。因为战时是一种特殊情况，只要发生了接送不合格兵员的行为，就可以认定为情节严重的行为，而不论是否造成严重的危害后果。

四、案件分析结论

郑某不构成接送不合格兵员罪，而应当构成受贿罪。

郑某构成受贿罪的理由：其一，从犯罪主体上看，郑某系人武部干部，现役军人，属国家工作人员，符合受贿罪的主体要件。从犯罪客体上看，郑某的行为侵害了国家机关的声誉和国家工作人员职务行为的廉洁性。从犯罪客观方面看，郑某利用职务便利，收受他人贿赂为他人谋取非法利益，符合受贿罪的客观表现。其二，郑某的行为不属于法条竞合。法条竞合是指一个行为符合数个法律条文所规定的犯罪构成，而由于数个法律条文之间存在着一种内在的包容关系，只能适用其中一个法律条文的情况。如军人叛逃罪，既符合军人叛逃罪的犯罪构成，又符合叛逃罪的犯罪构成。由于行为人主观上只有一个犯罪故意，客观上只实施了一个犯罪行为，符合一个犯罪构成，虽然两个法条都作了规定,但只能按照一个法条定罪而排除其他法条的适用。在本案中,郑某实施了两个犯罪行为,符合两个犯罪构成,不属于法条竞合。其三,郑某的行为属于牵连犯。所谓牵连犯是指犯罪的手段行为或结果行为,与目的行为或原因行为分别触犯不同罪名的情况。在本案中,郑某的手段行为和目的行为分别触犯了两个罪名——接送不合格兵员罪和受贿罪,属于牵连犯。刑法理论一般认为,对牵连犯应从一重罪处罚。《刑法》第374条规定,犯接送不合格兵员罪情节严重的,处3年以下有期徒刑或者拘役;造成特别严重后果的,处3年以上7年以下有期徒刑。《刑法》第386条规定,对受贿罪应根据受贿所得数额及情节,依照《刑法》第383条的规定处罚。《刑法》第383条第3项规定,个人贪污数额在5000元以上不满5万元的,处1年以上7年以下有期徒刑;情节严重的,处7年以上10年以下有期徒刑。两罪相比较,受贿罪的量刑明显要比接送不合格兵员罪要重。根据牵连犯的处罚原则,对郑某应以受贿罪定罪,从重处罚。

(陈先平供稿)

第八章
贪污贿赂罪

第一节 贪污罪

一、案例基本情况

2006年底,被告人刘某喜、王某喜等人以虚报户数与人数的方式骗取国家移民扶持资金33.6万元。虚报亲属户数与人数方式骗取的移民扶持资金都归亲属各自占有,被告人刘某喜、王某喜从中渔利。

2012年,时任村主任的被告人刘某喜和时任村书记的刘某良在邵东县九龙岭镇危房改造资金申报的过程中争取到12个危房改造补助指标。由被告人刘某喜伙同他人虚构其他资料交镇政府审核,共计骗领危房改造资金7.5万元。其中,被告人刘某喜分得6.1万元。

2018年1月案发后,被告人刘某喜、王某喜已将赃款12.52万元和6.21万元退至邵东县公安局。[1]

二、争议焦点

非法占有是否限于非法占为己有?

三、法理分析

贪污罪,是指国家工作人员,利用职务上的便利,侵吞、窃取、骗取或者以其他手段非法占有公共财物的行为。受国家机关、国有公司、企业、事业单位、人民团体委托管理、经营国有财产的人员,利用职务上的便利,侵

---

[1] 湖南省邵阳市中级人民法院[2019]湘05刑终210号刑事判决书。

吞、窃取、骗取或者以其他手段非法占有国有财物的，以贪污论。[1]

认定"非法占有"的目的时不应狭义地将非法占有理解为"占为己有"，尽管大多数情形下，财产型犯罪的行为人可能是出于将公共财物占为己有的主观目的，但我国刑法及司法案例中并未明确规定必须是行为人自己不法占有，还包括为他人非法占有。因此，贪污罪的非法占有目的，自然也包含本人、特定关系人，其他第三人占有或本人与他人共同占有的情况。《刑法》第382条第3款也指出非国家工作人员与国家工作人员勾结，伙同贪污的，以共犯论处。与该规定相类似的还有《刑法》第198条规定的保险诈骗罪，即保险事故的鉴定人、证明人、财产评估人故意提供虚假的证明文件，为他人诈骗提供条件的，应当认定为保险诈骗罪的共犯。但相关规定并未要求上述提供帮助的人员必须实际分得保险诈骗所得的财物。除此以外，最高人民法院公布的指导案例"杨某虎贪污案"中，被告人同样并未占有公共财物，仅是利用职权为亲属骗取土地拆迁款，最终法院认定其构成贪污罪共同犯罪。

本罪中的非法占有只要求行为人非法占有公共财物，不限于非法占为己有，包括为他人非法占有。非法占有公共财物，既可以是行为人将公共财物占为己有，也可以是行为人利用职务之便为他人非法占有公共财物，换句话说，只要公共财物因行为人利用职务之便以侵吞、窃取、骗取或者以其他方法而被占有即可。

四、案件分析结论

被告人刘某喜、王某喜构成贪污罪，且为其亲属等人骗取的国家移民扶持资金也应当计入二被告人的贪污金额。

本案中虽然二被告人利用职务之便，骗取的国家移民扶持资金并非全部由二被告人占有，存在部分移民款为其亲属或其他村民所得，但这并不影响对二被告人非法占有公共财物的主观目的的认定，同时，这些人与二被告人之间系亲友的特殊身份，在提交户口本、身份证等证件虚报移民户资料时，双方已形成共同贪污的合意，在移民扶持资金审批发放时，每户均已领取该款项，且领取时间长达10年之久，足以证明这些人与二被告人共同贪污的犯罪行为已完成。

---

[1]《刑法学》编写组编：《刑法学》（下册·各论），高等教育出版社2019年版，第257页。

所以，二被告人利用职务便利为上述人员骗取国家移民扶持资金的行为也构成贪污罪，并未被其二人占有的国家移民扶持资金的数额也应认定为二被告人的贪污数额。

（王明明供稿）

第二节　挪用公款罪

一、案例基本情况

被告人师某德系徐水县（今徐水区，下同）建设局副处级干部，1995年至2002年6月任徐水县驻京施工管理处主任。崔某是徐水县建筑工程总公司（以下简称"徐水建总"）驻北京办事处司机，师某德是其姐夫。王某系徐水建总施工队负责人。徐水县建设局驻京管理处与徐水县建筑工程总公司驻京办事处的人员相同。施工队没有独立的账户，收支都是从驻京办事处银行账户上走。

1999年，因买房差1万元，崔某向王某借钱。1999年1月12日，王某到驻京办事处财务室以给工人开工资为理由要求借款，出纳员刘某没表态，师某德个人批准将该管理处的公款17 000元借给施工队负责人王某个人使用。王某借款后将其中的10 000元转借给该驻京管理处职工崔某购房用，剩余的7000元用于个人生活使用。

根据崔某的说法，"我买房时家里亲戚都反对，所以我跟谁都没说买房的事，如果我姐夫师某德知道，他更加反对，也会跟施工队长说不让他们借钱给我。过了很长一段时间，师某德问买房的钱是哪来的，我说找王某借的"。[1]

二、争议焦点

1. 如何确定公款的范围？
2. 如何认定利用职务便利？
3. 如何确定挪用行为？

---

[1] 北京市高级人民法院［2019］京刑再1号刑事判决书。

三、法理分析

挪用公款罪是指国家工作人员利用职务上的便利,挪用公款归个人使用,进行非法活动的,或者挪用公款数额较大、进行营利活动的,或者挪用公款数额较大、超过3个月未还的行为。[1]

1. 如何确定公款的范围

本罪的挪用对象是公款,用于公共用途的国有单位资金是公款。对此可以比照公共财产的规定,公款的含义范围比公共财产小,可以说与公共财产是包含与被包含的关系。根据司法解释的相关规定,"款"不单单指的是资金,还包括单位的有价金融凭证。挪用金融凭证、有价证券用于质押,使公款处于风险之中,与挪用公款为他人提供担保没有实质的区别,应以挪用公款罪论处。[2]

2. 如何认定利用职务便利

利用职务便利,是指利用职务上主管、管理、经营、经手公共财物的权力及方便条件。主管,是指负责调拨、处置及其他支配公共财物的职务活动;管理,是指保管、处理及其他使公款不流失的职务活动;经营,是指将公款作为生产、流通手段等使公款增值的职务活动;经手,是指领取、支出等经办公款因而占有公款的职务活动。此外,利用职务上的便利既包括利用本人职务上主管、管理公款的职务便利,也包括利用职务上有隶属关系的其他国家工作人员的职务便利。

3. 如何确定挪用行为

从罪状来看,本罪包括三个行为表现方式:一是挪用公款归个人使用进行非法活动的。此处的个人并不仅仅是本人,包括他人。非法活动指的是赌博、走私、贩毒等。《刑法》对该行为方式下数额大小和挪用的时间未作规定。但是根据最高人民法院、最高人民检察院《关于办理贪污贿赂刑事案件适用法律若干问题的解释》(本节以下简称《贪污贿赂案件解释》),挪用公款归个人使用,进行非法活动的,数额在3万元以上的,应当追究刑事责任。挪用公款给他人使用,但是不知道使用人将公款用于非法活动,数额较大的、

---

[1] 《刑法学》编写组编:《刑法学》(下册·各论),高等教育出版社2019年版,第262页。
[2] 最高人民检察院《关于国家工作人员挪用非特定公物能否定罪的请示的批复》。

超过3个月未还的,构成挪用公款罪;明知使用人将公款用于非法活动的,应当认定为挪用人挪用公款进行非法活动。二是挪用公款数额较大进行营利活动的行为。该类行为的表现方式不受时间的限制,即不受挪用时间和是否归还的限制。挪用公款存入银行、用于集资、购买股票、国债等,属于挪用公款进行营利活动。所获取的利息、收益等违法所得,应当追缴,但不计入挪用公款的数额。根据《贪污贿赂案件解释》,此处的"数额较大"以5万元为起点,挪用公款给他人使用,不知道他人是进行营利活动的,数额较大,超过3个月未还的,构成挪用公款罪;明知使用人将公款用于营利活动的,应当认定为挪用人挪用公款进行营利活动。三是挪用公款归个人使用,数额较大的、超过3个月未还的行为。此处的"个人"既包括挪用人本人也包括他人。"超过三个月未还"是指行为人挪用公款后在3个月内没有归还或行为人挪用公款的时间超过3个月。2002年4月28日全国人大常委会《关于〈中华人民共和国刑法〉第三百八十四条第一款的解释》规定:"有下列情形之一的,属于挪用公款'归个人使用':(一)将公款供本人、亲友或者其他自然人使用的;(二)以个人名义将公款供其他单位使用的;(三)个人决定以单位名义将公款供其他单位使用,谋取个人利益的。"在司法实践中,对于将公款供其他单位使用,谋取个人利益的,认定是否属于"以个人名义",不能只看形式,要从实质上把握。对于行为人逃避财务监管,或者与使用人约定以个人名义进行,或者借款、还款都以个人名义进行,将公款给其他单位使用的,应认定为"以个人名义"。

另外,挪用是指未经合法批准,或者违反财经纪律,擅自使公款脱离单位的行为。挪用没有对所有权造成破坏,但是对单位的支配和处分造成了困扰。行为人使公款脱离单位后,即使尚未使用该公款的,也属于挪用,[1]也即挪而未用,在未经批准的情况下使公款脱离单位的,就是挪用。

四、案件分析结论

被告人师某德不构成挪用公款罪。

首先,被告人师某德系徐水县建设局副处级干部,1995年至2002年6月任徐水县驻京施工管理处主任,属于刑法规定的国家工作人员,符合挪用公

---

[1] 张明楷:《刑法学》(下)(第5版),法律出版社2016年版,第1189页。

款罪的主体要件。其次,本案中徐水县建设局驻北京管理处是编制单位,属县建设局派出机构、股级、列事业单位,被告人师某德是徐水县建设局驻北京管理办事处主任,也是徐水县建筑总公司的法定代表人,根据经公证的徐水建总法定代表人出具的授权委托书,师某德有权处理办事处在京一切事务。各施工队与徐水建总均系挂靠关系,在施工队拖欠工人劳务费或资金周转困难的情况下,驻京办事处有义务协助解决,所以被告人师某德将 17 000 元公款借给王某属于合理合法的职务行为,并不属于利用职务便利实施的挪用公款行为。再次,出纳员刘某和会计赵某都证明王某在向师某德借款时是以给工人开工资的名义,而非个人使用。最后,王某当时并没有向师某德说过崔某借钱买房,崔某也没有和师某德说过买房之事,所以被告人师某德无法得知王某借得该笔款项后会转借 10 000 元给崔某买房,剩下 7000 元用于个人生活消费。其只是基于王某合理的请求把单位的款项借给王某,用于支付工人工资,主观上也并无挪用公款给他人使用的犯罪故意。

综上所述,虽然师某德有国家工作人员的身份,也的确存在将办事处的公款出借给施工队负责人王某的行为,但是被告人师某德既无挪用公款归个人使用的主观故意也无利用职务便利的挪用行为,作为挪用公款罪最重要的两个要件都不存在,犯罪以主客观相一致为前提,既无主观要件又无客观要件,那么犯罪就是无法成立的。

(陈晓龙供稿)

第三节　受贿罪

一、案例基本情况

文某茂身为国家工作人员,在 1994 年至 2004 年期间,利用其担任新田县第二中学校长和新田县教育局局长职务上的便利,多次非法收受他人财物共计人民币 109 300 元,构成受贿罪,公诉机关指控被告人犯受贿罪的罪名成立,判处文某茂有期徒刑 5 年,并处没收财产 60 000 元。一审判决后,文某茂不服,提出上诉。永州市中级人民法院作出终审判决,认定文某茂非法收受他人财物人民币 78 400 元,并为他人谋取利益,构成受贿罪,但实收贿赂 44 400 元。判处有期徒刑 3 年,缓刑 4 年。

二审与一审法院认定事实的主要不同表现在：其一，认定数额不同。二审认定收受贿赂 78 400 元，但受贿款中用于公务、捐赠和上交局财务室的 34 000 元"可从其受贿金额中予以扣除，不以受贿论处"，文某茂实得贿赂款 44 400 元。其二，一审认定文某茂多次收受新田县电影公司贿赂款 6 000 元、新田县卫生防疫站 14 000 元、新田县新华书店 3400 元的事实"属节日期间走访、交流或平常的人情往来所送的红包礼金，应作违纪、违规对待，况且行贿人没有具体请求，上诉人也并未利用其职权为他人谋利"不以受贿论处。[1]

二、争议焦点

1. 如何界定礼金范围？
2. 何为"贿款公用"？

三、法理分析

受贿罪是指国家工作人员利用职务上的便利，索取他人财物，或者非法收受他人财物，为他人谋取利益的行为。[2] 索取他人财物的，不论是否"为他人谋取利益"，均可构成受贿罪。非法收受他人财物的，必须同时具备"为他人谋取利益"的条件，才能构成受贿罪。但是为他人谋取的利益是否正当，为他人谋取的利益是否实现，不影响受贿罪的认定。[3] 国家工作人员在经济往来中，违反国家规定，收受各种名义的回扣、手续费，归个人所有的，以受贿罪追究刑事责任。国家工作人员利用本人职权或者地位形成的便利条件，通过其他国家工作人员职务上的行为，为请托人谋取不正当利益，索取请托人财物或者收受请托人财物的，以受贿罪追究刑事责任。[4]

1. 如何界定礼金范围

在社会生活中礼金的存在形式多样，笔者将其主要归纳为两种：一是"礼尚往来"式的礼金。这种情况通常发生在关系密切的亲友或同事朋友之间，且数额不太大，并未超越人情往来的合理标准，表现为彼此相送、有来有往，更重要的是不含有任何功利性因素。二是"感情投资"式的礼金。通

---

[1] 湖南省永州市中级人民法院［2005］永中刑二终字第 78 号刑事判决书。
[2] 《刑法学》编写组编：《刑法学》（下册·各论），高等教育出版社 2019 年版，第 267 页。
[3] 王俊平、李山河：《受贿罪研究》，人民法院出版社 2002 年版。
[4] 李希慧主编：《贪污贿赂罪研究》，知识产权出版社年 2004 年版。

常多发生在逢年过节时，形式上为单向相送，数额较大，表现为拉关系、套近乎。两种形式的相送虽然都有着礼金的"外衣"，但其实质不同，以"感情投资"方式送礼者虽然未明确表明或暗示收礼者为自己谋利益，但一般具有在未来某个不可确定的时间段内谋求利益的期望值，即存在"天晴改水路，无事早为人"式的投资预期。2016年《贪污贿赂案件解释》施行后，对于"感情投资"式的礼金的定性不能一概认定为一般违纪的收受礼金，应结合具体情形分析。收受礼金和受贿均表现为行为人收受财物，两者的主要区别在于行为人是否利用职务上的便利为他人谋取利益。若存在为他人谋取利益而收受财物，则毫无疑问所收礼金应认定为贿款。《贪污贿赂案件解释》第13条规定，国家工作人员索取、收受下属或者被管理对象财物3万元以上，可能影响职权行使的，视为承诺为他人谋取利益。即使送礼金一方并未具体请托事项，但只要行为人与送礼金方存在上下级关系或行政管理关系，收受金额在3万元以上的，推定具有为他人谋取利益的条件，从而构成受贿罪。

2. 何为"贿款公用"

《刑法》关于受贿罪的条文，并未对收受贿款的用途作出相应规定。尽管最高人民法院、最高人民检察院《关于办理受贿刑事案件适用法律若干问题的意见》第9条第1款规定："国家工作人员收受请托人财物后及时退还或者上交的，不是受贿。"但该条规定的情形与行为人收受贿款后将款项用于公务支出并不能等同。该条规定的情形是行为人在收到请托人请托事项或财物时，其本身并不存在利用职务便利为请托人谋取利益的受贿故意，且及时将财物退还请托人或上交，只有在该种情形下，行为人收受财物的行为才不被认定为受贿。这里的"及时"不能绝对化理解，主要指的是行为人在主观上并不存在受贿的故意，客观上在上交或退还障碍消除后主动上交或退还的，都应认定为"及时"。而对于行为人在受贿行为发生后，受贿既遂以后发生的退还和上交的行为一般不影响受贿罪的认定。因行为人在收受请托人的请托时，主观上本身具有非法占有请托人财物的故意，并实施了相应的受贿行为，根据受贿罪的犯罪构成要件，行为人的受贿已经完成，行为既遂后对于财物的处理包括用于公务开支等，只是行为人后期对财物的处置行为，不影响行为人先前受贿罪的认定。后期的用于公务或者退还行为，应视为犯罪后的退赃，仅在量刑时予以考虑。若没有明确证据证明行为人在收受财物时主观上有受贿的故意，且行为人在受贿后并未为请托人谋取利益，及时将"贿款公用"，并公开了该款的来源,则该部分款项可以不以犯罪论处;但如果将"贿款公用"时并未对款项来源予以公开,则仍应认定为构成受贿罪。

四、案件分析结论

被告人文某茂构成受贿罪,但具有下列情节应当予以关注:

应根据新田县电影公司、新田县卫生防疫站、新田县新华书店是否对文某茂提出过具体请托事项,上述单位与教育局是否属于上下级关系或是行政管理关系以及收受金额综合判断。若上述单位曾提出过具体请托事项,则不论金额多少,均应认定为受贿。若没有具体请托事项,则需要结合二者关系判断,上述单位与本案被告人并不存在上下级或行政管理关系,文某茂收受金额也未达到3万元,则该部分款项可以当作违纪行为收受的礼金,不纳入受贿金额中。二审法院认为文某茂"未利用其职权为他人谋利",且行贿人没有具体请求,不能认定为受贿罪,应该也是采纳了此观点。

"贿款公用"应认定为受贿罪,在量刑时可适当从轻。因为被告人将"贿款公用"时行为人利用职权或职务便利的受贿行为已经实施完毕,行为实行终了后受贿罪已经成立。后期"贿款公用"仅仅是将犯罪所得进行处置的行为,行为人将受贿所得用于公务一定程度上表明其受贿后的主观心态,不能用行为结束后的主观心态替换受贿行为时的犯罪故意。但通过行为人"贿款公用"的行为表现可以反映出其一定程度的悔罪情节,故可给予一定程度的从轻处罚。

(汪前圆供稿)

第四节 利用影响力受贿罪

一、案例基本情况

马某龙为甘肃日报社(国有事业单位)事业编工作人员,自2000年被任命为甘肃日报驻武威记者站站长兼武威办事处主任(正处级),2012年9月办理退休手续,但直至2017年4月仍履行武威记者站的相关职务。

2014年期间,李某受武威市武某工贸有限责任公司武某分公司委托,投资开发某公租房项目,但项目遇到征地拆迁等问题无法按时开工。此时,李某通过中间人介绍认识了马某龙,请求其帮忙减少自己的经济损失。马某龙遂利用自己与武威市领导的亲密关系，出面说情帮助李某重新置地开发公租房，也达到了挽回其实际经济损失的目的。后李某打算送车表示答谢，马某龙同意，并隐藏实际行为，即实际上安排李某与其子马某赴西安买车，并由其子最终选定一辆白色越野车，李某刷卡支付车款 960 100 元。表面上将该车车主信息从购车、注册、完税、上牌均登记为其妻弟段某的身份信息，以掩盖该车实际控制人为马某龙及其家人的不法事实。

2015 年，民勤县建筑从业人员徐某为能顺利中标民勤县新粮地社区水暖外网工程项目找到马某龙，希望得到其帮助。马某龙答应帮忙，并也实际向时任县长王某电话说情，王某考虑到马某龙与武威市领导的亲密关系便答应帮忙，找到该项目中标公司负责人李某 1 通融中标事宜。后徐某送 30 000 元现金至马某龙，马某龙收受，徐某最终顺利中标。后徐某为表示感谢，又将现金 50 000 元送至马某龙，马某龙也全部收受。

2016 年，王某 1 因未中标，在违规施工时被举报，将面临停工停业、重启招投标等问题，遂再次向马某龙请求帮助。马某龙答应帮忙并利用自己与武威市领导层的亲密关系，找到时任县委书记张某说情，最终帮助王某 1 顺利开展相关作业的施工建设。后王某 1 为表示感谢将现金 80 000 元送至马某龙，马某龙收受。[1]

二、本案争议焦点

1. 马某龙退休后是否仍具有国家工作人员的特定身份？
2. 如何认定本罪中的"影响力"？

三、法理分析

利用影响力受贿罪是指国家工作人员的近亲属或者其他与该国家工作人员关系密切的人，通过该国家工作人员职务上的行为，或者利用该国家工作人员职权或者地位形成的便利条件，通过其他国家工作人员职务上的行为，为请托人谋取不正当利益，索取请托人财物或者收受请托人财物，数额较大或者有其他较重情节的行为，构成利用影响力受贿罪。[2]

---

[1] 甘肃省兰州市西固区人民法院［2019］甘 0104 刑初 195 号刑事判决书。
[2] 《刑法学》编写组编：《刑法学》（下册·各论），高等教育出版社 2019 年版，第 273 页。

1. 马某龙退休后是否仍具有国家工作人员的特定身份

马某龙原是甘肃日报社的事业编工作人员，在退休前担任武威记者站站长一职，属于正处级身份，其在 2012 年 9 月办理退休手续，根据一般认识，国家工作人员的身份本应终于退休，但被告人马某龙在退休后仍履行武威记者站的相关职务，此时马某龙仍在从事退休前的公务行为，所以此时其身份仍应被看作是国家工作人员。特殊主体应当限于因某种因素而与国家工作人员（现任或已离职）形成密切关系，从而足以依靠该特定关系影响相应国家工作人员的职务行为，进而为请托人谋取不正当利益。

2. 如何认定本罪中的"影响力"

利用影响力受贿罪的行为主体依据的是自己的私人关系对直接办事者发挥影响力，需要行为人实际上利用了这一私人关系（近亲属、关系密切人），通过私人关系向终端办事的职权者提出为请托人谋取不正当利益。马某龙为他人谋取不正当利益时是利用自己与武威市委主要领导存在的密切私人关系的影响力还是利用自己的职权地位及工作关系需要加以区分。若仅仅是利用了自己与武威市委主要领导之间的私人关系的影响力实施受贿行为则可能构成利用影响力受贿罪的，则此时马某龙在此期间的职权地位是在所不问的，马某龙必须是基于自己与具体实施终端办事人之间的私人影响力，包括亲缘、情感、利益关系等衍生的与他人之间的利益关系，而非一种权力性关系。

四、案件分析结论

本案中，马某龙具备国家工作人员的身份，并且凭借自己与武威市主要领导之间形成的一种私人关系产生的影响力，通过那些在终端具体办事的国家工作人员，利用他们在职务上的行为帮助本案的请托人谋取到中标机会等不正当的利益，属于行为人所利用的"影响力"是与其自身职务无关的私人影响力的情形。马某龙及其家属在收受请托人财物后也利用了其私人关系形成的影响力，将每一"权钱交易"的对价关系实际关联到县乡长、县委书记，向其提出请求，并且李某、王某、王某 1 等终端办事的职权者均没有拒绝马某龙的说情请求，所以此时马某龙均已构成"利用影响力受贿罪"。

（王欣悦供稿）

第五节 行贿罪

一、案例基本情况

宋家店子村有林地500余亩，其中约300亩林地有7户村民承包，承包合同至2016年。原审被告人吴某得知可以办理林权证情况后，与宋家店子村村党支部书记逄某臣预谋将上述500余亩林地林权确权给自己，以期在上述7户村民承包到期后将上述林地倒卖牟利。后吴某私刻了宋家店子村公章，与逄某臣一起伪造了以吴某之妻徐某娟名义承包上述林地的虚假承包合同。逄某臣以徐某娟名义填报《林业勘查外业调查表》上报到街道办事处，骗取街道办事处组织相邻各村对该调查表签字盖章及确认。后原胶南市林业局安排勘测队到其村勘测了山林亩数并绘制图纸。因为这个林权证无法通过街道办事处林业站正常办理，逄某臣、吴某即持上述确认调查表、图纸绕过办事处林业站，通过青岛经纬勘测公司工作人员孙某、副总经理马某江的介绍，找到原胶南市林业局林政科科长万某（已判刑）直接办理了林权证。在林权证办理过程中，原审被告人吴某为顺利办理林权证，送给万某26 000元，免除逄某臣以前的欠债5万元，另外还交给逄某臣费用6万元。[1]

二、争议焦点

1. 村党支部书记是否为国家工作人员？
2. 免除债务是否属于本罪中给予的财物？
3. 如何认定不正当利益？

三、法理分析

行贿罪是指为谋取不正当利益，给予国家工作人员以财物，数额较大的行为。[2]在经济往来中，违反国家规定，给予国家工作人员以财物，数额较大的，或者违反国家规定，给予国家工作人员以各种名义的回扣、手续费的，以行贿论处。因被勒索给予国家工作人员以财物，没有获得不正当利益的，

---

[1] 山东省青岛市中级人民法院［2013］青刑二抗字第16号刑事裁决书。
[2] 《刑法学》编写组编：《刑法学》（下册·各论），高等教育出版社2019年版，第275页。

不是行贿。

1. 村党支部书记是否为国家工作人员

根据《刑法》第93条的规定，国家工作人员指的是国家机关中从事公务的人员。主要包括三类人员：一是国有公司、企业、事业单位、人民团体中从事公务的人员；二是国家机关、国有公司、企业、事业单位委派到非国有公司、企业、事业单位、社会团体从事公务的人员；三是其他依照法律从事公务的人员，以国家工作人员论。全国人民代表大会常务委员会《关于〈中华人民共和国刑法〉第九十三条第二款的解释》对"其他依照法律从事公务"的含义进一步明确了界限，规定我国农村基层组织人员在协助政府从事7种行政管理工作时，是属于《刑法》第93条第2款规定的可以以国家工作人员论的情形。具体包括：救灾、抢险、防汛、优抚、扶贫、移民、救济款物的管理；社会捐助公益事业款物的管理；国有土地的经营和管理；土地征用补偿费用的管理；代征、代缴税款；有关计划生育、户籍、征兵工作；协助人民政府从事的其他行政管理工作。

本案的争议焦点在于在给吴某办理林权证中党支部书记逄某臣的身份认定问题，在林权证办理中，吴某向胶南市铁山街道办事处宋家店子村原党支部书记逄某臣行贿11万元，数额较大，基层法院认为吴某不属于国家工作人员，应当认定其为非国家工作人员。二审法院认为逄某臣在为原审被告人吴某办理林权证过程中，系协助政府从事行政管理工作，应以国家工作人员论。

2. 免除债务是否属于本罪中给予的财物

行贿罪在客观方面表现为行为人给予受贿人以财物的行为。这里的财物一般指的是财产性利益，既包括看得见的有形财物，也包括其他看不见但是可以用货币计算的无形利益。[1]例如，出资为受贿人提供服务等，只要使得受贿人的财富得到了增加，即可将这部分增加的财富计入行贿数额当中。这里的财富增加可以是直接的增加，如直接收受货币，也可以是间接的增加，如免除债务。

3. 如何认定不正当利益

谋求不正当利益是构成行贿罪的重要因素。根据最高人民法院、最高人民检察院于1999年3月4日发布的《关于在办理受贿犯罪大要案的同时要严

---

[1] 冼海丹："论行贿罪司法认定的疑难问题"，华南理工大学2016年硕士学位论文，第22页。

肃查处严重行贿犯罪分子的通知》的规定，谋取不正当利益可以划分为两种情况：一是指谋取违反法律、法规、国家政策和国务院各部门规章规定的利益，二是要求国家工作人员或者有关单位提供违反法律、法规、国家政策和国务院各部门规章规定的帮助或者方便条件。这两种情况所指向的不正当利益，均是指利益本身的不正当，而不涉及取得利益手段的不正当。

四、案件分析结论

被告人吴某构成行贿罪。

逄某臣在该案件中的身份是否是国家工作人员直接关系到对本案被告人吴某罪名的认定。村委会的工作是对政府主导的林业确权行政行为的协助，逄某臣当时作为宋家店子村村党支部书记，是村集体林权制度改革工作小组的第一责任人，是作为村委会工作人员办理林权证以协助政府从事行政管理工作的。根据《刑法》第 93 条以及全国人民代表大会常务委员会《关于〈中华人民共和国刑法〉第九十三条第二款的解释》的规定，村民委员会等村基层组织人员协助人民政府从事其他行政管理工作时，属于刑法第 93 条规定的"其他依照法律从事公务"的人员，应以国家工作人员论。所以，逄某臣的身份应属于国家工作人员。被告人吴某为了取得宋家店子村 500 余亩林地林权确权，向逄某臣行贿 11 万元，逄某臣与行贿人伪造承包合同，以徐某娟（吴某之妻）名义填报《林业勘查外业调查表》上报到街道办事处，骗取街道办事处组织相邻各村对该调查表签字盖章及确认。逄某臣的上述行为就是在收受吴某财物后利用其作为村集体林权制度改革工作小组第一责任人的身份，在林业确权工作中违法为被告人吴某谋取不正当利益的行为。吴某为办理林权证向胶南市林业局林政资源法规科原科长的万某、宋家店子村党支部书记的逄某臣行贿，金额分别为人民币 2.6 万元、人民币 11 万元，均应当构成行贿罪。

（阳姗供稿）

第六节　巨额财产来源不明罪

一、案例基本情况

1998 年 3 月至 2009 年 7 月，先后担任上海市信息委信息产业管理处处长和上海市经济和信息化委员会电子信息产业管理处处长的被告人徐某敏家庭银行存款、房产、股票等财产和支出总额为1576.9万元,扣除徐某敏和其妻子陈某的合法收入以及徐某敏能够说明合法来源的财产合计598.2万余元,徐某敏受贿所得96.5万余元,审理中查明的徐某敏能够说明来源并有证据证明的合法收入31.5万余元,徐某敏仍有差额849万余元不能说明合法来源。[1]

二、争议焦点

1. 犯罪时间节点是指持有巨额财产的时间还是不能说明来源的时间?
2. 本罪是不作为犯罪吗?

三、法理分析

巨额财产来源不明罪是指国家工作人员的财产或者支出明显超过合法收入,差额巨大,经责令说明来源,本人不能说明其来源的行为。[2]

1. 犯罪时间节点是指持有巨额财产的时间还是不能说明来源的时间

对于本罪犯罪时间节点的认定应当根据本罪的实行行为来认定。而本罪的实行行为在学界一直存在争议,其中最主要的分歧在于不作为说和持有说之间的争论。以张明楷教授为代表的学者认为本罪是不作为犯罪。其认为当存在国家工作人员持有来源不明的巨额财产这一前置条件时便达到有评价其后续行为是否符合刑法规定的"不能说明"的行为要件。作为国家工作人员,具有财产申报的义务,当司法机关及其工作人员要求其说明财产来源时,其应予以说明。换言之,若当面对司法机关及其工作人员询问时,其说明了财产来源,无论是合法来源还是非法来源,经查证属实后,均不构成此罪。持有说是我国关于本罪实行行为的传统观点。该观点认为,巨额财产来源不明罪的客观要件是"国家工作人员的财产、支出明显超过合法收入,差额巨大的",即本罪的实行行为是对相关财产的持有行为。但我国刑法规定的持有型犯罪是将行为人实际支配的或者控制的法律禁止持有物品的不法状态作为追

---

[1] 上海市静安区人民法院[2010]静刑初字第200号刑事判决书;上海市第二中级人民法院[2010]沪二中刑终字第587号刑事判决书。
[2] 《刑法学》编写组编:《刑法学》(下册·各论),高等教育出版社2019年版,第278页。

究刑事责任客观基础的。持有型犯罪的对象往往是违禁品或是法律禁止的物品，将本罪的实行行为认定为持有，显然不符合巨额财产为合法取得但行为人不能说明来源时的情形。

2. 本罪是不作为犯罪吗

巨额财产来源不明罪所表现的危害行为的本质特征是不作为，即行为人在能够履行自己应尽义务的情况下不履行该义务。当国家工作人员的财产、支出明显超出合法收入，差额巨大时，作为国家工作人员，当特定国家机关及其工作人员要求其说明财产来源时，行为人具有说明财产来源的作为义务。当行为人能如实供述该部分财产为合法来源或者来源于其他犯罪时，均不构成此罪。而行为人持有来源不明的巨额财产仅仅是构成巨额财产来源不明罪的前提条件，并不是本罪的根本特征。如果行为人具有财产、支出明显超过合法收入，差额巨大的情况，其说明了来源的不法之处且有其他证据印证，则不构成巨额财产来源不明罪，而应以其他相应的罪名论处。因此，拒不说明来源才是巨额财产来源不明罪客观方面的本质特征。当巨额财产来源不明罪的实行行为定义为不能说明时，此罪的犯罪时间节点应为"不能说明"巨额财产来源的时间，并非持有巨额财产的时间。

四、案件分析结论

本案被告人徐某敏构成巨额财产来源不明罪。

巨额财产来源不明罪惩罚的是行为人不能说明其财产来源的行为，从本质意义上来说，行为人无论将财产用于消费还是其他行为，无论现有的财产总额是多少，其构成巨额财产来源不明罪的数额都不会改变，该部分财产是经查实行为人实际拥有的财产，即其合法收入减去合法消费后，存在不能查明的消费支出和现余财产的总额。而隐瞒境外存款罪其财产无论是合法财产还是行为人的违法所得，行为人将其存放于境外，以逃避监督从而逃避法律追究，其本身就是犯罪，与犯罪对象的来源并无关系。所以本案中，其构成巨额财产来源不明罪的犯罪金额达849万余元。

（严雪伟供稿）

第八章　贪污贿赂罪

第七节　私分国有资产罪

一、案例基本情况

2013年至2017年，犯罪嫌疑人宋某在具有事业单位性质的防雷中心任职期间，伙同该中心副主任刘某、叶某等人通过购买税务发票、虚假合同等方式套取国家拨付的公款290余万元。同时，防雷中心成立下属公司，专门经营防雷设施，向被评估方销售防雷设备，至案件发现时获利共1000余万元。在套取出来的款项及经营获利如何使用的问题上，该中心召开领导班子会议讨论决定，以激励员工的名义制定了业绩管理规定，规定中心各内设机构及下属各检测站每月奖金与各部门当月的业务量挂钩，各部门再根据业务内容和级别分配奖金。至案发时，宋某共获得"奖金"200余万元，其他的领导和成员也获得"奖金"数万元至几十万元不等。〔1〕

二、争议焦点

1. 如何理解"以单位名义"？
2. 如何界定国有资产的范围？

三、法理分析

私分国有资产罪，指的是国有公司、企业、国家机关、人民团体、事业单位，违反国家的规定，以单位名义将国有资产集体私分给个人，数额较大的行为。〔2〕

1. 如何理解"以单位名义"

以单位名义经常表现为单位决策人员以单位集体的名义，采用一定的方式，如发放"福利费""考勤奖"，将国有资产进行私分。这种方式通常在内部是公开的，是经过领导层商量的，获利的人员也是单位的全部人员或者大部分人员。

---

〔1〕 甘肃省兰州市西固区人民法院［2016］甘0104刑初693号刑事判决书（备注：案例内容有所改动）。

〔2〕 《刑法学》编写组编：《刑法学》（下册·各论），高等教育出版社2019年版，第279页。

· 255 ·

防雷中心这种套取公款的行为在内部基本上是公开的，甚至是默许的。而该行为的目的就是为全中心员工谋取利益，而不只是占为己有。虽然宋某获得的数额较大，但私分行为是由防雷中心领导班子召开会议集体决定的，是单位的行为。

2. 如何界定国有资产的范围

所谓国有资产，包括依法经营的国有公司、企业、国家机关、人民团体、事业单位使用、管理或者运输中的国有资产。国家对单位的财经分配，有一整套宏观管理制度，比如对所有权与经营权相分离的国有企业，凡实行承包经营者，国家均试行资金分账制度：将该企业掌握的资金分为国家资金和企业资金。其中，凡国家资金，不得用作企业职工集体福利基金或职工奖励奖金等。

从范围上来说，公共财产的范围更大，国有资产的范围较小。国有资产与公共财产的范围是不同的。国有资产包含违法收入与混合性资产，即国有单位在生产经营中，非法收受他人贿赂后又集体予以私分的行为在实践中是比较普遍的。

四、案件分析结论

宋某构成私分国有资产罪。

防雷中心是该省气象局的内设机构，不具备法人的资格，符合私分国有资产罪的主体要求。宋某通过召开领导班子会议讨论决定了"考勤业绩奖励办法"，同时按照该办法将国有资产用"业绩提成"的方式私分给单位的大部分人员，符合以单位名义的要求。所分配的资产包括下属公司的经营收入，下属公司所有资产均为国有资产，虽然名为私营公司，实际上公司资产及其经营活动中的所有收益仍然属于国有资产。虽然公司属于违规违法成立，所得经营收入也属于违法所得，但这并不能改变其国有资产的性质。

（吴祖春供稿）

第九章 渎职罪

第一节 滥用职权罪

一、案例基本情况

1994年4月,时任中共宁波市委书记、市长的被告人许某鸿,违反国家有关文件规定作出错误指示,致使原中国人民银行宁波市分行越权批准设立的宁波发展信托投资公司未按规定撤销,却挂靠于宁波国际信托投资公司,以该公司江东营业部名义继续从事金融活动。1995年下半年,该营业部总经理吴某为解决独立融资权等问题,多次通过被告人许某鸿之子许某做工作,请被告人许某鸿予以关心、支持。后被告人许某鸿明知宁波金鹰集团总公司存在违规经营等严重问题,仍要求有关人员帮助解决独立融资权问题,并促使中国建设银行宁波市信托投资公司转让给江东营业部等单位,还提议吴某担任新组建的宁波东海信托投资有限责任公司总经理。1996年1月至1997年8月期间,宁波市有关部门在多次审计、检查中发现并指出江东营业部存在严重问题,被告人许某鸿得知后却掩盖事实真相,要求有关部门继续予以支持。1997年11月,原中国人民银行浙江省分行致函宁波市委、市政府,要求对江东营业部的严重问题采取措施加以解决,被告人许某鸿却消极对待。在被告人许某鸿的支持和纵容下,江东营业部长期违规经营。截至1997年11月,江东营业部的资产损失及经营亏损达人民币11.97亿元。

1996年6月,被告人许某鸿应许某及秘书陈某要求,多次批示、督促宁波日报社购买宁波华宏置业有限公司投资兴建的华宏国际中心大楼。宁波日报社迫于被告人许某鸿的压力,于1997年10月与华宏置业有限公司签订总售价为人民币1.8亿余元的购楼合同,并支付人民币9000余万元的购楼款。后华宏国际中心大楼因质量问题无法交付使用而引发纠纷,严重影响报社工作，并造成巨额经济损失。

1996年12月和1998年2月，被告人许某鸿应其妻傅某培、儿子许某的要求，带领宁波市有关单位的负责人先后两次到宁波五洲有限公司视察，要求有关部门在资金上对该公司予以支持。中国银行宁波市分行先后向宁波五洲有限公司贷款计人民币1800万元和美金540万元。宁波经济技术开发区控股公司和联合发展有限公司在被告人许某鸿的督促下，以借款形式向宁波五洲有限公司注入资金共计人民币767万元。现宁波五洲有限公司已进入破产清算程序。上述贷款均未收回，借款仅收回人民币17万余元。在上述过程中，傅某培、许某先后收受了吴某、钟某宏、胡某华所送的巨额财物。[1]

二、争议焦点

许某鸿的上述行为是滥用职权还是玩忽职守？

三、法理分析

滥用职权罪是指国家机关工作人员超越职权，违法决定、处理其无权决定、处理的事项，或者违反规定处理公务，致使公共财产、国家和人民利益遭受重大损失的行为。[2]

滥用职权与玩忽职守均要求主体具备国家机关工作人员身份。

滥用职权与玩忽职守在客体方面都对国家机关的正常管理秩序造成了侵害，但侧重点不同。滥用职权，是指侵犯的国家机关管理秩序的重点在于职务行为的"正当性"，即是否依照法律或者法规规定的范围或者按照正常的程序行使职权。而玩忽职守，是指侵犯的是国家机关工作人员在履行自己职务上的"勤政性"，即国家机关工作人员在自己职权或职务范围内履行职责的时候，必须是本着认真负责的态度，不得敷衍或者随意完成任务。

玩忽职守在客观方面表现为行为人严重不负责任、不履行或不认真履行职责。不履行是指行为人负有某项积极作为的职责义务，但不履行。不认真履行是指行为人虽然在履行自己的职责义务，但并未正确履行或是违反职责

---

[1] 参见刘家琛主编：《最高人民法院判例释解》（刑事卷），中国物价出版社2003年版。浙江省杭州市中级人民法院［2000］杭刑初字第110号刑事判决书。

[2]《刑法学》编写组编：《刑法学》（下册·各论），高等教育出版社2019年版，第285页。

要求去履行。滥用职权侧重超越自己权限范围行使权力，或是违反了职务的正当程序性，违反规定的职责范围的行为。大致包括以下两种情况：第一种情况是超越自己的职权范围进行超职务的活动，比如超越自己的职务权限进行审批、决定等行为。第二种情况是在自己的职务权限范围内进行滥用职权的行为，比如违反职权实施相关行为，不按照工作流程处理公务。两罪都需要国家机关工作人员违反职务上的要求，并且造成公共财产、国家和人民利益重大损失的危害后果。

在主观方面，玩忽职守主要是过失的心态，既包含过于自信也包含疏忽大意的过失，但对于自己不履行或不认真履行职责的行为可能是故意也可能是过失。滥用职权一般为故意，即行为人故意实施某种滥用职权的行为，并且对于可能产生的危害结果也持有故意心态，希望或者放任结果的发生。

四、案件分析结论

被告人许某鸿所为的不法行为应被认定为滥用职权罪。

在本案中，被告人实施的危害行为主要有三个：支持和纵容宁波国际信托投资公司江东营业部违规经营；指示宁波日报社购买存在质量问题的宁波华宏国际中心大楼；要求金融机构和有关单位给宁波五洲有限公司提供资金支持。被告人许某鸿在明知金鹰集团存在严重违规经营等问题的情况下还违反法律规定对其予以支持，而且在有关机关要求对宁波国际信托投资公司江东营业部采取相应措施时，本案被告人不仅消极对待，不采取有效措施而且还利用手中的职权致使江东营业部的长期违规经营未被查处。被告人这一消极作为的不法行为显然属于利用手中权力违法处理公务的行为，即不正确行使职权的行为。对于被告人指示宁波日报社购买存在质量问题的宁波华宏国际中心大楼及要求金融机构和有关单位给宁波五洲有限公司提供资金支持的行为，虽然被告人作为一市之长具有一定的经营决策权，但是该行政权力所指的是一种宏观的调控、管理和监督权力，其并不具有对企业或其他部门的具体事宜的决定权，被告人无权干涉宁波日报社购买办公楼之事，具体是否购买及购买哪一栋楼应是由宁波日报社自主决定的，同时其也无权干涉金融机构的贷款业务。因此被告人多次批示，指示宁波日报社购买宁波华宏国际中心大楼的行为及要求金融机构和有关单位给宁波五洲有限公司提供资金支持均属于超越职权的行为。

（王阳光供稿）

第二节 玩忽职守罪

一、案例基本情况

1995年，资阳庆丰复合肥厂（以下简称"庆丰厂"）因需要购买生产设备，分两次向资阳市乡镇企业合作基金会申请借款共计27万元，身为乡镇企业局局长及基金会理事长的阳某聪以个人名义为该厂提供担保，未经集体研究，直接安排基金会主任兰某将借款提供给该厂。其后，庆丰厂以资阳市城西商业公司房产证作担保，先后向基金会借款50万元，阳某聪未经集体研究决定，提供借款给该厂。同年，阳某聪在知道内江昌阳丝绸有限公司为庆丰厂的担保未落实的情况下，再一次决定审批合计50万元的借款提供给该厂。

庆丰厂法人代表张某经营的沱江建材经营部，先后向基金会申请借款合计84.7万元，阳某聪在知道该经营部担保抵押不实的情况下，又一次未经集体研究，决定借款给该经营部，该借款后转为庆丰厂借款，庆丰厂在领取借款时被扣保证金10.3万元。后该厂被资阳市人民法院拍卖抵债，但尚欠基金会201.4万元。2000年2月28日，资阳市人民法院公布《资阳市庆丰复合肥厂债务分配方案》，方案中基金会可分配到的金额共计13.5736万元。

资阳市骆巍制药有限公司（以下简称"骆巍公司"），无抵押担保而向基金会申请借款，阳某聪在知道这一事实的情况下，再一次未经集体研究，先后八次将合计95万元的借款提供给该公司。1996年，骆巍公司领取借款时被扣保证金9万余元。骆巍公司于1999年11月29日被人民法院依法拍卖，借款本金共计73万元未归还基金会。根据资阳市人民法院［1999］资阳执字第477号的民事裁定书，基金会可分配金额为18.4769万元。

阳某聪以乡镇企业局的名义为资阳市弹簧厂提供担保，先后将共计250万元的借款提供给该厂。其后，在知道弹簧厂、宝丽鑫公司、搪瓷厂抵押不实的情况下，未经集体研究，分别提供借款16.6万元、40万元、113余万元，上述公司分别被扣取保证金12万元、2.85万元、12万元。弹簧厂于1999年5月6日被资阳市人民法院宣告破产，当时尚欠基金会借款本金共计

254.6万元人民币。宝丽鑫公司于1997年8月9日停产待业，尚欠基金会借款39万余元，经资阳市人民法院依法拍卖后，基金会已收回出借给该厂的资金13万余元。搪瓷厂于1998年9月29日被资阳市人民法院宣告破产，进入破产程序时尚欠基金会借款本金共计101万元。至案发时，上述企业尚欠基金会借款共计人民币669万元。〔1〕

二、争议焦点

乡镇企业合作基金会理事长是否为国家机关工作人员？

三、法理分析

玩忽职守罪，是指国家机关工作人员严重不负责任，不履行或者不认真履行职责，致使公共财产、国家和人民利益遭受重大损失的行为。本罪侵害的客体，通说认为是国家机关日常公务活动的正常秩序。〔2〕

《刑法》第93条对国家工作人员作出明确的规定，即国家工作人员是指国家机关中从事公务的人员。国家工作人员包括国家机关工作人员，国家机关工作人员是在国有单位中从事公务的人员。

关于如何认定玩忽职守罪中的主体问题，主要有身份说和公务说两种学说。身份说认为，应以行为人是否具有国家机关工作人员的编制身份来认定。身份说作为传统的认定玩忽职守罪犯罪主体的理论，与当今时代发展状况并不相符，难以适应时代潮流，不应成为玩忽职守罪中犯罪主体的认定标准。公务说则认为，玩忽职守罪的犯罪主体的认定前提应是从事国家机关的公务活动，履行国家机关所赋予的职务行为。如果行为人的工作性质属于国家机关工作人员的职能，即使该行为人并非国家机关在编的公务人员也应认定为玩忽职守罪的犯罪主体。〔3〕根据《全国法院审理经济犯罪案件工作座谈会纪要》第1条第1款的规定，刑法中的国家机关工作人员是指在国家机关中从事公务的人员。同时，公务说也符合当前的立法解释，全国人大常委会于2002年公布的《关于〈中华人民共和国刑法〉第九章渎职罪主体适用问题的解释》规

---

〔1〕 四川省资阳市中级人民法院［2015］资刑再终字第1号刑事裁定书。
〔2〕 《刑法学》编写组编：《刑法学》（下册·各论），高等教育出版社2019年版，第290页。
〔3〕 周吟吟：“玩忽职守罪主体问题探析”，载《长江论坛》2009年第2期，第7页。

定,"其他依照法律从事公务的人员"应当包括三类人员：一是根据法律法规的规定,在行使国家行政管理职权的组织中从事公务的人员；二是受国家机关的委托而代表国家在行使行政管理职能的组织中从事公务的人员；三是未被明确列入国家机关人员编制,但在国家机关中从事公务的人员。

四、案件分析结论

在本案中,被告人根据"资人发〔1990〕02号"资阳市人民代表大会常务委员会的文件,担任资阳市乡镇企业局局长。经资阳市人民政府农业工作委员办公室和资阳市农经管理局批准,成立资阳市乡镇企业基金会,被告人基于乡镇企业局局长的身份被选举为基金会理事长,并上报资阳市乡镇企业局和资阳市农业工作委员会办公室,其后乡镇企业局和资阳市农业工作委员会办公室共同研究并报资阳市人大常委会决定,下发任命文件"资人发〔1993〕05号",正式担任基金会理事长,其身份在性质上系国家机关工作人员。基金会名义上虽为自主经营,实际上为乡镇企业局的下属单位,对基金会的日常监督管理行为,属于乡镇企业局局长职权范围内,乡镇企业基金会的实际经营管理权由乡镇企业局行使,不参与基金会在涉及实质事项上的讨论研究。基金会在向企业审批借款时,按制度规定应当主要从乡镇企业局的管理、更好地服务乡镇企业的立场出发。因此,阳某聪向有关企业审批借款的行为,本质是行政职能与理事长职能的结合体。从最后的结果来看,因其违规借款导致的巨额损失也是由财政负担,故阳某聪审批借款的行为,属于在国家机关中从事公务,履行职权的行为。阳某聪具有资阳市乡镇企业局局长及乡镇企业基金会理事长双重身份,该身份特征符合玩忽职守罪的犯罪主体构成要件,是玩忽职守罪的适格主体。结合其行为特征分析,阳某聪构成玩忽职守罪。

（冯裁烨供稿）

第三节 故意泄露国家秘密罪

一、案例基本情况

被告人付某伙同被告人朱某,在2013年9月14日、15日全国一级建造师执业资格考试（以下简称"一建考试"）之前,向参加该考试的部分考生提供橡皮擦形状的无线电接收设备。同时，付某安排了杨某、王某等人在南京卫生学院、南京高等职业技术学校、金陵科技学院等多个考点周围架设无线电发送装置等作弊设备。在一建考试《专业工程管理与实务》等科目考试期间，付某通过互联网从两个QQ号用户处购买非法手段获得[1]相关考试的"试题及答案"。后付某、朱某通过无线电向上述考点的张某、徐某、宋某等多名考生发送该考试的"试题及答案"。后查明，2013年9月14日、15日，考生张某、徐某、宋某等5人共向被告人付某的工商银行等账户汇款人民币149 990元。

后经人力资源和社会保障部考试中心认定，被告人付某、朱某非法获取并发送的一建考试"试题及答案"，"试题"与原题具有同一性，部分"答案"与标准答案一致；经国家保密工作有关部门认定，一建考试的试题、标准答案等在启用前为绝密级国家秘密。[2]

二、争议焦点

1. 如何认定本罪中的国家秘密？
2. 犯罪主体是一般主体还是特殊主体？

三、法理分析

故意泄露国家秘密罪，是指国家机关工作人员或者非国家机关工作人员违反《保守国家秘密法》的规定，故意使国家秘密被不应知悉者知悉，或者故意使国家秘密超出了限定的接触范围，情节严重的行为。[3]

1. 如何认定本罪中的国家秘密

根据我国《保守国家秘密法》第9条的规定，国家秘密主要包括：①国家事务的重大决策中的秘密事项；②国防建设和武装力量活动中的秘密事项；③外交和外事活动中的秘密事项以及对外承担保密义务的事项；④国民经济和社会发展中的秘密事项；⑤科学技术中的秘密事项；⑥维护国家安全活动和追查刑事犯罪中的秘密事项；⑦其他经国家保密工作部门确定应当保守的国

---

[1]（案例有改动）原二审判决书只说"非法获得"，通篇也未反映出是何种方式获得，一审判决书也未能检索到，但鉴于原法律文书反映出一审判决二人犯非法获取国家秘密罪，根据常情故此添加"购买手段"。

[2] 江苏省南京市中级人民法院［2015］宁刑终字第91号刑事判决书。

[3]《刑法学》编写组编：《刑法学》（下册·各论），高等教育出版社2019年版，第292页。

家秘密事项。另外，政党的秘密事项符合国家秘密性质的也属于国家秘密。依据《保守国家秘密法》第10条的规定，我国国家秘密的密级分为"绝密""机密""秘密"三级。

2. 犯罪主体是一般主体还是特殊主体

故意泄露国家秘密罪的主体是国家机关工作人员，但非国家机关工作人员也可以成为本罪的主体。但这里的"非国家机关工作人员"应作限定解释，即其不应是一般的自然人主体，而是具有一定的职责，可以接触或知悉国家秘密的非国家机关工作人员，即特殊主体。[1]

四、案件分析结论

付某与朱某二人构成非法获取国家秘密罪。

所谓非法获取国家秘密罪，根据《刑法》第282条第1款的规定，是指以窃取、刺探、收买的方法，非法获取国家秘密的行为。注意该罪不要求情节严重，"情节严重"则属于该罪加重处罚的情节。窃取，是指"通过盗取文件或者利用计算机、窃听窃照等器械秘密取得国家秘密的行为"；[2]刺探，是指"行为人通过各种途径和手段非法探知国家秘密的行为"；[3]收买，是指"利用金钱、物质、美色或者其他利益换取国家秘密的行为"。

本案中，经人力资源和社会保障部考试中心认定，被告人付某、朱某非法获取并发送的一建考试"试题及答案"，"试题"与原题具有同一性，部分"答案"与标准答案一致；经国家保密工作有关部门认定，一建考试的试题、标准答案等在启用前为绝密级国家秘密，故二人构成非法获取国家秘密罪。

客观上，二人同时触犯非法获取国家秘密罪和故意泄露国家秘密罪，两罪之间属牵连关系，应依据择一重罪处断的原则，以非法获取国家秘密罪定罪论处。但本案中被告人付某、朱某既不是国家工作人员，也不属于知悉国家秘密的特殊主体，不符合故意泄露国家秘密罪的犯罪主体要件。因而，二人不构成故意泄露国家秘密罪，只构成非法获取国家秘密罪。

（张建华供稿）

---

[1]《刑法学》编写组编：《刑法学》（下册·各论），高等教育出版社2019年版，第293页。

[2] 高铭暄、马克昌主编：《刑法学》（第5版），北京大学出版社、高等教育出版社2011年版，第533页。

[3] 郎胜主编：《中华人民共和国刑法释义》（第6版），法律出版社2015年版，第479页。

第四节 徇私枉法罪

一、案例基本情况

2017年11月7日，毛某与康某发生争执，于某组织陶某等9人于次日0时许在皇家永乐KTV门口将毛某打致轻伤。在承德市公安局双桥区分局中华路派出所调查案件期间，被告人张某某作为所长亲自观看过打架现场视频录像，明知此案系多人蒙面持械殴打他人，造成受害人受伤住院的后果，但康某和杨某通过找张某某说情，后涉事双方私下达成和解，由陶某赔偿毛某35万元。2017年12月27日，康某让其女儿康某1给张某某银行账户转入5万元人民币（康某和张某某辩解是借款）。在未对被害人毛某做伤情鉴定等案件事实未查清的情况下，2018年1月1日，张某某将毛某被打案按治安案件主持调解结案，致使犯罪嫌疑人没有被追诉。2018年3月，承德市公安局高新区分局以涉嫌寻衅滋事罪对陶某等人立案侦查，经鉴定被害人毛某左尺骨粉碎性骨折属轻伤一级；腰3左侧横突骨折属轻伤二级；右侧第8、9及左侧8、9、10肋骨骨折属轻伤二级。2019年1月25日，承德市中级人民法院二审判决于某、陶某等7人犯寻衅滋事罪，分别判处八个月至四年有期徒刑不等的刑罚。[1]

二、争议焦点

张某某的行为是否为因徇私或徇情而包庇犯罪分子的行为？

三、法理分析

徇私枉法罪，是指司法工作人员徇私枉法、徇情枉法，对明知是无罪的人而使他受追诉、对明知是有罪的人而故意包庇不使他受追诉，或者在刑事审判活动中故意违背事实和法律作枉法裁判的行为。[2]

徇私枉法罪在客观方面主要表现为在刑事诉讼中徇私、徇情并枉法的行

---

[1] 河北省承德县人民法院［2019］冀0821刑初172号刑事判决书；河北省承德市中级人民法院［2019］冀08刑终458号刑事判决书。

[2]《刑法学》编写组编：《刑法学》（下册·各论），高等教育出版社2019年版，第295页。

为。所谓徇私、徇情枉法，是指出于个人目的，为了私利私情而故意歪曲事实，违背法律，作错误裁判。徇私徇情可以表现为以下几种形式：对明知是无罪的人使他受追诉；对明知是有罪的人而故意包庇不使他受追诉。有罪不完全是指法院判决有罪的人，只要当时有证据能够证实其达到了法律规定的刑事案件的查处标准即可。所谓故意包庇使其不受追诉，是指故意包庇使其不受侦查（含采用强制性措施）、起诉或者审判，故意包庇不使他受追诉的犯罪事实，既可以是全部的犯罪事实，也可以是部分的犯罪事实和情节。此外，故意违背事实真相，违法变更强制措施或者虽然采取强制措施，但实际放任不管，致使犯罪嫌疑人逃避刑事追诉的，以及司法机关专业技术人员在办案中故意提供虚假材料和意见，或者故意作虚假鉴定，严重影响刑事追诉活动的等，都应属于包庇行为。第三种情形为在刑事审判活动中故意违背事实和法律作枉法裁判，诸如有罪判无罪、多罪判少罪、无罪判有罪、少罪判多罪或者重罪轻判、轻罪重判情形等。

张某某作为派出所所长，其通过亲自观看打架现场视频录像，明知此案系多人蒙面持械殴打他人，造成受害人受伤住院的后果，若在对受害人伤势程度仍不能充分明确的情形下，有义务提醒被害人进行伤情鉴定后再对案件进行处理。但本案中张某某的行为明显是出于与康某的私情为了使得康某等人不受法律追诉而故意不认真负责履行职务职责，促使本该受到刑事追究的人摆脱了法律处罚。

四、案件分析结论

张某某构成徇私枉法罪。

张某某作为派出所所长，负有刑事侦查职能，身为司法工作人员，其本应维护司法活动的公正，做到依法办案，严格执法，在接到毛某被打报案后的处理中，其亲自观看过打架现场视频录像，明知此案系多人蒙面持械殴打他人，造成受害人受伤住院的后果，张某某完全可以告知被害人毛某进行伤情鉴定，但其因康某和杨某的说情，且其在案件处理过程中，与案件关系人康某存在私人经济接触，利用自己派出所所长的职权主导案件处理，不告知被害人进行伤情鉴定，出于个人目的，为了私利私情，将毛某被打案直接按治安案件主持调解结案，对明知有罪的康某等人故意包庇使得不受追诉。该行为侵犯了国家司法活动的正常秩序，影响了司法活动的公正性。从主观心态来看，依张某某的身份、案发视频录像以及通过和被害人毛某的联系，其对案件性质和严重程度应该能有所判断。虽然公安机关一直提倡和鼓励对于殴打他人和故意伤害的治安案件进行调解处理，但前提是这类案件尚未触犯刑法，情节显著轻微，危害不大。所以，如果根据案件事实和证据张某某无法确认陶某等打人者涉嫌触犯刑法，他身为司法工作人员，为了维护司法活动的公正，做到依法办案，严格执法，完全应该告知被害人毛某进行伤情鉴定，根据伤情鉴定后再对案件定性判断是否适用调解程序结案。由此可知，张某某在主观故意心态下，以调解方式处理毛某被打案，徇私情故意实施了包庇行为，导致犯罪行为人康某等人不受法律追究。

（谢志君供稿）

第五节　食品、药品监管渎职罪

一、案例基本情况

2005年7月至2015年8月期间，被告人周某任衡阳市Z区某防疫站（事业单位）站长（非公务员），负责管理防疫站的全面工作。实际工作中，周某及该防疫站的防疫员未严格遵照工作程序操作。虽为养殖户建立了畜禽防疫档案，但未按照工作要求实地清点养殖数量，多以口头询问或养殖户自报数据为主，在监管源头上未能准确掌握养殖户的生猪存栏、出栏数量；防疫员未按规定对养殖户进行不定期巡查，且未建立日常巡查台账，在发现养殖户实际存栏数与畜禽防疫档案登记数据不符时，未对生猪去向进行核实或及时向上级部门汇报。部分养殖户不主动向防疫站报告病死猪情况，防疫员也未按规定每次到养殖场对病死猪的无害化处理进行现场鉴定、监督。因被告人周某对该防疫站监管不到位，没有完全正确履行监管职责，导致40吨病死猪肉被大量游客购买扩散至全国各地。[1]

---

〔1〕 湖南省衡阳市珠晖区人民法院［2017］湘0405刑初145号刑事判决书；湖南省衡阳市珠晖区人民法院［2018］湘0405刑监1号刑事判决书；湖南省衡阳市珠晖区人民法院［2018］湘0405刑再1号刑事判决书。

二、争议焦点

1. 周某是否为国家机关工作人员？
2. 如何理解本罪中的玩忽职守？
3. 周某行为是否造成了其他严重后果？

三、法理分析

食品监管渎职罪，是指负有食品安全监督管理职责的国家机关工作人员，滥用职权或者玩忽职守，导致发生重大食品安全事故或者造成其他严重后果的行为。[1]

1. 周某是否为国家机关工作人员

本案中周某作为具有事业单位性质的某防疫站的站长，其身份属于事业编制干部，不具有公务员身份，因此严格来讲，其确实不属于"国家机关工作人员"，但其属于"国家工作人员"。但是依据相关立法解释的规定，本案中防疫站属于"行使国家行政管理职权的组织"，周某作为该防疫站站长，负有对禽畜等动物进行防疫以及日常监管的行政公务职责，也负有对禽畜等肉类食品安全实施监管的行政公务职责，其属于"受国家机关委托代表国家机关行使职权的组织中从事公务的人员"。因此，周某"国家机关工作人员"身份已无疑问。

2. 如何理解本罪中的玩忽职守

玩忽职守是指在履行职务过程中没有尽到职责义务，没有履行或没有正确履行职责行为。没有履行是指行为人有履行职责且具有履行的能力，但违背职责义务而没有履行；没有正确履行，是指行为人有义务且有能力履行职责，但在履行职责过程中，草率粗心，没有尽到应有的注意义务。

不同国家机关工作人员具有不同的职权，同一国家机关工作人员职位或条件不同，所肩负的职责也不一定相同，玩忽职守行为有各种不同表现。具体到负有食品安全监管职责的国家机关监管者的"玩忽职守"行为表现为：其一，负有食品安全监管职责的国家机关工作人员在监管职责内有足够能力履行食品安全监管职责，且客观条件也能履行职责，但其并未对食品安全履行

---

[1]《刑法学》编写组编：《刑法学》（下册·各论），高等教育出版社2019年版，第299页。

监管职责。其二，负有食品药品安全监管职责的监管者在履行食品安全监管职责过程中，不认真履行，放任了违法经营活动。

3. 周某行为是否造成了其他严重后果

本案中周某的玩忽职守行为，虽然没有造成有关人员死亡，但是根据最高人民法院、最高人民检察院《关于办理渎职刑事案件适用法律若干问题的解释（一）》第 1 条的规定，国家机关工作人员玩忽职守或者滥用职权"造成恶劣社会影响"的也构成该罪。通说认为，"重大食品安全事故"是指食物中毒、食源性疾患、食品污染等源于食品、对人体健康有危害或者可能有危害的重大事故。由此可见，这种危害结果并不要求在实质上已经造成了人员伤亡，这种源于食品、对人体健康的"危害"既可以是已经发生的，也可以是因被阻止而没有发生的或者潜在尚未发生的危害。

据此解释，本案中周某的食品监管玩忽职守行为导致了 40 吨病死猪肉流入社会，对人民群众生命、健康造成了严重危害，应当认定为发生了重大食品安全事故。而且，周某的行为已经造成了恶劣的社会影响，其危害结果也达到了食品监管渎职罪的犯罪程度。

四、案件分析结论

周某身为国家机关中受委托从事公务的人员，在对某辖区内动物产品进行防疫以及日常监管过程中，玩忽职守，未认真履行食品安全监管职责，导致了 40 多吨病死猪肉流入市场的重大食品安全事故的严重后果，并在社会上造成了恶劣的影响。周某的违法行为不仅犯罪主体适格，而且其危害结果也达到了犯罪的程度，因此周某构成食品监管渎职罪。

（张建华供稿）

第十章 军人违反职责罪

第一节 战时违抗命令罪

一、案例基本情况

姜某，男，26岁，某部三排班长。我军某部一个战斗排奉命要坚守一个高地5小时，当阵地遭敌疯狂轰炸进攻时，排里不少同志壮烈牺牲。从前线阵地了解到，需要更多的军用物资，所以我军总部命令三排班长姜某带一个车队前往支援。当姜某带队进入战区，由于担心自己的车队被敌人当作打击目标，遂令车队就地观察，自己下车查看；虽然没有发现可疑的情况，但由于害怕敌人的侦察雷达，姜某擅自命车队返回驻地。回到驻地后，部队首长当即严厉批评了姜某的错误行为。前线阵地由于没有弹药补给，造成我军被敌人击退，伤亡惨重，整个战役受到严重影响。[1]

二、争议焦点

姜某是构成战时违抗命令罪，还是战时临阵脱逃罪、指使部属违反职责罪或者拒不救援友邻部队罪？

三、法理分析

战时违抗命令罪，是指军人在战时对上级的命令、指示故意违抗，拒不执行，对作战造成危害的行为。[2]

本罪的主体是军人。战时违抗命令罪的犯罪主体是军人，包括直接参与

---

[1] 韩玉胜主编：《刑法各论案例分析》（第2版），中国人民大学出版社2004年版，第524页。
[2] 《刑法学》编写组编：《刑法学》（下册·各论），高等教育出版社2019年版，第303页。

战斗的武装人员，也包括为战斗提供服务的医护人员、后勤人员等。

本罪的客体是作战指挥秩序。作战指挥秩序要求全体参战人员必须服从命令，听从指挥，坚决做到有令必行、有禁必止。我军是高度集中统一的武装集团，一切行动听指挥，坚决执行命令，是我军克敌制胜、完成各项任务的重要保证。

本罪的主观方面是故意。不论是违抗上级命令，还是发泄对上级不满或是贪生怕死，均应认定为主观上具有犯罪故意。

本罪的客观方面要求战时、违抗作战命令、对作战造成危害。其一，犯罪时间限于战时。《刑法》第451条规定："本章所称战时，是指国家宣布进入战争状态、部队受领作战任务或者遭敌突然袭击时。部队执行戒严任务或者处置突发性暴力事件时，以战时论。"从这一规定可以看出，战时应作广义理解，以上列明的情况均应认定为"战时"，其不仅仅指战斗发生时。其二，违反命令是客观方面的必要条件。不是故意违抗作战命令，而是由于客观条件限制行为人不能完成战斗任务的，或是执行错误命令而导致战斗失利的，或者违抗的是上级与作战无关的指示的，不构成违抗作战命令罪。其三，对作战造成危害。因违抗命令对作战造成危害的，才构成本罪。对作战造成危害，是指由于行为人在战时违抗命令，扰乱作战部署，贻误了有利的作战时机，影响了作战任务的完成；或者给敌人以可乘之机，使部队遭受了较大伤亡或其他严重损失。虽违抗命令，但未对作战造成危害的，不构成本罪。[1]

四、案件分析结论

违抗命令的行为在客观上表现为公然违背、抗拒执行命令，对作战造成危害。因为命令的实际内容，违抗命令的形式既可以是作为，也可以是不作为；不作为的违抗命令在实践中较为常见，如不服从调遣，拒不接受上级部属的任务，该发起进攻而拒不前进，该撤出阵地而拒不撤退等。作为的违抗命令也可能发生，如执行潜伏任务时擅自主动攻击敌人，进攻敌人时擅自改变攻击目标等。违抗命令的具体情形有下列三种：一是拒不执行作战命令；二是拖延或迟延履行作战命令；三是实施不符合作战命令的行为。这些违抗命令的行为虽然表现形式各不相同，但在本质上都是没有执行命令，并因而

---

[1] 周光权：《刑法各论讲义》，清华大学出版社2003年版，第624页。

对作战造成危害后果。

战时状态下，姜某奉命带领车队前往支援，但擅自下令返回驻地，其行为明显是故意抗拒上级的命令；其行为致使前线阵地没有弹药补给，造成我军被敌人击退，伤亡惨重，形成危害结果，并且其违抗命令行为与危害后果具有因果关系，符合战时违抗命令的客观要件。同时，姜某是军人，又是出于主观故意违反命令，从而对作战造成危害。故姜某的行为符合战时违抗命令罪的犯罪构成，因此应当认定为战时违抗命令罪。

（谢志君供稿）

第二节 战时临阵脱逃罪

一、案例基本情况

被告人吴某发原系某部三连一排排长。1982年2月，被告人在执行自卫还击作战任务中，被上级领导指定为爆破组长。2月25日，吴某发带领战士朱某某执行爆破任务。当二人接近敌人暗堡时，朱某某突然被敌人冷枪打伤左小腿（轻伤）。吴某发误认为敌人发现了他们的行动，即惊慌失措，不听朱某某的劝告，硬拉着朱某某向后方逃跑。二人在我方居民甘某某家中隐藏3天后，才被部队发现。由于吴某发的脱逃行为，使得原计划的爆破任务未能按期完成，给部队的整个战斗造成了严重损失。[1]

二、本案争议焦点

1. 如何认定"临阵脱逃"？
2. 如何认定"故意"？
3. 如何认定"情节严重"？
4. 战时临阵脱逃罪与违令作战消极罪的界分？

---

[1] 案件来源参见"吴某发临阵脱逃案"，载法信网：http://www.faxin.cn/lib/cpal/AlyzContent.aspx?isAlyz=1&gid=C1359445&userinput=%E6%88%98%E6%97%B6%E4%B8%B4%E9%98%B5%E8%84%B1%E9%80%83%E7%BD%AA，最后访问日期：2020年6月5日。

三、法理分析

战时临阵脱逃罪是指在战场上或者战斗状态下，参战军职人员因贪生怕死、畏惧战斗而逃离部队的行为。[1]

1. 如何认定"临阵脱逃"

本罪中的"临阵脱逃"，是指在战场上或者在临战或战斗状态下，擅自脱离岗位逃避战斗的行为。军人的职责是保卫国家和人民的安全和利益，为了履行这一职责，军人必须要坚守自己的岗位，尤其是在战斗中更是不能擅离职守，宁可牺牲自己，也要顾全大局。临阵脱逃的行为，主要是由于行为人畏惧战斗、贪生怕死。不论是逃避一时还是完全逃离，都违反了军人职责，都有可能给军事行动造成重大的危害。尤其是现代战争，讲求各兵种、各部门的协同作战，行为人逃离任何一个岗位都可能给战斗和战役造成无法估量的损失。因而对于这种行为，必须追究刑事责任，予以必要的惩罚，以严肃纪律，保证军队的战斗力。应当注意的是，如果指挥人员、值班、值勤人员在战时不是由于畏惧战斗临阵脱逃，而是由于其他原因擅自离开自己的岗位的，不构成本罪，而应按照《刑法》第425条关于擅离、玩忽军事职守罪的规定追究刑事责任。[2]

临阵是指两种情况：一种是在战场上或战斗中；另一种情况是指部队虽然尚未进入战斗，但已受领战斗任务，正待命出击的场合下。临阵的地区范围既包括陆地战区，也包括海上、空中战区。军人只有在战斗中或待命出击情况下逃离部队，才存在临阵脱逃问题；如果在平时逃离部队，情节严重，需追究刑事责任的，则应按《刑法》第435条规定的逃离部队罪处理。这里的战时，是指国家宣布进入战争状态、部队受领作战任务或者遭敌突然袭击时。部队执行戒严任务或者处置突发性暴力事件时，以战时论。

擅自逃离战斗岗位，是指行为人在没有得到指挥人员的命令或许可的情况下，擅自离开作战岗位的。无论行为人是完全离开部队或只是躲避在无危险之处，无论行为人是永远逃避兵役还是临时逃避战斗，无论行为人在战斗岗位外逗留多长时间，均不影响本罪客观方面的成立。

---

[1]《刑法学》编写组编：《刑法学》（下册·各论），高等教育出版社2019年版，第305页。
[2] 参见郎胜主编：《中华人民共和国刑法释义》（第5版），法律出版社2011年版。

临阵脱逃的表现方式是多种多样的，概括起来有作为与不作为两种形式。作为形式的临阵脱逃，是指行为人采取积极的方式实施逃避参加作战的行为，如正在与敌人作战时擅自撤出战斗，遇到敌人的攻击时逃离阵地等。不作为形式的临阵脱逃是指行为人采取消极的方式实施逃避参加作战的行为，如有意不随部队进入阵地，在执行作战任务时有意掉队等。不论临阵脱逃的具体表现形式如何，最终都是逃避参加作战，这是战时临阵脱逃罪的本质特征。临阵脱逃只是行为人为了逃避参加作战而离开岗位，通常并没有彻底地逃离部队。

2. 如何认定战时临阵脱逃罪中主观方面的"故意"

本罪在主观方面表现为故意且为直接故意，即行为人明知自己逃避参加战斗将会对作战造成危害结果，却希望或者放任这种危害结果的发生。临阵脱逃的动机，较多的是贪生怕死、畏惧战斗，也有的是不顾大局保存实力。行为人只要不是出于积极的战术目的，如在攻防作战中有组织地退却，诱敌深入，或者在遭遇战中为完成其他任务不与敌人恋战，而有意回避作战等，都应认定有临阵脱逃的主观故意。

3. 如何认定战时临阵脱逃罪中的"情节严重"和加重处罚情节

这里规定的"情节严重"，一般是指率部队临阵脱逃的，指挥人员或者负有重要职责的人员临阵脱逃的，策动他人临阵脱逃的，在关键时刻临阵脱逃的，造成较为严重的后果等情况。[1]情节严重情况有以下几种：携带武器装备或者军事秘密脱逃的；煽动他人或组织他人脱逃的；在战斗最激烈、最关键时刻，在重要岗位上脱逃的；滥用红十字会旗帜或徽章以及私自佩带红十字徽章和袖章的；舰艇、飞行人员放弃舰艇、飞机脱逃的；对处在危难情况下的军人和友邻部队，可以救援却脱逃的；采用暴力、威胁手段达到脱逃目的等。

致使战斗、战役遭受重大损失，是本罪的加重处罚情节。一般是指由于行为人犯本罪，使部队遭受重大伤亡，战时遭受严重失利，或者严重影响了本次战役全局等。如果行为人临阵脱逃的行为给战斗、战役造成了重大的损失，如导致了重大的人员伤亡或者武器装备的重大损失，甚至导致整个战斗、战役的失败的，按照《刑法》第424条的规定处十年以上有期徒刑、无期徒

---

[1] 参见郎胜主编：《中华人民共和国刑法释义》（第5版），法律出版社2011年版。

刑或者死刑。[1]

4. 战时临近脱逃罪与违令作战消极罪的界分

战时临阵脱逃罪与违令作战消极罪侵害的客体都是军人参战秩序，犯罪动机上可能都是贪生怕死、畏惧战斗，而且都是在面临作战任务的情况下，客观环境很相似，在定罪上可能发生混淆。两罪的主要区别如下：一是战时临阵脱逃罪表现为行为人已脱离岗位，没有继续参加作战，而违令作战消极罪表现为行为人虽仍在作战岗位上，但临阵畏缩，行动消极，以致造成了严重后果。如在我方阵地遭到敌人攻击时，行为人躲在掩体内不敢积极还击，或者在进攻敌人阵地时怕敌人反扑不敢大胆逼近敌人等，都不属临阵脱逃的行为，而是作战消极的行为。二是战时临阵脱逃罪是故意犯罪，而违令作战消极罪是过失犯罪。

四、案件分析结论

本罪的客观方面表现为行为人临阵擅自逃离战斗岗位的行为。吴某发和朱某某的行为发生于执行自卫还击作战的爆破任务中，属于"部队受领作战任务"，为战时。吴某发误认为敌人发现了他们的行动，即惊慌失措，不听朱某某的劝告，硬拉着朱某某向后方逃跑。吴某发贪生怕死、畏惧战斗逃跑的行为属于战时临阵脱逃。朱某某逃离是被吴某发强迫，不具有故意逃避战争的行为，不属于战时临阵脱逃。

吴某发不听朱某某劝告，强拉朱某某逃离，朱某某没有临阵脱逃的故意。吴某发虽然是误以为敌人发现他们，产生害怕的心理逃离，但他并不是出于积极的战术目的逃离，本质上是贪生怕死而逃离战场。吴某发在居民家中隐藏3天才被部队发现，期间并没有主动联系部队或者采取其他积极行动，应当认定吴某发主观上畏惧战斗、贪生怕死，故意临阵脱逃。

吴某发不听朱某某劝告，强拉朱某某逃离的行为属于"煽动他人或组织他人脱逃"，是情节严重情况中的一种。吴某发是爆破组长，是这次爆破任务的指挥人员。由于吴某发的脱逃行为，使得原计划的爆破任务未能按期完成，给部队的整个战斗造成了严重损失，属于"情节严重"。

吴某发临阵脱逃是由于害怕战斗，是故意的逃离，不是为了逃避兵役义

---

[1] 参见郎胜主编：《中华人民共和国刑法释义》（第5版），法律出版社2011年版。

务或其他个人目的,因此不成立违令作战消极罪,应该成立战时临阵脱逃罪。

综上,朱某某不成立战时临阵脱逃罪,吴某发成立战时临阵脱逃罪且情节严重。

(叶亮供稿)

第三节 军人叛逃罪

一、案例基本情况

被告人周某原系某部教导队司务长。被告人因对组织的处分不满,于1998年7月30日凌晨4时许,趁外出执行采购任务之际逃跑,由成都经重庆、贵阳、株洲、广州等地,于8月10日到达珠海。在珠海市福田旅店,周某与福建省外流人员林某、肖某、余某(均由地方另案处理)相识,而后共同策划偷越边境逃往澳门境内。8月12日中午,周某等四人由珠海乘车到达边境附近,打听情况,观察地形。当晚9点左右,越境潜入澳门,次日11时在澳门被澳门警察抓获。8月13日,周某被遣返回珠海市收容站。

二、争议焦点

1. 如何认定军人叛逃罪的犯罪主体?
2. 如何认定军人叛逃罪中叛逃境外或是境外叛逃中的"境外"?
3. 行为人在叛逃之后,是否还需要进一步实施危害国家军事利益行为才能构成本罪?
4. 如何认定军人叛逃罪的情节严重和特别严重情节?

三、法理分析

军人叛逃罪是指军职人员在履行公务期间,擅离岗位,叛逃境外或者在境外叛逃,危害国家军事利益的行为。[1]

1. 如何认定军人叛逃罪的犯罪主体

军人叛逃罪的主体是正在履行公务的军职人员。在履行公务期间应当是

---

[1]《刑法学》编写组编:《刑法学》(下册·各论),高等教育出版社2019年版,第307页。

指军职人员在执行任务处理公务期间。这里的履行公务期间应当作扩大解释，也就是说，应当根据立法者制定某一刑法规定的立法意图，结合社会的现实需要，在最大词义范围内进行解释。[1]

2. 如何认定军人叛逃罪中叛逃境外或是境外叛逃中的"境外"

此处的"境外"应当是指关境，是指适用同一海关法或实行同一关税制度的区域，从关境的角度讲，港澳属单独关税区，相对于内地属于"境外"。这与国境有区别。

3. 行为人在叛逃之后，是否还需要进一步实施危害国家军事利益行为才能构成本罪

构成本罪要求客观上对国家军事利益造成危害，至于行为人在叛逃之后是否进一步实施具体的危害国家军事利益的活动才能构成本罪，理论界有不同的认识。《刑法学》一书认为并非任何情况下，在履行公务期间，擅离岗位，叛逃境外或者在境外叛逃的行为都会对国家军事利益造成危害，《刑法》将"危害国家军事利益"规定为构成本罪的一个必要要素，意味着要将不具有危害国家军事利益的叛逃行为排除在本罪之外，但如此规定并不意味着军职人员在叛逃后还必须进一步实施危害国家军事利益的行为才能构成本罪，因为根据军职人员叛逃的时间、对象等具体情况来看，在叛逃行为本身即是对国家军事利益的危害的情况下，即使没有再进一步实施具体的危害国家军事利益的行为，也应当构成军人叛逃罪。[2]

4. 如何认定军人叛逃罪的情节严重和特别严重情节

所谓情节严重，一般是指率众叛逃的，因其叛逃行为给国家军事利益带来重大损失的；国（边）境值勤人员利用职务之便外逃的；组织他人外逃的；携带武器外逃的；行凶殴打或以暴力威胁国（边）境执勤人员外逃的；战争正在进行期间越境外逃的；趁执行战斗任务之机外逃的等。

所谓其他特别严重情节，是指胁迫他人叛逃的；策动多人或者策动军队中、高级指挥人员和其他负有重要职责（如机要人员）的人员叛逃的；携带重要或者大量军事秘密叛逃的；叛逃后为敌人效劳，进行严重危害国防安全

---

[1] 翟中东：“对叛逃罪若干问题的探讨”，载《云南法学》2001年第1期。
[2] 《刑法学》编写组编：《刑法学》（下册·各论），高等教育出版社2019年版，第307页。

活动的;等等。[1]

四、案件分析结论

本案犯罪主体系某部教导队司务长,其趁外出执行采购任务之际逃跑,完全符合军人叛逃罪的主体要件,即军职人员;客观方面表现为周某等人共同策划偷越边境逃亡澳门境内即采取非法手段出境叛逃,并且是在外出执行采购任务期间逃跑,危害了国家军事利益;主观方面表现为周某故意逃跑,叛逃境外。本罪的客体为国家的军事利益以及军人对国家的忠诚义务。

综上所述,周某成立军人叛逃罪,无其他严重情节,应判处5年以下有期徒刑或者拘役。

(瞿文新供稿)

第四节 武器装备肇事罪

一、案例基本情况

某部弹药仓库干部张某带领仓库战士李某、袁某等7人押运军用物资到达湖南省郴州市火车站后,张某等人在就餐时喝了一些酒,而后乘车返回火车站途中,张某趁酒兴拿出随身携带的"五四"式手枪取乐,朝车窗外开了3枪。李某、袁某等人看张某喝醉了,就将其搀扶到停靠军用物资列车的站台上倚柱坐下,准备让其上车休息。正当李某、袁某二人打开车门时,张某又取出手枪退子弹,不慎枪支走火击中李某,致其重伤。军事检察机关对张某以武器装备肇事罪提起公诉。军事法院审理此案期间,被害人李某提起附带民事诉讼,要求被告人所在部队赔偿因张某的伤害行为给本人造成的经济损失。[2]

二、争议焦点

张某的行为构成武器装备肇事罪,还是过失致人重伤罪?

---

[1] 《刑法学》编写组编:《刑法学》(下册·各论),高等教育出版社2019年版,第308页。
[2] 张建田:"押运途中'玩'手枪,误伤战士该谁赔?",载《检察日报》2006年3月5日。

三、法理分析

根据《刑法》第 436 条的规定，武器装备肇事罪是指违反武器装备的使用规定，情节严重，因而发生责任事故，致人重伤死亡或者造成其他严重后果的行为。[1]

武器装备肇事罪与过失致人重伤罪的界分：

（1）武器装备肇事罪的客观方面需要符合情节严重与严重后果。其一，情节严重，是指行为人故意违反武器装备的使用规定，在使用过程中严重不负责任，以及擅自使用武器装备等情况。[2]其二，严重后果，是指因前述行为导致发生责任事故，出现人员重伤、死亡或者公私财物重大损失等严重的危害后果。其三，情节严重与严重后果二者互为前提、相互影响，不能脱离情节严重来评定严重后果，也不能抛开严重后果来确定是否情节严重。所以，即使行为人故意违反武器装备的使用规定，或者擅自使用武器装备，但并未造成受害人重伤、死亡或者公私财物重大损失的严重后果，不能以武器装备肇事罪追究刑事责任；同理，因行为人并未违反武器装备的使用规定，但却发生受害人重伤、死亡或者公私财物重大损失的严重后果，不能以武器装备肇事罪追究刑事责任。

过失致人重伤罪只需要行为人主观上存在过失，不论是过于自信的过失，还是疏忽大意的过失，都属于过失致人重伤的主观罪过。因《刑法》区分了过失致人死亡罪与过失致人重伤罪，所以，过失致人重伤罪只能造成受害人重伤的特定损害后果，不包括出现死亡的严重后果；同时，即使造成公私财物的重大损失，也不能构成过失致人重伤罪的。

（2）武器装备肇事罪的主体是军人，而过失致人重伤罪的主体是一般主体，不是特定主体。

四、案件分析结论

张某的行为构成武器装备肇事罪。

第一，在主观方面，武器装备肇事罪与过失致人重伤罪都要求过失的罪

---

[1]《刑法学》编写组编：《刑法学》（下册·各论），高等教育出版社 2019 年版，第 308 页。
[2]《刑法学》编写组编：《刑法学》（下册·各论），高等教育出版社 2019 年版，第 308 页。

过：武器装备肇事罪的主观过失罪过产生之前，先行故意违反了武器装备的使用规定；而过失致人重伤罪无违反特定管理规定的前提。

第二，在客观方面，武器装备肇事罪与过失致人重伤罪都要求严重后果：武器装备肇事罪的严重后果包括受害人重伤、死亡，以及公私财物遭受重大损失；而过失致人重伤罪则仅仅为受害人重伤这一种严重后果，如果出现受害人死亡的结果，则应构成过失致人死亡罪。

第三，在主体方面，武器装备肇事罪与过失致人重伤罪不同：武器装备肇事罪的主体为军人，属于特殊犯罪主体；而过失致人重伤罪的主体为一般主体，即完全刑事责任能力人。

（朱恒供稿）

第五节 虐待俘虏罪

一、案例基本情况[1]

被告人豆某利，男，28岁，原系某县人民武装部助理员。豆某利在1959年青海平叛作战中，三次枪杀俘虏。扎那勇平叛战斗结束后，两个民兵押解一名投降叛匪走过豆某利身边，豆某利催叛匪快走，叛匪却说"脚疼走不快"因而惹恼豆某利，豆某利当场将叛匪枪杀。在莫云淮战斗中，豆某利又将一名腿部负伤的叛匪枪杀。在另一次战斗中，豆某利带领一个班追击叛匪，抓获一名俘虏，因其问话答不出来，又被豆某利枪杀。[2]

二、争议焦点

1. 如何认定本罪的犯罪对象"俘虏"？
2. 哪些行为可以构成本罪的"虐待"？

---

〔1〕 在和平时期，本罪不能发生。为强化对《刑法》第448条虐待俘虏罪的理解，特选取发生于1959年的"豆某利虐待俘虏案"以作分析。当然，根据《刑法》第448条的规定，豆某利的行为应当认定为故意杀人罪。

〔2〕 参见法信网 http://www.faxin.cn/lib/cpal/AlyzContent.aspx? isAlyz=1&gid=C1359514&us-erinput=%E8%99%90%E5%BE%85%E4%BF%98%E8%99%8F%E7%BD%AA，最后访问日期：2020年12月20日。

3. 如何认定情节恶劣？

三、法理分析

虐待俘虏罪是指虐待俘虏，情节恶劣的行为。[1]

1. 何为俘虏

俘虏是指战争期间被敌对方活捉的武装人员或者为武装人员提供战事服务的人员，与《关于战俘待遇之日内瓦公约》中的战俘意义一致，包括武装部队、民兵、志愿部队、某些抵抗运动的人员以及经批准的武装部队相关附随人员。

俘虏的身份是特定的，不能因为俘虏被监管身份就变更为被监管人员，因为被监管人员在《刑法》中是指在监狱、拘留所、看守所等监管机构服刑或者羁押的罪犯、被行政拘留人员、被司法拘留人员、犯罪嫌疑人、被告人等。

2. 虐待俘虏行为的具体表现

刑法意义上的虐待俘虏是指以残害、殴打、体罚、禁闭、辱骂、侮辱、强迫、冷冻饿烤、有病不医治、强迫参加劳动等方式对俘虏的身体、精神进行侵害、折磨、凌辱等。《关于战俘待遇之日内瓦公约》规定的虐待俘虏的行为，是指违反了国际公约和人道主义，打骂、体罚、折磨及施以其他酷刑，给予不人道的生活待遇以及侮辱俘虏的人格，强迫俘虏从事危险性、屈辱性的工作，从而以随意禁锢其自由、残酷摧残其身体、任性剥夺其物品、深度折磨其精神、强烈侮辱其人格等方式给予俘虏不人道的待遇。

3. 情节恶劣的认定标准

根据《军人违反职责罪案件立案标准的规定》第31条的规定，判断是否达到本罪客观方面要求的情节恶劣，应当看是否存在下列法定情形：其一，虐待行为实施人是否为指挥人员；其二，被虐待人数是否为三人以上，或者实施虐待行为的次数是否为三次以上；其三，虐待手段是否特别残忍；其四，被虐待的俘虏是否为伤病俘虏；其五，俘虏是否因被虐待而出现自杀自残、逃跑或暴力对抗等严重后果；其六，虐待行为是否造成了恶劣影响；其七，有前述情节之外诸如造成严重精神创伤、严重影响我军声誉等其他情节。

---

[1]《刑法学》编写组编：《刑法学》（下册·各论），高等教育出版社2019年版，第310页。

四、案件分析结论

由于本案件发生在 1959 年,当时有些地方仍然存在叛乱分子、武装土匪的骚乱行为;我国《刑法》是在 1979 年制定、1980 年实施的,且直到 1997 年修订后才确立了"罪刑法定原则"。因此,根据当时党和国家的方针、政策,判处被告人豆某利犯虐待俘虏罪。

根据《刑法》及相关司法解释,虐待俘虏不包括故意杀害俘虏的行为,即故意杀害俘虏的行为是非法剥夺俘虏生命的犯罪行为,符合《刑法》第 232 条故意杀人罪的犯罪构成要件,应当以故意杀人罪追究刑事责任。

(罗晨韵供稿)

后 记

作为开放互动的新型教学方式，案例教学自19世纪70年代美国哈佛大学法学院开创后，迅速在世界范围内传播开来，20世纪80年代引入我国后方兴未艾。刑法学是一门理论性和实践性并重的学科，罪名繁多，对初学者而言，为了提高学习兴趣，激发学习动力，通过刑法案例教学强化对罪名的理解尤为重要。但如何选取合适的案例进行案例教学，却仁者见仁、智者见智，结合学生实际情况和自己的教学风格，编写教学案例研习个罪不失为一种有效的方法。

我校法学院刑法学教研室的同仁们拟根据刑法中的各个罪名编写简明扼要的教学案例，《个罪案例教程（一）》随即获批为校级教材项目，但刑法中的所有罪名近500个，全部撰写耗时费力，且篇幅过长，难以全面展开教学。2019年7月高等教育出版社出版了马克思主义理论研究和建设工程重点教材——《刑法学》（下册·各论），我校法学专业的《刑法分论》课程以此为教材进行教学，我们在实际教学中围绕该教材中的89个罪名选取了相关案例，供学生学习和研讨。2021年教育部办公厅下发《关于公布2020年度国家级和省级一流本科专业建设点名单的通知》（教高厅函［2021］7号），我校法学专业有幸入选为国家级一流专业建设点，将《刑法分论》教学中的89个教学案例整理出版，成为我们共同的心愿。

在本书主编和副主编的共同努力下，确立了案件基本情况、争议焦点、法理分析和案件分析结论的写作大纲，旨在聚焦案件的争议问题，就此指导学生展开事实与规范之间的往返流转，锻炼学生的事实认定能力和规范适用能力，能够像法律人一样思考，初步具备法律共同体的素养。在选取案例编写案例分析的过程中，我校部分法学硕士研究生和法律硕士研究生积极筛选案例并予以初步分析，详见各罪名案例分析后面的供稿署名。随后由江西理工大学法学院的刑法学硕士研究生刘芳、罗意和法律硕士研究生石婷婷、高莹莹、武文迪、和古丽阿依木汗·艾沙从格式和内容上进行初步修改，最后由苏雄华、孙绍伟、赖玉中和邱凤莲四位老师对教材相应部分重新进行审阅、改写和定稿，具体分工如下：

苏雄华（刑法学博士、法学博士后，江西理工大学法学院副教授）负责对第一章和第二章内容的撰写和审定；

孙绍伟（刑法学硕士，江西理工大学法学院讲师）负责对第三章第一节至第十二节内容的撰写和审定；

赖玉中（诉讼法学博士，江西理工大学法学院讲师）负责对第三章第十三节至第七章内容的撰写和审定；

邱凤莲（法学硕士，江西理工大学教务处实践教学科教师）负责对第八章至第十章内容的撰写和审定。

本书能够顺利出版，感谢我校法学院项波院长、张奇副院长等领导的大力支持，也感谢中国政法大学出版社的鼎力相助。由于罪名较多，运行周期不长，本书中可能存在不当之处，敬请谅解和指正。

编 者
2021 年 11 月